岩波現代文庫／文芸 309

アニメーション、折りにふれて

高畑 勲

岩波書店

目　次

1　日本の文化とその風景

加藤周一『日本　その心とかたち』をめぐって

『日本　その心とかたち』と日本文化の文法

TVシリーズ『日本　その心とかたち』のねらいは、チーフプロデューサーの高橋光隆さんによれば、日本人がつくり出したさまざまな「かたち」を生み出した「こころ」を解き明かすことでした(平凡社版書籍の「あとがき」)。そしてそのために、日本文化を世界という枠組の中で捉えなおし、いわば、同じものさしで日本と外国とを比較することによって、日本美術の「かたち」と、その底を流れる「心」の特徴を明らかにしようとしています。これこそ、『日本文学史序説』などで加藤さんがすでに実践されてきた方法論ではなかったでしょうか。

そしてその加藤さんを大黒柱に据えた『日本　その心とかたち』は画期的な番組となり、世界的な視野の中で、現代的合理的な視点から、あらためて日本の美術を見直し、また理解する目を、私たちに与えてくれました。加藤さんは、同時に出版された十冊の平凡社版『日本　その心とかたち』(加藤周一・NHK取材班)の各巻に三章ずつほどの文章をお書きになっています。それは、以前から加藤さんがさまざまなかたちで展開されてきた日本文化論を美術の分野で検証する試みであり、結果として、大変具体的で説得力のある日本美術の精神史が生まれました。

その第六巻『手のひらのなかの宇宙』の「日本文化の文法」という章で、加藤さんは「利休は何を発見したのか」と問い、「茶室において、文化の原型を発見したのである。(中略)利休という現象は、つまるところ日本文化の文法の意識化にほかならなかった」と答えて、五つの項目を挙げておられます。第一、此岸性。第二、集団主義。第三、感覚的世界。第四、部分主義。第五、現在主義。

これら「日本文化の文法」の多くは、加藤さんが、美術に限らず日本文化全般を考える上で最も大切だとして挙げてこられた「パラダイム」であり、番組『日本　その心とかたち』でも、取り上げたさまざまな作品の中にそのあらわれを見出しては、その都度語られたことでもあります。そして今回のインタビュー(二〇〇四年六月、高畑らによる)では、日本以外の文化と比較しながら、この「パラダイム」の多くについて加藤さんに自由にお話しいただけました。それは必ずしも美術をめぐってではなかったけれども、それがかえって、「かたち」になった文化を見てその根底にあるものを探り当てるだけでなく、日本社会の根底にある問題を直接掘り起こすことにもなり、大変面白く拝聴いたしました。

連綿と続いてきた「細かく時間を刻みながら見ていく絵物語」の系譜

私は長年アニメーション映画にたずさわってきた者です。そして、日本で何故こんなにマンガやアニメが盛んになったのかについて疑問をもち、また、現代日本のアニメーション映画の特徴はどこにあるのか、そこに日本の伝統文化との関連はあるのかなどについて、いささかながら考えたり調べたりしてきました。そのきっかけは、じつは、海外で同様の質問をたびたび受けるようになったことです。そして私自身、いままで、加藤さんからいろいろと学んだつもりではいたのですが、今回ほどはっきりと、加藤さんのお立てになった日本文化を検証するための「パラダイム」を頭に叩き込んだことはありませんでした。

番組『日本　その心とかたち』では、建築・彫刻・絵画・工芸など、ほぼあらゆる分野の美術が取り上げられています。けれども、アニメーション映画にたずさわる私としましては、絵巻物や江戸時代の絵本類から紙芝居や現代のマンガ・アニメに至る系譜が取り上げられなかったことが少々残念でした。

これらは、時代が下るにつれて大衆的なものとなり、絵画としては稚拙だったり、物語が俗悪だったりすることもあって、その多くは低俗文化としてさげすまれてきました。しかし、たとえそういう側面があるにせよ、これらは単なる絵物語や物語の挿絵ではなく、絵の力によって物語を前へと進める独創的な時間芸術であり、自立した一つの文化ジャンルとして扱う必要があると思います。そして日本の人々は、どの時代でもそういうものを大いに愛してきました。しかも、私の見るところ、日本で絵巻物から連綿と続いてきたこれら「細かく時間を刻みながら見ていく絵物語」は、加藤さんの挙げられた日本文化の諸特徴を非常によく示しています。

この系譜は加藤パラダイムで説明できないだろうか

今回のお話にもありましたが、「話の前後から切り離して、絶えず現在の場面だけを見る」という絵巻物の構造が、加藤さんのおっしゃる日本の「現在主義」的な時間概念を集約的に表現していることはその通りだと思います。しかし、絵巻物の特徴がその点だけにとどまるわけではないことは当然です。特に十二世紀に作られた『鳥獣戯画』『信貴山縁起』『伴大納言絵巻』などのすぐれた連続式絵巻は、まさに「現在主義」の権化ですが、それは単に絵巻物の構造に由来しているのではなくて、その構造、その機能を意識し、それを最大限に生かしたことによって、「現在主義」が比類のない高みにまで達したのだ、と言ってよいのではないでしょうか。その表現の積極的な素晴らしさ、先駆性の方を取り上げないまま、「過去は水に流す」「明日は明日の風が吹く」という、過去を参照せず未来を見通さない日本社会・日本人の「現在主義」的な時間・歴史観念の集約的表現だ、とだけ見なされてしまったのでは、絵巻物がかわいそうな気がするのです。

むろん、この加藤さんの比喩は、突然出現する状況に素早く対処する「座頭市型外交」のお話とともに、まことに分かりやすく卓抜で、論旨も大いに肯けました。しかしまた、絵巻物だけでなく、めくりながら見る絵本冊子類もまた、一頁だけを見れば、そこにはやはり「現在」しかありません。私たちはまるで頁をめくるように戦後を迎えました。当時作られた『トラちゃんと花嫁』というアニメーション映画で、トラちゃんのお姉さんは結婚式の直前、ひた隠しにしていた家父長のお祖父さんに花嫁姿を見られてしまいます。恋愛結婚を許してくれないと恐れ、お祖父さん抜きで挙式してしまおうとしていたのに。ところがお祖父さんは怒るどころか、二人を祝福して言います。「あっはっは、新憲法時代じゃもの」。

研究者の観点からすれば、絵巻物という個人鑑賞用のものと比較すべきは、大画面ではなく、冊子である西洋中世の挿絵入り装飾写本ではないかという気もします。また、加藤さんは、画面という一つの空間の中に因果関係のある別の場面・別の時間を詰め込むとか、区分けした大壁画に物語の全場面を描くとか、時間的経過を意識してたどれるようにした西洋中世の宗教画(やインドの仏教説話の浮彫など)を絵巻物と対比させています。しかし日本でも、大勢の人に見せなければならない宗教画では、こういうものが多かったはずだと思います。遺品もかなりあります。十一世紀の『聖徳太子絵伝』(秦致貞画)をはじめ、特に鎌倉時代以後の「絵解き」説教のためには、絵巻物ではなく、何場面も描き込んだ大きな掛幅《かけふく》が用いられるのが一般的でした。

むろん、「パラダイム」の中の「此岸性、現世主義」とからめて考えれば、世俗的な絵巻物を西洋中世の宗教画と対比して、その「現在主義」を語ることはきわめて妥当であり、そこに疑いをさしはさむつもりはありません。そういうことではなくて、私の関心は、連続式絵巻からマンガ・アニメまでの流れを『日本　その心とかたち』の一つとして、加藤さんの「パラダイム」で考えることはできないだろうか、ということなのです。

絵巻物の積極的な「現在主義」と「此岸性」

たとえば、日本では絵画で理念や因果関係を表現することは、『信貴山縁起』の「宮廷に到着した剣の護法童子は、信貴山で祈禱する命蓮によって派遣されたのだ」というフラッシュバック的倒置法など、少数の例外を除けばほとんどありませんでした。けれども、このような倒置法をふくめ、文字通りの「時間的経過の空間的表現」、すなわち、時間的経過をかなり現実的で自然な空間の中で表現していくことならば、かえってこれら『信貴山縁起』や『伴大納言絵巻』などの絵巻物にこそ、他の文化圏にはない見事な達成が見られると言えるのではないでしょうか。そしてそれを映画のように「現在」の連続として味わわせる、という意味で、まさに「現在主義」的だ、と思うのです。

絵巻物では、一画面内に時点の異なる同一人物を複数描き込むことも大いにおこなわれています。これを「異時同図」とよんでいますが、世界の物語絵画にはいくらでもある手法です。ところがその場合でも、たとえばマザッチオの「貢《みつぎ》の銭」のペテロのように、その数場面を合成するようなものは少なく、むしろ次々と連続する短時間内の行動を、映画やアニメのように「いま、ここで起こっている」と感じさせるためのものが多いのが特徴です。たとえば『鳥獣戯画』のカエルがウサギを投げとばす場面や『伴大納言絵巻』の子供の喧嘩に親が出る場面など。そしてこれもまた、「現在主義」的であることは言うまでもありません。

さらにこういう「現在主義」と強く結びついて、そこに描かれた個々の具体的な絵画表現にもまた、徹底した「現在主義・今此処主義」が見られます。連続式絵巻では、一瞬の「現象」や「状況」を捉えることが大好きです。その反面、事物を永遠へと定着させようとしたり、本質や性格をえぐり出したりする絵はほとんどありません。すでに十二、三世紀の絵巻物でも、たとえば馬からもんどりうって落ちる途中(『年中行事絵巻』)とか、床を踏み破ってしまったところ(『絵師草紙』)とか、喧嘩の最中(『伴大納言絵巻』)とか、驚きや悲嘆のあまりゆがんでしまった表情(『信貴山縁起』『伴大納言絵巻』)とか、次の瞬間にはたちまち変化してしまうものを面白く描いています。波や、雨や、火炎や落雷など、変転きわまりなくて描きにくい自然現象も、とにかく動きとして「とりあえず」線で描いてしまう。それもかなり見事に。そして、走ったり風を受ければ衣類はひるがえりますし、飛ぶ倉や車輪や振り回す薙刀《なぎなた》にはマンガそっくりの流線をつけて、スピード感を出さないでは気が済まない。空を見上げたりのけぞったり、馬から鞍を降ろしたり、うつむいたり、地面に横たわる男の首をかいたり(以上『信貴山縁起』『伴大納言絵巻』『平治物語絵巻』)、短縮図法が開発されるまで西洋では手を出さなかった難しいアングルも、無理してでも感じを出して描きました。気合いや叫び、犬の鳴き声など、声をまるでオノマトペのように線で描くことさえあります(『鳥獣戯画』『一遍聖絵』)。

もう十二世紀の昔から、今のマンガやアニメとおなじことをやっているのです。きわめて図式的理念的だった中世と、ルネサンス以後のリアリズム開花という、理念や永遠や本質や現実に迫ろうとする西洋の物語絵画とはまったく対照的な、現象重視の「現在主義」の傾向だと思います。

次に「此岸性」ですが、題材やその扱い方の「世俗性」に関しては、宗教物語でほとんどが占められる西洋やインドの古い絵画とはちがい、絵巻物の多くが世俗的な物語によっていることがまず挙げられます。日本の物語が古来世俗的で、「感覚的世界」を「心情主義」で描いてきたことや、「部分主義、建て増し主義」もまた色濃いことは加藤さんのおっしゃってこられた通りで、これらの物語を題材にした絵巻物の場合もそうであることは当然です。そして宗教的なものでも、最も古い十二世紀に描かれた『鳥獣戯画』の猿僧正の扱いがきわめて世俗的なのは措くとしても、『信貴山縁起』や『粉河寺縁起』などの「縁起」は「宗教的奇譚」というべきものですし、鎌倉時代以降に大量に描かれた祖師伝でさえ、教義や理念の象徴的表現よりも、主題や主人公のかたわらに見える市井の人々や風俗を好奇の目で描写することに熱心でした。絵巻物の中に描かれた庶民や子供の姿はじつに生き生きとしていて、十六世紀のブリューゲルを思わせるほどです。これもまた、「此岸性」や「現在主義」のあらわれだと言えるかと思います。

日本の「アニメ」の特徴

ここで一足跳びに、この系譜の末端に位置する「アニメ」とよばれているものについて、少し説明を加えながら、その特徴を挙げてみたいと思います。

セルアニメ　日本で「アニメ」と言われているものは、最近まで、ほとんどが「セルアニメ」でした。透明なセルロイドに動くものだけを描き、それを背景画の上に置いて撮影することからこの名がつきました。セルはビニールシートに変わり、現在ではコンピューターによりますから、もはや具体物はなくなりましたが。

これはアメリカで開発されたもので、ディズニーでも同じです。キャラクターや自然現象など、動くものはすべて線で描いて、その輪郭線の中をフラットに同じ色で塗り込めます。見るからに平面的ですが、あちらの人は、ほんとうはキャラクターには丸みのある陰影を付けたかったのです。それが証拠に、ポスターにはみんな丸みのある陰影を付けましたし、いちばんお金をかけた『ピノキオ』では、キャラクターにそれらしく見える工夫をほどこしています。そしてCGで陰影が付けられるようになったら、すぐ付けようとしましたし、ディズニーランドのおみやげ袋に印刷されたミッキーマウスも、いまでは陰影がついてヴォリュームを感じさせています。それから、ここがいちばん大事なところですが、ディズニーのアニメーターたちは、絶え間なく立体的に動かすことで、一枚一枚を見れば平面でも、動けば立体として感じられるように大変な努力をしたのです。

ところが日本「アニメ」の多くは、あまり動きません。大半の日本アニメが超低予算でできるのは、一つにはそのせいです。だいいち、立体的に動かせるように作っていないキャラクターも多い。たとえば『ちびまる子ちゃん』とか。では、一時流行ったアメリカのリミテッドアニメのように、キャラクターは横顔しかなくて横にしか動かさないとか、走るにしてもただ足だけがトコトコトコと動くだけにして、空間も完全に平面化してやるかといえば、そういう徹底した様式化は決してしないのです。背景の絵は結構立体的で、キャラクターも、むりやり、前からも斜めからも横からも描いて、なんとなく普通の人間の動きに感じられるように、うまくごまかします。

こういうアニメをやるには、なにも本場のアメリカアニメを本格的に学ぶ必要はありませんでした。誰も留学しなかったし、先生もよばなかった。線と色面だけの絵は昔から日本にずっとあって、大和絵でも、浮世絵でもそうでした。一瞬を捉える絵も大好きでした。だから、べつにアメリカから学ばなくてもすぐに取りかかれたわけです。動かし方も本格的に学ぶ必要はありません。動きの面白さや迫真性で楽しませようというものは少なく、多くの場合、動かしたくても低予算すぎて動かせてはもらえないのですから。動きは上手にごまかして、止まったとき、それらしく感じの出ている、あるいは、かっこいいポーズで決めればよいのです。

止め絵　日本のTVアニメの多くは、いまでも、命を吹き込む、すなわちアニメイトするという言葉がまったくふさわしくないものです。「止め」といって、動きより「きめポーズ」を大事にします。動きがあったとしても、動きそのもののリアリティや動きの過程に含まれる面白さは犠牲にして、ポーズからポーズへと、さっと移ります。たとえばダーッと跳躍するとき、跳躍中のポーズ一枚だけで、猛スピードで流れるのは背景の方、というのも普通です。それから、たとえば『巨人の星』というのがありましたが、そこに出てくる野球の神様だった川上哲治は、禅の修行もしている人ですし、微動だにしないで話すのは少しもおかしくありません。日本語は口の筋肉や舌をあまり使わないし、リズムがないので動かないでしゃべれます。泰然として話す川上さんは、一枚の止め絵で口だけ動かせばよい。その口も三枚描けば済みます。大変安上がりです。そういうのを日本の観客は「ひどい」とは言わずに受け入れたわけです。

これは、まさに歌舞伎の「殺陣《たて》」や、「見得《みえ》」などと同じ考え方ではないでしょうか。

日本の「アニメ」の特徴

絵で時間を刻み、あるいは流す

ではなぜそういう方法で、世界中で子供たちが喜んで見るような、結構面白いものが作れたのでしょうか。それは、一つにはカット割りがうまいからです。絵は「止め」でも、その一枚一枚の変化が大きくて、それを時間と共に上手に積み重ねていけば、そこにリズムが生まれ、テンポも出ます。物語も語れます。こういう映画的な手法をアニメーション映画で徹底させたのが日本でした。

現代日本では、アニメの前にマンガの隆盛があり、これまたコマ割りの巧みさは、本家のアメリカンコミックスをはるかに凌ぐ域にまで達しました。

アニメのカット割りも、マンガのコマ割りも、絵でいかに時間を刻み、眼前に時間の流れを感じさせるか、の技術です。これをさらに遡れば、紙芝居があり、江戸時代の幻灯芝居「写し絵」があり、合巻《ごうかん》など、頁をめくることで時間を制御したり流したりした草双紙がありました。そしてそれは、十二世紀に開花した、『信貴山縁起』や『伴大納言絵巻』などの連続式絵巻にまで至ります。

巻き展げ巻き込みながら見る絵巻物が、構造的に、時間の流れの中でいつも「現在」だけを見るという仕掛けであることは、加藤さんがおっしゃっている通りです。これはまさに時代を超えて現代の映画フィルムの機能に直結しています。そして事実、すぐれた連続式絵巻では、驚くほど巧みに、長い絵に時間の経過が盛り込んであって、それを実際に巻きながら見ると、物語が眼前に繰りひろげられ、ほんとうに映画かアニメを見ているような気分になります。

日本のアニメは、マンガとともに、以上のように、物語を「現在」の連続として見続けたがる、絵巻物以来の日本文化の伝統の中に置いてみることができるものだと思います。その歴史は、先輩のアニメイテッド・カートゥーンやアメリカンコミックスや、ましてホガースやゴヤ、ドーミエなどのカリカチュアから説き起こすべきではなく、はるかに遡って、『鳥獣戯画』や『信貴山縁起』から語らねばならないと思います。

線の絵　ところで、セル画による線と平面のキャラクターは、それがディズニーのようによく動くのでなければ、強い個性を表現できません。陰影のない絵はヴォリュームを感じにくいし、実体としての存在感も希薄です。そしてそれが日本のアニメの傾向には丁度よかったのかもしれません。特別の英雄が強い個性を発揮するのではなく、あるいは強い個性で面白がらせるのではなく、主人公たちは観客自身に似た凡人です。そしてその主人公が、なぜか状況に追いつめられると、すごい力を出して危機を切り抜ける、というものが多いからです。状況のドラマですから、人物はある程度、類型でもよい。

線と平面のキャラクターは、それを透かして実体を頭の中に感じるためのもので、描かれたもの自体が確かな実体を体現してなくてもよいものです。いや、体現しすぎていては困ります。かえって観客は我がことのように入り込めなくなりますから。悲しみでも、悲しみ一般が表現できればよく、そのキャラクターに特有の個性的な悲しみ方をする必要はない。

こういうのは、加藤さんがおっしゃった通り、文楽に近いかもしれないし、絵巻物の登場人物にも通じると思います。

陰影　一般的に、線の絵のよいところは、誰もそれを実体だとは思わないことだと思います。記号みたいでも、下手でも、それはそれで許せる。面白がれる。しかしうまければ、実体の感じが出ていることに素直に感心できます。ところが、陰影を付けたりして立体感を出そうとしたとたん、絵の方が「おれは本物だぞ」と主張しはじめるので、下手なら、すぐ本物らしくないことがバレて、見るのもイヤになります。素朴派のようにそこをうまく切り抜けて魅力を放つことももちろんありますが。

そういう意味で、北斎や広重や国芳などが、陰影を知ったあとでも、それをあまり使わずに、主に線の絵で押し通したのはじつに賢明だったと思います。近代日本画のかなり多くが、おっかなびっくり陰影を付けましたが、応挙の亜流にしかならなかったのではないでしょうか。

線の絵の伝統の強い日本で、線で輪郭をとって、その中をフラットに塗り込めるセルアニメが好まれてきたのは当然でした。アニメに陰影を付けず、付けても、丸みのあるものではなく、かなり図式的な平面で塗り分けた影にしたのも、ただ技術的に困難だっただけではなく、このあたりのことと関係があるような気がします。浮世絵の伝統が、ミュシャや、ビリビン、コルデコット、グリーナウエイ、ウインザー・マッケイなど、アールヌーヴォー的絵本・コミックス作家の印刷物を経て、日本のアニメへと回帰した、と言えるのではないでしょうか。

最近の明暗強調の傾向

ただ、ここへきて、3DCGの発達以前から、やたら陰影を強く付けたがるようになってきたことは無視できません。むろんそれがCGによって加速しています。TVコマーシャルなども、実写をわざわざ加工して、CGっぽく、ぎらぎらと明暗を強調しています。日本でもCGによる立体アニメがどんどん作られていますし、『ドラえもん』など、マンガキャラクターに陰影を付けて、文字通り「キャラクター化」を進めてもいます。

内容表現ともに、いま、日本アニメの「バロック化」とでも言うべきことが進行しているような気がしますが、この、強い明暗への志向もその一つのあらわれではないかと思います。

私は、動物や架空のいきものや極端に誇張された人物が登場するのならば陰影や三次元化による実体化に賛成ですが、そういうものが好きでなくて普通の人間たちを描きたがる日本アニメの傾向を考えると、日本の伝統にしたがい、線の絵で描いて、それを「よすが」に、その奥にある本物を感じさせた方がよいと考えています。普通の人間ほど描きにくく、本物でないことが気になり、また見破られやすいキャラクターはないからです。まして平面的で表情に乏しい日本人の顔では。

闇と光　いままで述べてきた絵の平面性とも強い関係がある明暗の問題なので、ここに書きますが、日本の伝統絵画には、闇と光の表現がほとんどありませんでした。『源氏物語絵巻』には、「これは夜の場面ですよ」という不思議な霞を入れたりしていますが、画面に暗部をつくることはありません。『百鬼夜行絵巻』のもののけたちさえ、あっけらかんと白い紙に丸見えの姿で描かれています。日本絵画で闇と光の表現といえば、ある時期まで、阿弥陀来迎図以外では、ただ漆器の蒔絵《まきえ》があっただけです。むろん、画材の問題があります。すでに触れた、絵によって画面にモノそれ自体をあらしめるリアリズムではなく、描かれた絵によってモノの「感じ」を頭の中に思い描いてもらおうとする線の絵の文化だったこともあるでしょう。

しかし、闇と光を表現するのは、加藤さんの挙げておられる裸体画と同じで、西洋だけが特殊なのかもしれません。中世ラヴェンナのモザイクから、バロック、そしてロマン派まで。闇の中から浮かび上がる光、闇へと射し込んでくる光。これは唯一神のもたらす光明、「光あれ」のキリスト教とも関係があるのでしょうか。西洋の家の小さな窓から射し込む光の強さに驚いたことがありますが。

日本絵画で闇と光を表現しなかったことはしかし、絵画だけでなく、能舞台や歌舞伎の舞台でも、電灯が使えるようになったとたん、フラット照明にしてしまったことや、戦後蛍光灯が普及したら、「陰翳礼賛」どころか、直ちに普通の住居からもすっかり闇を追い出してしまったこととも、何か関係がありそうな気がします。日本の多くの人は、西洋のように一方向から射し込んだり照らしたりする光とそれが生み出す闇に身を置くのではなく、一律に光が当たっている、フラットに光が遍在していることを好むようです。晴天でも靄《もや》のかかりやすい日本の風土のせいでしょうか。ともかく、平明な印象派が大好きなのも肯けます。

日本の洋画がはじまった頃、近代絵画の主流は平面表現の諸潮流へと移りました。これらの潮流を受け入れ、それに乗ることは、日本人洋画家にとって、強い陰影やヴォリュームを出さなければならないいわゆる西洋画を描くより抵抗が少なかったのではないかと思います。その方が伝統的な感性に近かったはずだからです。

ところがここに来て、実写やアニメが、ぎらつくCGに夢中になっています。なぜでしょうか。おそらく、人々のこの世で生きている現実感がどんどん薄れていて、現実以上に生々しく強烈な現実感を映像に求めているこのあらわれではないかという気がします。

強い「主観主義」　私が面白いと思うのは、「現在だけが、問題」で、「その現在は、いわば予測を超えて、次々に出現する」、そして「状況は〈変える〉ものではなく、〈変わる〉もの」だから、「そこで予想することの出来ない変化に対し、つまり突然あらわれた現在の状況に対し、素早く反応する技術——心理的な技術が発達する」というようなあり方が、世界的に評価された『千と千尋の神隠し』の宮崎駿作品をはじめとする、日本アニメ長編の一大特徴だ、ということです。「　」内の文章は、じつは、加藤さんが一九八一年六月に開催された国際基督教大学アジア文化研究所主催の連続講演会でお話しになった「日本社会・文化の基本的特徴」(『日本文化のかくれた形』所収)の「現在主義」のところで、絵巻物と日本社会に関して述べられた言葉をつぎはぎした引用です。

最近のすぐれた日本の長編アニメでは、主人公が「予測を超えて、次々に出現する状況」にまことに素早く座頭市的に対処し、見事に危機を切り抜けます。そして観客はそれに喝采を送ります。しかし、主人公が物事の因果関係を探ったり原因をつきとめる行動に出ることはほとんどありません。座頭市的な主人公が状況の不可解さから疑心暗鬼に囚われて、行動力を失ってしまうこともないのです。観客もまた、主人公が何故そんなに見事に状況を切り抜けることができるのか、深く考えることはないようです。主人公も観客も、こうして「現在主義」を共有しています。

これはまた、加藤さんが同じ講演で「集団内部の秩序維持の装置」として挙げておられ、今回もお話しいただいた、日本の「気持・こころ尊重主義」や「主観主義」のあらわれでもあると思います。現実の中では、行動の動機である心情がいくら美しくても、それがそのままよい結果をもたらすとは限らない。しかし私たち日本人はその「気持」の方を高く評価してしまいがちです。だからこそ、日本アニメの世界では、現実世界でと違い、よい心情は必ずよい結果を生んで、観客の気持を裏切らないようにします。そこでは、因果関係の客観性・論理性は問われません。

したがって、こういう長編アニメの傑作は、しばしばかなり強引に、加藤さんの言われる「建て増し主義」的に作り上げられざるをえません。では、そういうドラマをリアルに、というか、ヴァーチュアルに観客に信じさせる恐るべき力はどこから来ているのでしょうか。それはまずなによりも、官能的とさえ言えそうな細部の驚くべき緻密なリアリティではないかと思います。最近のバロック的明暗強調もおそらくそのためでしょう。

起承転結のしっかりした全体設計図から細部を構想するのではなく、豊富な細部のリアリティや共感性をまず保証して、その力によって全体を組み上げること。これが加藤さんのおっしゃる「部分主義」に当てはまることは言うまでもないと思います。「日本文化の文法」第四、「部分主義」で、加藤さんは「全体の構造を離れての、部分それ自身への強い関心は、日本の造形美術の歴史を一貫する特徴の一つである。(中略)全体は部分の積み重ねとして成り立つので、全体を分割して全体に至るのではない」と書かれています。

かくて、世界に冠たる日本の長編アニメもまた、日本文化の文法にまことによく従っている、と言えるのではないでしょうか。そしてこれが世界的に評価されるのは、その細部の豊富さ素晴らしさもむろんありますが、それだけでなく、その「主観主義」的な美しい心情とそれによる目的成就が、既成の価値体系が崩れ、因果関係が読み取れず、自信を失って不安に陥っている現代人の心に強く訴える(今はやりの言葉で言えば「癒す」)ことも大きいのではないでしょうか。日本だけでなく、世界で、圧倒的な「感覚的世界」を肌身に感じたがる人々がますます増えているのだと思います。

「おたく的文化」の「集団主義」

最後に「集団主義」ですが、その「気持・こころ尊重主義」についてはすでに日本アニメの特徴として挙げました。もう一つ、かなり拡大解釈しての話ながら、いわゆる「おたく的文化」の問題があります。

日本で「細かく時間を刻みながら見ていく絵物語」が特に発達したのは、興味深いことに、いずれも鎖国的状況の中、その終わりかけでした。第一が、平安末期。宮廷と寺院の後白河サロンで、絵巻物の傑作が次々と生み出されました。第二が、江戸後期。蘭学書の挿絵などをちらちらと横目で見つつ、浮世絵が見事な達成を見せ、浮世絵師と戯作者は黄表紙から合巻へと草双紙を量産し、頁をめくることで絵にマンガのような連続性や意外性を出すなど、時間表現を取り込みました。本家のファンタスマゴリアをはるかに超えた、驚くほど巧みな「写し絵」という幻灯芝居も生み出しました。第三が、第二次大戦後、トキワ荘の住人たちが切磋琢磨し、また紙芝居描きだった人々が共通の場であった貸本屋のために劇画を作りだしました。そして以後、マンガのコマ割りの工夫は、本家のコミックストリップをはるかに凌いで洗練の度をきわめ、また本家のディズニー作品とは似ても似つかぬアニメブームが起こります。

三つの時代のどれもが、有力で先進的な外国との往来が極端に少なくなり、本家から先生は訪れず留学もしませんでした。しかし、連続式絵巻も浮世絵もマンガやアニメも、中国美術や近代西洋絵画など「大芸術」の受容とは大違いで、本家の文物から学んだことを起爆剤としながらも、自分たちを正統派だとはつゆ思わず、一種のサブカルチュアとして日本内部で生まれ育ったものです。そしてどの時期にも、わずかな渡来文物から得られる外来文化に対しては強い好奇心をもち、取り入れたいものは勝手にまた貪欲に取り入れ、本家に何の気兼ねもコンプレックスももたずに、のびのびと仲間内で技を競い合いました。

『日本　その心とかたち』の第十巻には、「外来文化の〈日本化〉」「鎖国のなかの西洋」「近代画家たちの独創」の章があって、日本での外来文化の受容の特徴が語られています。技術を、それを生み出した精神風土とは切り離して器用に受け取ったり、「遊び」として採り入れてしまったりする傾向です。絵巻物も浮世絵もマンガやアニメもそういうところから出発しながら、ほぼ自力で独創的なところまで到達できた数少ない例ではないかと思います。

「日本文化の文法」の第二、「集団主義」には、「集団に超越する価値は、原則として、ない。別の言葉でいえば、集団は自己完結的でなければならない」とあります。またその第三、「感覚的世界」の冒頭には、「今此処の日常的世界は、感覚を通して与えられる。その世界を、それを超える何ものかと関連させることなしに一つの文化が成熟すれば、そこには感覚の無限の洗練が起こるだろう」と書かれています。

十二世紀における連続式絵巻の驚くべき達成も、十九世紀の浮世絵文化も、二十世紀中葉からのマンガ・アニメブームも、大まかに言えば、これに当てはまる側面があるのではないでしょうか。しかも、これらを享受した人々もまた、「おたく」に限らず、そのような傾向をもっていたと言えると思います。

日本のアニメは現在世界中で受け入れられていますが、面白いことに、作り手のほとんどすべてが、自分たちの作品を国際的なものにしようとか、海外で受けようとか考えて作ってはいなかったのです。海外作品を見たり勉強することもあまりありませんし、その動向を気にすることもありませんでした。まわりの人たちだけを見て、ただ自分たちのために作ってきました。むろん、これからどうなるかは分かりませんが。

以上、『日本　その心とかたち』を学んだ生徒として、答案レポートのつもりで書きました。

（『熱風』二〇〇四年八月号、九月号）

闇と光

映画は光と影の芸術と言われてきた。モノクロの写真や映画はもとより、カラーの映像も、結局は三色に分解された光と影が合わさって、闇の中の平面スクリーンに映し出されたものにすぎない。そして、映画と闇は切り離せない。

映画とテレビの最も大きなちがいは画面の大きさではなく、暗闇の中で見るかどうかにある。闇は人を外界と遮断し、闇の中に映し出される別世界へと人を誘い込み、閉じ込める。そして映像の中の光と影と闇は、まわりの闇のおかげではじめて真の光や影や闇と感じられるのである。

では映画は「闇」を表現しうるだろうか。物理的には「否」である。映像の闇は、光があってはじめて闇となる。画像が消えてスクリーンが完全に光を失うと、眼が馴れるにしたがい、スクリーンそのものがぼんやりと見えてくる。

闇は映像としては「無」である。画面を闇にして、気配だけをそのまま表現することはほとんど不可能だ。闇の中のシーンでも、どこからか洩れてくる淡い光で人物やモノの存在を感じさせるしかない。もともと何かが「ない」ということを描くのは映画ではたいへんむずかしい。だからむしろ逆に、何かを描いて心理的に「闇」を感じさせるのだ。

テレンス・ヤング監督の傑作『暗くなるまで待って』で、オードリー・ヘップバーン扮する盲目の女性は自宅に入り込んだ悪漢に追いつめられる。彼女は電灯を破壊して部屋を完全に闇にしたとき、はじめて悪漢より優位に立ち、果敢に逆襲して危機を脱する。

目の見えない彼女が外界をどう感じているか、外界を闇にしたときそれがどう変化するか、それを彼女の内側から主観的に描くことは不可能である。闇の場面もふくめ、映画はひたすら外側から客観的に彼女を捉え、彼女の姿を状況まるごと描き出すことで、闇に生きる彼女の恐怖や焦りを見事に観客に感じさせた。しかし、これはなにも盲目の主人公の場合に限ったことではなく、本来映画はひたすら外面を描くことによって内面に迫らねばならない見世物芸術なのである。

*

闇の描写はアニメーション映画ではさらに困難である。たとえ背景画がモノや情景を闇に自然に溶け込んでいるように描いたとしても、線とフラットな色面によって人物を描くセル画の方は陰影描写が大の苦手で、映画のようにかすかに光の当たった部分だけで人物を暗示することはむずかしい。

さらにTVアニメとなると、いろんな制約から、昼と夜でキャラクターの明度や色調を変えることさえしないことが多いのだ。TVシリーズ『母をたずねて三千里』では、星明かりを頼りに夜の大草原パンパやアンデス山中をさまようマルコ少年たちを何度も描いたが、彼らをとりまく闇の恐ろしさを人に感じてもらうためには、当然ながら映像だけでなく、そう感じるようにお話のもっていき方を工夫しなければならなかった。

この作品を作るために、わたしたちはアルゼンチンまでロケハンに行き、チリとの国境に近い三、四千メートル級のアンデス高地カルチャキ地方まで足をのばした。そして闇の恐怖もいささかながら味わった。

日の出前に州都サルタを車で出発し、そのあまりに壮麗な大風景に驚嘆しつつ、沙漠のような山中に分け入ってやっとインディオの村にたどりついたが、村を出ないうちに日が暮れてしまった。大人はアセチレンランプを囲んで深刻そうにポータブルラジオで大統領の演説に聞き入り、子どもたちは真暗闇としか見えない暗さの中でサッカーボールを蹴っている。闇の中を帰途についたが、無人の曠野は果てしなく続き、一台の車にも出会わない。

すでに四本のスペアタイヤは使い尽くしていた。今度パンクしたらと心細さがつのってきた頃、ポツン、ポツンと、まるで星のように遠く遠く、家の灯りがまたたきはじめた。あのときの人恋しくなつかしい気分は忘れることができない。

戦時中の暗い夜を多く描かねばならなかった『火垂るの墓』でも、闇に近い場面の表現には苦労した。母の遺骨を持ち帰った清太が玄関先の茂みにその箱を隠すところや、蛍の舞ういくつかのシーンでは、スタッフの頑張りで独特のリアリティが出せたと思う。

戦時中の姿のまま妹を連れて中有《ちゅうう》をさまよう語り手の清太は、はやく言えば幽霊で、この兄妹が出現するシーンは空襲下を思わせる赤橙色に染まり、火の粉のような蛍がまわりを乱舞する。

この色調のヒントは江戸時代の漆器にあったが、同時にこれは、いわば霊的な赤外線カメラで撮影した闇の景色のつもりでもあった。赤橙色で明暗を描くと、なぜか人はそこに光を感じないで、むしろ異様な闇を感じてくれるのではないかと期待したのである。

＊

あの時代を生きた人々は、敗戦で灯火管制が解かれた夜の、星のように輝く電灯の美しさを語るが、その数年後から急速に蛍光灯が出回りはじめたこともわたしには印象深い。蛍光灯による座敷照明は室内に暗部を作らない。天井の隅にまで光が届いている。光の色も白く、白熱電灯とちがって、焚き火や囲炉裏以来の夜の暖かみを失った。

なぜ日本ではあれほどすさまじい勢いで蛍光灯が家庭に普及したのだろうか。よほどわたしたちは闇の嫌いな、闇を怖がる民族なのか。闇や暗がりから解放されるとなったら、昼間のようにとことん明るくしないと気が済まなかったのか。

しかしことは戦後に限らない。複雑ないわゆる「演劇的な」照明のなかった昼間興行の伝統を受け継いで、日本古来の芝居は、現在でも基本的にフラットな光の下で行われる。夜間の神楽、薪能、あるいは歌舞伎の黒衣《くろご》の持つ手燭による役者へのスポットライトなど、光と影のあやなす偶然を取り込んだ照明効果を知らないわけではなかったのに、電灯導入とともにそれを思い切りよく捨て去ったのはなぜなのか。

これらの疑問に対する答えはさまざまにあるはずだが、やはり根本のところでは、わたしたち日本人の「平明な明るさ好き」にあるような気がする。

日本の伝統絵画にはほとんどの場合闇も光もない。漆黒の地に金銀や螺鈿《らでん》をちりばめ、闇を小宇宙に閉じ込めた蒔絵をほとんど唯一の例外として、マンガやアニメのなかった昔から、日本人は線と面による平明な絵を好み、光と影で物を捉えた絵は描いてこなかった。夜の闇に幻視したはずの、もののけの跳梁を描いた『百鬼夜行絵巻』でさえ、じつにあっけらかんとすべてが見えている。そしてその平明嗜好は、圧倒的な西洋の影響下にあった近代でさえ、日本画やマンガやアニメに脈々と受け継がれている。陰影によって立体を捉え、光源からの光で闇の中に人物を浮かび上がらせたり、胸元や頭に貴金属や装飾品をキラリと輝かせたり、ほんものと見まがうばかりに衣装の光沢をあざやかに再現したりすることに異様な精力を注いだ西洋人たちとなんとちがっていたことだろう。

＊

テレビ受像器を欧米に輸出するとき、国内向けにくらべ、画面の輝度・明るさをぐっと暗めに調整することをご存じだろうか。西洋人の瞳の色は薄いので、基本的に黒い瞳のわたしたちよりずっとまぶしさを感じやすいのだという。

西洋風の高級そうなレストランやホテルの室内照明が仄暗いことでも分かるとおり、西洋では、いまでも夜は暗がりを演出し、そこに浮かぶ灯りの効果を尊んでいる。それは家庭でも同じであり、いくつかの電気スタンドを立てて明暗を複雑にし、蛍光灯で隈無く部屋を照らし出すことはまずない。日が落ちて夕闇が迫ってきても、なかなか灯りをつけない。一度それについて野暮な質問をしたことがあったが、答えは、次第に変化していく光を楽しむべきじゃありませんかという、まことにもっともなものだった。

『アルプスの少女ハイジ』のロケハンではじめて夏のヨーロッパを訪れたときのこと。マイエンフェルトの宿で、廊下からドアを開けて室内へ足を踏み入れたとたん、さあっと小窓からの緑の陽光が部屋に溢れた。部屋が明るいのではない。小窓の向こうに約束の地が輝いているような気がしたのだ。この、何かあこがれを誘う窓の効果は忘れられない。

開放的な日本の座敷にくらべ、壁の多い西洋の部屋の窓は小さく、そこから差し込む光は、昼間でもまさに「光あれ」の光、すなわち闇を照らす神の恩寵として感じられる。日本では座敷やコンビニのフラットな昼光色が人に安心感を与えるのに対し、暗がりの中の仄かな光、あるいは闇に差し込む光こそ、西洋人を落ち着かせるらしいのである。テレビを暗めに調整するのも、この室内の仄暗さと関係があるにちがいない。

谷崎潤一郎は戦前、日本家屋から微妙な陰翳が消えていくことを惜しんで『陰翳礼讃』を書いた。たしかにわたしたちの祖先は、住まいだけでなく、たそがれ、かわたれどき、萌葱《もえぎ》、浅黄《あさぎ》などなど、多くの言葉が残っていることでも分かるように、日常の中で光や色の微妙な差や変化を感じ、それを大事にしてきた。しかし、過去に存在した「陰翳」を、貧しさや不自由のあらわれとしか感じなかった大多数の現代の日本人は、むしろ欧米化するつもりでさっさとそれを捨て去り、明るい照明器具を発明した西洋人の方が、意識的に「陰翳」を日常生活の中に取り込んで「礼讃」しているのはじつに皮肉なことではなかろうか。

＊

アニメーション映画でも最近は何らかの陰影をほどこしたり、緻密に背景を描き込んだりしてリアル志向が強まり、ＣＧの発達がそれに拍車をかけている。そんななかで、星空を描くのは今なおたいへん苦手である。現代人がろくに見たこともない「満天の星空」を真実味のある映像にすることは至難の業だ。アニメだけではない。映画でもテレビでも、よくウソっぽい星空が出てくる。月でも超望遠で撮るしかないのに星など小さくて光が弱くて写らない。いきおい実写でも、黒紙上にランダムにピンホールをあけ、下から透過光を当てたものを特撮して間に合わせることになる。アニメーション映画でも、絵として描くだけでなく、同じ方法を使うこともある。

『母をたずねて三千里』のロケハンでは、中継地だったリオデジャネイロで南十字星をはじめて見た。有名なコルコバードの丘へ登ったときだった。マルコが見上げた空には、きっと三百六十度、凄い満天の星が頭上に広がっていたにちがいないが、とてもそれに匹敵する映像を作ることはできなかった。いままでの作品で星空が印象的だったのは、アルゼンチンへも同行した『母をたずねて三千里』の美術監督、椋尾篁《むくおたかむら》氏の描いた『セロ弾きのゴーシュ』の星空や銀河である。

＊

星空を見上げるたびに、星座を生み出した古代人の想像力にあらためて驚かずにはいられない。どうしてこの星々から、あのような人物や動物の姿が幻視できたのか。七つの星を線で結んでヒシャクを描くのならば分かる。しかし輪郭としてではなく、星々を核や骨格にしてたとえば大熊を思い描くとは。

わたしは数年前から一時間足らずの深夜の散歩を夫婦で続けている。住まいは東京都練馬区のはずれ、保谷市に隣接する旧農村地帯。ありがたいことに、まだかろうじて農地や雑木林が残り、大きな欅《けやき》や樫がそびえる農家の屋敷林も多い。短いながら、車も通らず木々に覆われて、昼なお暗い曲がりくねった小道もある。空は広く、車にも人にもほとんど出会わないですむ。この散歩をはじめてから、月の満ち欠けや足下の月の影や星の運行などに以前よりずっと敏感になった。

むろんまわりは大東京圏、空気も澄まず、街灯もあれば高速道路の遠い騒音も聞こえてくる。たまに旅先で見る星の数、すばらしい輝きにはくらぶべくもないが、秋から冬にかけての星座の運行はそれでも日々の生活に大きなやすらぎと楽しみを与えてくれる。ヘールボップ彗星はもちろん、昨年の獅子座の流星群を徹夜して見たのも、このところ星に親しんでいたせいだと思う。星座表にある星数のおびただしさにため息をつきつつ、「東京でも見える星の本」などという、条件の悪いところでも見える星たちだけの星座表を作ってみたくなったりする。

＊

大気汚染と夜間照明でかすんでしまった現代日本の東京の空でさえ、星を見上げれば心を澄ませてくれるのに、なぜか、詩歌の古典で星を詠んだものはたいへん少ない。

「天の海に雲の波立ち、月の舟、星の林に漕ぎ隠る見ゆ」という楽しい歌が『万葉集』にあるが、これはいかにも童話風だし、『枕草子』でも「星は」ではじまる段に挙げられているのは、昴《すばる》、牽牛星《ひこぼし》、太白星《ゆふづつ》(宵の明星)、よばひ星(流星または彗星)だけで、それらがなぜ「をかし」いのか、清少納言のコメントもない。

「子《ね》の星」(北極星)や「七つの星」(北斗七星)など、有名な星々のやまと言葉名はほかにもちゃんとあり、プレヤデスのようなぼんやりした星団にも「すばる」と名付けている。農耕や航海に星のめぐりは大事な指標だったろうから、昔の人はわたしたちよりずっと星に親しんでいたはずである。にもかかわらず、中国の影響による七夕の天の河と牽牛織女以外、星をあまり歌ってこなかったのはなぜだろうか。

天国とはちがい、極楽や彼岸は海や川の彼方にあるので、わたしたちの祖先は、空を仰ぎ見て、天にまします神に救いを求めたり、『ピノキオ』みたいに「星に願いを」こめたりしなかったためではないだろうか。おそらく、星は心を寄せるにはあまりに遠く頼りなく、小さ過ぎたのかもしれない。同じように闇に光っても、蛍が「あくがれいづる魂」(和泉式部)かとも見えたのに対し、星は「くらき夜の山松風はさわげども梢の空に星ぞのどけき」(永福門院)のように、そのほとんどが叙景歌として歌われたのだった。

(美星町役場創星課編『光と闇との調和をめざして』岡山県井原市美星町、二〇〇〇年)

暮らしのそばに農村景観を維持する

当たり前の農村景観が好き

私は、生まれは三重県の伊勢市で、育ったのは岡山市です。ですから高校を卒業するまで、ずっと地方都市で暮らしていたわけです。はじめに住んだ家も空襲で焼けたあとで住んだ家も、町外れの丘にあって、雑木林や畑や下の田んぼと接していました。それから空襲の直後の一年ぐらい、農村で生活したことがあります。じゃあ実際に「農」に親しんだかと問われるとそうでもない。父の借りていた畑を手伝ったり、縄や草履《ぞうり》作りを覚えたぐらいなものですが、特に収穫は嬉しかったし、当たり前のように林や農地で遊んでいました。私は装備なんかして出向いていく「大自然」ではなくて、里山というか、農村的風景が大好きですし、関心も持ってきたんです。作品で取り上げたのもみんなそういうところです。

日本という国は、どこの地方都市へ行っても、山が見え、川が流れ、ちょっと足をのばすと田んぼがあって、それが当たり前の風景ですね。東京にいると、その当たり前の風景が恋しくなる。東京は特殊なまちで、山はほとんど見えないし、川らしい川は荒川か多摩川までいかないと出会えない。もう一つ、水田もない。日本で当たり前の風景がなかなか見えないのです。

要するに、ふつうの日本の都市環境は、都市と農村が入り組むように接していて、都市に住んでいても農村的な景観や四季の変化を日常の暮らしの中で楽しむことができた。蛙の声を聞いたりあぜ道を歩いたり土手の桜を見に行ったり。都市の人間も公園ではなくて農村を楽しんでたんですね。

西洋のまちは城郭的で、石造りだし、都市と農村がきちっと区分けされている。居住空間には木も少なくて、そのかわり緑の公園がかならずある。ところが日本の場合は、日々の暮らしの近いところに農村景観があったことが、市民にうるおいを与えていたんだと思います。

農業経営の賜物としての風景

しかし、それがかえってアダとなって、スプロール化がすぐ起こり、雑然たる風景になってしまう。いわゆる「農村らしい」ところが少なくなってきた。それが都市近郊だけじゃなくて、農村自体がそうなりつつある。勝手だとは承知していますが、そういう農村的環境の恩恵に浴してきたものからすると、まことに「情けない」現状ですね。

たとえば最近よく取り上げられる里山ですが、東京近郊だと、丘陵地などの大開発地の近くに今でもぽつぽつと素晴らしい里山が残っています。農家と屋敷林、薪炭《しんたん》や落ち葉を取っていた雑木林、木材用の杉が少々、小さな果樹園、畑、湧き水による谷地田《やちだ》、小さくてもある程度自給自足できそうなユニットができあがっている。それはまた、生態系のユニットでもある。そういうところは、新住民の絶好の散歩地になっています。どんな大公園でも味わえないなつかしい魅力があります。それは、そこを営々と経営してこられた農家の方々のおかげですね。私たちはすごい恩恵を受けているわけで、いつも感謝してるんです。

ところが、そういうところが突然丸坊主になる。地形まで変化させて開発されてしまう。勝手な言いぐさかもしれませんが、相続税などのことも理解しているつもりですが、もう残念でならない。はっきりいえばほんとうに腹が立つ。生まれ育った素晴らしい環境を自分の代で一気に跡形もなくする、その喪失感は元農家の方の心に傷を残さないのだろうかと。

たしかに里山の景観は、それを持続してくれる営農者がいてくれなければならないですね。それがいなくなって売るのかもしれません。でも、自治体が買い上げさえすれば、都会の近くだと、かえって可能性はあるんじゃないかと思うんです。人口が多く、農村出身者もいるし、市民農園などやりたい人は増えていると聞きます。変に人工的な公園や雑然たる市民農園ではなくて、暮らしのそばに農村景観を維持する。これは日本の伝統ではないでしょうか。

水田は造成地——直線と曲線

日本の農村を感じるときに、もう一つ、水田の存在は見逃せません。水田の効用についてはみなさんが力説されていますが、水田は風景としても特別だと思うんですね。なぜ特別かというと、水面の拡がりがあるということです。そして水をはるために水平面をつくる。だから風景の中に必ずいくつもの水平な線が生まれるわけです。水田をつくらない農村景観とはまったく違います。

逆に考えるとわかりやすいかもしれません。日本人の好きな農村風景は二つあって、一つが棚田です。東アジア独特ですね。では憧れの西洋の農村風景とは何か？　ゆったりした起伏のある丘陵をそのまま拓いた、区画や水平線をつくらないひろびろとした農業景観です。北海道もそうでしょう。北海道にも水田はありますが、起伏のまま牧草地にしたり畑にしたり、そういう大景観が本州のひとには新鮮で西洋的に映り、大自然っぽくて魅力的に感じるわけです。それは、日本人が日常的に水平な線や区画のある風景を目にしているからじゃないでしょうか。

昔から水田だけは地形的にはっきりと人間がつくったことがわかる景観なんですね。

造成地です。そしてこの人工的な感じをやわらげたりなじませていたのがそれを取りまく曲線です。山川草木はもちろん、あぜ道も土手も用水路も田んぼの区画も茅葺《かやぶ》きの家もみんなうねったりして柔らかかった。

それが今ではすべて失われてしまいました。コンクリートの冷たい直線ばかりです。農村地域へ行くと、圃場《ほじょう》整備事業が進んだ上に、道路も用水路もカチカチの直線でできています。造成や維持管理や作業には都合がいいのでしょうが、景観をじつにつまらなくした。もうこちらを抱いてはくれない景色。冷え冷えしています。家屋も地域性を失って、お城のような入母屋《いりもや》が多くなった。調和がとれているとはとても思えません。あの時代、どうかしていたんじゃないのかとさえ思います。

都市には都市の、農村には農村の特色を

西洋では、水田のような直線がもともとないのに、道だってなんだって今でももっとあたたかく曲線を活かしています。路肩も草なんかが生えたままです。まちの舗石にも驚きますよね。いまだにコツコツと石を割って並べています。本能として、人なつっこさやあったかさを捨てたくないんじゃないでしょうか。

こんなことは何も農村だけの問題ではなくて、まず都会がそうです。日本の都市は落ち着きがなく、東アジア的混沌ですか、キッチュ(俗悪)な面白さを発揮したり、ポスト

モダンとやらの巨大な実験場になってしまいました。しかし農村にまでそれらを持ち込む必要があるのでしょうか。必要な施設をつくることと、それを都会そっくりにやることとはまったく別の問題だと思います。コンクというフランスの山深い農村に、中世の面影を残すごく小さなまちがあるのですが、そこに近代的で立派な中世研究センターがあります。しかし、外からはまったく見えない。山を掘って地中につくってあるんです。

「勝手なことをいうな、それは訪問者の意見だろう」と叱られるかもしれないけれど、農村地域に住んでいる人たちにとっても、地域の心地よさというのは大事なはずです。しかも農村の方々はみんなクルマを持っていますよね。都市空間を享受するのはむずかしくない。簡単に都市へ行けるわけですから。とするなら、都市は都市、農村は農村としての特色をはっきり打ち出し、その上で行き来してお互いにないものを得る、そうしたほうがずっといい。

外国の荒廃をも招く食料の輸入依存体質

一年ほど前、カナダの上空を横断して、その異様な風景にゾッとしました。巨大な緑の円形が並んでいて、そのまわりは干からびて真っ白。こういう工業みたいな農業が長続きするはずがないと思ったんです。水がないのに無理やり地下水を汲み上げて、おそらくアメリカやカナダの土壌はむちゃくちゃになりつつあると思います。あるいはアジアでは水田やマングローブをつぶして日本向けのエビを養殖したり、ムギをやめて野菜を格安で日本に輸出している。

日本の食料のために、海外の土地が荒廃していく。森林も同じです。原生林から木材をどんどん伐採して日本へ送る。あとにはロクに植えない。向こうが売るのだから日本だけの責任じゃないとはいえるでしょうが、売る責任もある一方で買う責任もある。

日本の輸入依存体質は、長い目で見れば、日本にとってもその外国にとっても食料生産や森林をダメにすることにつながらざるをえません。外国から買ってばかりいるうちに、日本の農林業が立ちゆかないで荒廃していく。しかし、これからどうなるかわからないわけですよ。国際的に農産物が高騰するかもしれない。そういうときに国内で自給できる可能性をもっていなかったら大変なことです。

農林業が採算が取れる取れないの問題ではなくて、私たち自身の国民的国土的な一大問題なんだと思います。

持続可能な「自然との付き合い」を

あまり明るくない話になってしまいましたが、私は、日本に関するかぎり、すごく楽観的なんです。それは、作品をつくりながら勉強したりいろんな方々に教えていただいて、私たちの祖先がじつにうまく自然と付き合ってきたことを学んだからです。『柳川堀割物語』では、水に恵まれない土地で治水と利水を切り離さず、いかに上手に一体化させて「わずらわしい水との付き合い」で乗り切ってきたか、ということを、広松伝さんという水路再生の中心だった方からじっくりと学びました。

水だけではない、最近よく聞かれる「サステイナブル」、「持続可能な」ということでいえば、日本では、ずうっと循環型の自然との付き合いをしてきたんですね。たとえば下肥の利用というのもスゴイです。見事なリサイクルです。里山もそうです。雑木林の循環的利用ですね。水田もそうです。連作障害なんてものがない。とにかく、自然を殺したら元も子もないことをよくわきまえていたんです。自然の恩恵をこうむり続けるためには、自然に働きかけて元気よく生き続けてもらわなければならない。自然の再生産力を活かすしかない。『おもひでぽろぽろ』という作品で、農村青年に「この景色は人間がつくったんだ。いわば自然と人間の共同作業でできあがったものなんだ」と言わせたのもそこなんです。人間にとっていちばん親しみやすくなつかしい風景、それが長い間かかってできあがった農村景観なのは、じつは当然なんですね。人間が住んでいるのに風景があまり大きくは変化しないで何百年と続いているということは、すなわち「持続可能な」ものだったということですよ。日本人が昔からやってきた農業こそが持続可能な農業です。

むろん、現状は困ったことばかりですし、過去にも人口増の圧力などで自然が荒廃したことがあった。みなさん誤解があるようですが、日本はずっと緑が多かったわけじゃない。明治初期の写真を見ると、瀬戸内の風景なんて見事なほど木がない。石炭も石油もない時代、燃料は木々からもらうしかなかったんですから。私の少年時代とくらべても、瀬戸内は今の方が緑が多い。ヤブっぽいけれど、ともかく回復途中なんですね。

日本は気候も比較すれば世界で恵まれているほうだし、こういうことに自信と勇気をもって、祖先の知恵を活かしながら現代にアレンジしていけば、けっして未来は暗くないと思うんですが。

農業体験を学校の教科に

それから、自然と人間の付き合いを考えたとき、少なくとも子どもの時代に否応なく(笑)、自然とふれ合わざるをえないようにするべきではないでしょうか。

私は農業体験を学校の教科に組み込むべきだと思っています。だから「否応なく」なんですが、ボランティアなどではなく、教科として取り組む。植え付けから収穫まで全部、そしてそれをちゃんと食べる。そりゃイヤだという子も出てきますよ。私だって畑の草取りや肥《こえ》かつぎなんかイヤで、できればやりたくなかったから(笑)。でもいいことも一杯あって生き生きする子が多いと思う。

学校教育というのは、学校へ行かなければ教えてもらえないことを勉強するはずのところですよね。いわゆる「勉強」だけならいまや塾でも出来る時代です。いま、日本で教えられていないことの一つが、自分の力だけではどうにもならないことがある、ということじゃないでしょうか。それをうまく教えるのは難しいですね。「きみの個性や能力を伸ばせ」なんていうのは誰でも言えるけれど。

農業はその点、天候に左右されたり、虫がついたり、それでもリセットせずになんとか手当てして頑張らなければならない。時間もかかる。ダメでも誰もうらめない。それだけに収穫の喜びは大きいですし、人間を超えた大きなものの存在を感じることもできる。土や水や作物に触れるのはスキンシップのような効果もあるはずです。だから収穫したものはその子に労働報酬として与えなきゃならない。ボランティアはダメです。先生は農家のお年寄りにお願いすればいいと思います。ともかく農業の力をもっと教育に活かしてもらえないだろうかと願っているのですが。

アニメなんかも快楽や理想を与えようとばかりしていて、マズイなと思っているんです。いまの子どもの原体験は、現実に直面する前に甘美な映像で与えられてしまう。大人が励ますのも理想ばかりです。

現実でうまくいかないとすぐキレたり意欲を失ったりするのも、アニメにかぎらず、勇気づけの仕方が間違っていたためではないかと。その点、農業は自分の責任だけじゃないところで、しかも確実に結果は出るから、人生を学ぶにはおそらく最適だと思うのですが。

（『新・田舎人』第二十八号（二〇〇一年七月）掲載のインタビューを再構成）

2　日本語を話すとき

蝶々談義

A　ラ行ではじまる大和言葉は存在しないことに気がついていた？

B　ほんとかい？　えーと……ラ、ラ、リ。

A　日本人は語頭に立つラ行音は苦手なんだ。ろれつが回らないって言うだろう？

B　えっ？

A　いや、ロレツ、漢字で書けば呂律だよね。呂(りょ・ろ)も律(りつ)も中国の旋法(音階)の名だから、もともとはラ行とは無関係に、うまく歌えないことからきたんだろうけど、しゃべっていてベロを意識するのはラ行を発音するときだし、舌がうまく回らないことを言うのに、「呂律が回らない」なんて呂律を持ち出すところをみても、日本人はラ行音が苦手なのはまちがいないよ。

B　逆じゃないのかな。ロレったとかラリったとかいうときは、酔っぱらってダデドなんかがラレロになってしまうのを言うんじゃないのかい？

A　うん。でもその反対にラレロがダデドやナネノになったり、ラ行音を続けて言うと舌がもつれたり。ラリったの「らり」だって古語にあるんだ。「乱離」と書いて意味は「めちゃくちゃ」っていう。

B それが「ラリる」と関係があるか、にわかには信じがたいが、そういえばレンゲのことをゲンゲなんていうな。いや、語頭のラ行が苦手なのはお隣の韓国の人じゃないのかい。盧さんや、柳さんや、李さんが、ノさん、ユウさん、イさんになっている。もっとも北朝鮮では今もロ、リュウ、リィのままらしいがね。

A そうそう、よく知ってるね。じつは、朝鮮語や日本語の属しているアルタイ語系言語には、RやLが語頭に立たないという法則があるんだ。

B ふーん、語頭に立たないねえ……。

A だから苦手なんだ。

B まてよ……。あっ、りす。リスは大和言葉だろう？

A 残念でした。リスは漢語の栗鼠からだ。

B ええ？……、そうか、栗鼠は音読みすればリッソか。じゃあ「りん」は？　呼鈴のりん、あれはリンリンと鳴る音からきてるはずだ。

A そのとおり。でもそれはまず中国でなんだ。漢代の読みがレイ、唐代がリン。花のリンドウも竜胆(りゅうたん)の読みが訛ったものだし、ラッキョウは辛辣のラツにニラ、辛いニラで辣韮。花のランはもちろん蘭。

B　ふーむ……。そうだ、これはまちがいないぞ。「りりしい」。
A　りりしいね、なるほど。でも、「りりしい」って、漢字を使わないかい？
B　ふむ、「凜々しい」とも書くけど。
A　だろう？　「勇気凜々」の凜々《リンリン》を形容詞化したんだよ。
B　そうかなあ。
A　ラ行の形容詞には、「りりしい」以外にも大和言葉的なものがいくつかある。れっきとした、ろくでもない、ろくろく、りんりん、らちもない、ろうたけた、どれも漢語からきているとは意識しないだろう？
B　歴《れっき》とした、碌(陸)でもない、碌々、凜々・鈴々、埒もない、臈《らふ》長けた、か。源氏物語に出てくる「らうたし」も「労痛し」からと習った覚えがあるな。やっぱりラ行ではじまる大和言葉はないのかなあ。
A　ない。
B　いやに自信満々だなあ。
A　そうさ。辞書を調べればわかるよ。古語では「らうがはし」というのもある。乱雑なというような意味で、その「乱」が「らう」になった。
B　ちょっとまてよ。さっきの「りりしい」だけど、「由々《ゆゆ》しい」なんかとおなじで、逆に、「りりしい」という和語に漢字の当て字をしたんじゃないの。意味からも、「きりり」と関係がありそうだし。

A　そう言われればそんな気もするところが面白いな。たしかに「由々しい」は当て字だね。

B　だろう。ほかに漢語自体が畳語《じょうご》になっている言葉で、「しい」をつけて形容詞化した例なんてあるの？「悠々《ゆうゆう》」が「悠々しい」になってもよさそうじゃないか。

A　うーん、「毒々しい」は？

B　えっ、「ドク」って漢語？

A　そうさ、畳語による形容詞化の仕方が同じだ。

B　「ドク」は大和言葉っぽいなあ。「気の毒」なんか。毒草といえば漢語的なのに、毒虫は重箱《じゅうばこ》読みというより、訓読みとしか感じられない。あ、肉もそうだね。漢字の音読みだとは全然意識せずに使っている。面白いなあ。

A　「気の毒」の「気」だってそうだぜ。ラ行でなくても大和言葉と思いこんでいる漢語なら、きみが挙げた毒や肉だけじゃなく、いっぱいあるんだ。菊とか。

B　そういえば、梅や馬ももとは漢語だったんだってね。メェやマーの語頭が鼻母音化して「ンメ」「ンマ」、それが「ムメ」「ムマ」から「ウメ」「ウマ」になったとか。

A　そうなんだ。梅も馬も残念ながら日本土着じゃなかったんだ。でもね、それよりもっとびっくりする例を犬飼隆という学者が挙げているよ。「カミ(紙)」「フミ(文)」

「ゼニ(銭)」「クニ(国)」なんか。

B　えっ、そんな……。でもたしかに、どれも中国から来たものかもしれないが……、あっ、「フミ」はブン、「ゼニ」はセンからか。でも「フミ」じゃなくてどうして「フニ」にならなかったんだい。

A　九州弁で「なんでもかんでも」が「なんでんかんでん」になったり、古文でも、「遊びをせんとや生まれけむ　戯れせんとや生まれけん」のように、ムとンが入れ替わるのはよくあることさ。ウメやウマの変化もそうだし。

B　なるほど。じゃあ「カミ」や「クニ」は？

A　じつは「カミ」や「クニ」は、紙や国からではなくて、簡と郡からできたんだって。

B　ほう、書簡の「簡」と「郡」か。たしかに「カミ」がカン、「クニ」がグンからというのは、「フミ」や「ゼニ」と同じ要領だな。

A　犬飼先生は木簡の専門家で、役所跡から出土する木簡文書を調べていて気がついたらしい。

B　古代のお役所か。なるほどねえ。制度や文物はみんな中国か朝鮮半島からだもんなあ。探せばもっとほかにもいろいろあるんだろうなあ。

A　うん、たとえば「ちょうちょ」なんか面白いよ。

B　チョウチョ？「ちょうちょ」が大和言葉じゃないって？
A　うん、蝶々。
B　あっ、漢字だ。
A　「ちょうちょう」または「ちょうちょ」と読むが、歴史的仮名遣いで「てふてふ」と書くと、まるで蝶が羽根をぱたぱたやって飛ぶ姿のオノマトペのように思える。漢語の蝶を畳語にして、それが大和言葉の響きとしてもぴったりだったので、固有の大和言葉を駆逐してしまったらしいんだ。
B　じゃあ固有の大和言葉ではチョウチョのことを何て言ってたんだろう。
A　うーん、わかっていないらしい。ただ、蛾の古称を「ひひる」というし、蝶もひらひらを短縮した「ひひら」か「ひらら」だった可能性があるという説が昔、朝日新聞に載ったことがあった。
B　たしかに「ひらら」なんて悪くないな。でもたしか、古代には、ハ行はパピプペポだったんじゃなかった？
A　そうなんだ。「テプテプ」「ピラピラ」「ピピラ」「ピララ」。西洋語でも蝶々は飛ぶ姿を模したオノマトペから来ていて、パ行のかわいらしい響きの語が多い。
B　たとえば？　英語のバタフライはバタバタはしてるがパ行じゃないよ。
A　パタパタかバタバタかは無声音か有声音かのちがいで、口の使い方は同じだよ。でもまあ、英語のバタフライの原義は「バターのようなものを排泄する飛ぶ虫」という、やりきれないほど散文的なものらしいから例外ということにして、フランス語はパピヨン、その語源のラテン語はパピリオ、日本で化粧品の名になっていたね。イタリア語はファルファッラ。モーツァルトの「もう飛ぶまいぞこの蝶々」の蝶々はファルファローネだけど、それはケルビーノが人間だからオーネをつけてデカチョウチョ。いずれにせよファとパは同じ。

B　そうそう、日本語も、パ行からファ行を経ていまのハ行に落ち着いたとか。

A　パ行じゃないが、ロシア語はバーバ(ボ)チカ。スペイン語はマリポーサ。フランス語以外みんな女性名詞だ。しかも響きがかわいいだろう?

B　うん、なるほど。じゃあドイツ語は?

A　シュメッタリング。男性名詞でパ行もないが、パタパタしている感じはする。

B　韓国で蝶はナビというらしいよ。ナピならパ行だな。ところで本家の中国だけど、荘子に「胡蝶の夢」というのがあるね。たしか「胡」がつくものはみんなシルクロード方面から来たものだよね、胡人、胡麻、胡瓜《きゅうり》、胡桃《くるみ》、胡椒、胡粉《ごふん》、胡座《あぐら》、胡弓、胡旋舞……。

A　ずいぶん並べたね。

B　ぼくだって学のあるところを見せたいじゃないか。と、いうわけで、中国の蝶々は

西域から飛んできたのだろうか。三好達治の「てふてふが一匹、韃靼海峡を渡ってい
った」ではないが。
A　残念でした。この場合の胡には元来虫扁がついていたらしいんだ。胡蝶は、じつは
「蝴蝶」なんだ。
B　そうか……、たしかに「蝴」はなんだか蝶々の胴体を感じさせるな。蝶の方は葉と
関係がありそうだし。
A　ご名答。音も葉と同じで、テフかエフ、やはりひらひらするイメージからきてい
る。
B　あれ？　三好達治は、「蟻が　蝶の羽をひいて行く　ああ　ヨットのやうだ」だっ
たかな？
A　え？　それ、「蛇、長すぎる」のルナールじゃないの？
B　いやいや、まちがいない。ヨットの詩が三好達治、韃靼海峡の詩は……、そうだ、
安西冬衛だったな。昔学校で習ったよ。
A　えーと、ルナールの『博物誌』の蝶もシャレていたと思ったけど……、あっそうだ、
「二つ折りの恋文が、花の番地を捜している」(岸田国士訳)だね。

てふてふが一匹、韃靼海峡を渡っていった　　安西冬衛

蟻が　蝶の羽をひいて行く　ああ　ヨットのやうだ
二つ折りの恋文が、花の番地を捜している

三好達治
ジュール・ルナール

（未発表、二〇一〇年）

この世を力いっぱい生きたかった宮澤賢治

「お早う。宮澤賢治といふ子はほんたうにいい子だったのにかあいさうなことをした。」「お早う。蜂すずめ。宮澤賢治といふ人がどうしたっての。」

宮澤賢治のことならおもしろい。賢治は三十七歳までしか生きられなかった。病気になり、やりたかったことはほんの少ししかできなかった。二十六歳のとき最愛の妹トシを二十五歳で失い、衝撃を受けた。けれども、宮澤賢治ときたら大したもんだ。短い生涯に大量の童話と詩を書いただけではない。不本意なことだらけだったその人生がなぜか模範のように思われ、いまでは偉人にまつりあげられている。手帖に走り書きした「雨ニモ負ケズ」は国民必読の詩となり、「サウイフモノニワタシハナリタイ」としめくくったそのデクノボーは、賢治の生き方と重ね合わされて人間の理想像のように語られることさえある。

(こんなことは実にまれです。)

けれども賢治自身は作品の中で「自己犠牲のすすめ」みたいなことは一度も言ってい

ない。『銀河鉄道の夜』で、「ほんたうにみんなの幸のためならば僕のからだなんか百ぺん灼いてもかまはない」と、主人公のジョバンニはカンパネルラに言うが、いかにも観念的で、そのカンパネルラがザネリを助けるために犠牲になったのを知るのは物語の終わりである。蜂すずめの兄さんである『よだかの星』のよだかも、「お星さん、どうか私をあなたのところへ連れてって下さい。灼けて死んでもかまひません」と叫ぶけれど、誰かのために身を捧げて星になったのではなかった。彼岸に対するあこがれが強かった賢治は、高等農林時代の親友、保阪嘉内《かない》をその信仰へと強引に誘って拒否された。だが、数年間音信の途絶えた後、保阪へ宛てた最後の手紙でこう書く。

あのころはすきとほる冷たい水精のやうな水の流ればかり考へてゐましたのにいまは苗代や草の生ゑた堰のうすら濁つたあたたかなたくさんの微生物のたのしく流れるそんな水に足をひたしたり腕をひたして水口を繕つたりすることをねがひます
(大正十四(一九二五)年六月二十五日)

なんと確信に満ちた現世への愛の告白だろう。この手紙は「来春はわたくしも教師をやめて本当の百姓になって働きます」とはじまるが、理想に生きようとして三年もしないうちに、疲労のあまり病に倒れる。あんなに生き生きと活動し、生徒たちに大きな影響を与えた教師生活をなぜやめたのか、凡人としては残念でならない。けれども、この手紙に書かれている精神が反映された作品ならば、童話でも詩でもたくさん書かれている。「うまいぞ、うまいぞ、鈴蘭なんかまるでパリパリだ」「ちゃうどそのときはかたくりの花の咲くころで、たくさんのたくさんの眼の碧い蜂の仲間が、日光のなかをぶんぶん飛び交いながら、一つ一つの小さな桃いろの花に挨拶して蜜や香料を貰ったり」といった「生きる喜び」が充満している作品にすぐ出会えるはずだ。代表作とされる『銀河鉄道の夜』を読んでもしっくりこず、「雨ニモ負ケズ」のどこがよいのかわからない人が、もしそのために賢治の残した豊かな宝の山に分け入らないやうなことでは、宮澤賢治へもまったく気の毒だからな。

『注文の多い料理店』を子どものときに読めば、「とびどぐもたないでくなさい」「火はどろどろぱちぱち」「カシオピイア、もう水仙が咲き出すぞ」「のろづきおほん、おほん、おほん、ごぎのごぎおほん」「ドッテテドッテテ、ドッテテド」「はんの木の、みどりみぢんの葉の向さ、ぢやらんぢやららんのお日さん懸がる」など、不思議で面白い言葉が頭にこびりついて離れなくなる。もちろん他の作品でも「クラムポンはかぷかぷわらったよ」「向ふからぷるぷるぷるぷる一ぴきの蟻の兵隊が」「みそかの晩とついたちは、砂漠に黒い月が立つ」「キック、キック、トントン」「ああ、せいせいした。サンタマリア」「せだけ高くてばあかなひのき」「雨はざっこざっこ雨三郎」「ゐのししむしゃのかぶとむし」「何だ失敬な決闘をしろ決闘を」など、あげればきりがない。

賢治の詩にも生き生きとした動きや会話の面白さがいっぱいつまっている。あの悲痛な「永訣の朝」にさえ。「わたくしはまがったてっぽうだまのやうに、このくらいみぞれのなかに飛びだした」「また瓔珞やあやしいうすものをつけ、移らずしかもしづかにゆききする、巨きなすあしの生物たち」「いかりのにがさまた青さ、四月の気層のひかりの底を、唾し、はぎしりゆききする、おれはひとりの修羅なのだ」「夜風とどろきひのきはみだれ、月は射そそぐ銀の矢並」「わたくしはずゐぶんすばやく汽車からおりた、そのために雲がぎらつとひかつたくらゐだ」「まああたし、ラマーキアナの花粉でいっぱいだわ」「ホウ、髪毛、風吹けば、鹿踊りだぢやい」「車室の軋りは二疋の栗鼠」などなど。

じつは今年、『賢治研究』という雑誌に「文字で構成された音楽　宮澤賢治の『岩手軽便鉄道　七月(ジャズ)』を読む(上・下)」(同誌九十八、九十九号)という私の研究を掲載して頂いた。「いるかのやうに踊りながらはねあがりながら」「なほいっしんに野原をさしてかけおりる」岩手軽便鉄道の無軌道ぶりを活写するこの詩もまた、賢治のユーモアあふれる現世への愛の表現である。賢治は、生きてあることがそのまま罪であるかのような強烈な原罪意識にさいなまれ、死後の世界に強い関心をもってはいたけれど、同時にこの世が大好きだったし、できることならこの世を力いっぱい生きたかったのである。

（文中傍点を付したのは、言うまでもなくすべて宮澤賢治の書いた言葉です。）
（三鷹の森ジブリ美術館『季刊トライホークス』第六号（二〇〇六年八月十九日））

日本語の音韻――アニメーション映画制作から見えてくるもの

その一、「口パク三枚」

日本のいわゆるアニメでは、人がしゃべるとき、通常三つの口しか描かない。閉じた口と開いた口とその中間の口である。顔を動かさずに話すときは、福笑いのように口のない顔の口のところに、その三枚をとっかえひっかえランダムに乗せて撮影する。口の置きかえは、一秒間(＝24コマ)に八回、すなわち映画の3コマごとにやればよい。すると口はパクパクと動いて、その人物があたかもしゃべっているように見える。

閉じ口はたとえば明るいときなら口端が上がった弓型で、開き口はそれが開いた状態、すなわち上弦の三日月型(お椀型)にする。すると、口の動きはその時々の基本表情を維持したままパクパクする。これは三枚しかないから当然で、い列だから横長になって歯が見えるとか、う列だから口が小さくつぼまるとか、お列だから丸くなるとか、そういうことにはなりようがない。

閉じ口は通常一本線で、唇は無い方が普通。開き口は、中に舌を描いても歯は描かないことが多い。口とともにアゴを動かすなど、自然に見えるためにいろんな工夫をするけれども、基本的な台詞表現がこの「口パク三枚」であることにまちがいはない。

こんな単純なことでよいのだろうか。アメリカでは、どんなにパターン化された単純なTVアニメでも、口だけで最小限八枚は使うというのに。みなさんはどう思われるだろうか。「口パク三枚」というのはいかにもTVアニメ向きで、安上がりな手法のように感じられるかもしれないが、じつは、あの宮崎作品でもこれは同じなのである。

まず、自分でアイウエオ五十音を言ってみて、口や舌の動きを確かめてほしい。う列もお列も思ったほど口をつぼめたりとがらせたりしていないことに気づくはずである。出身地域によっては、ほとんど口の形が変わらない人もいる。

これは西洋語とはまるでちがう。uやoだけではない。西洋語は、極端に言うと舌を歯ではさんだり(th)、唇を嚙んだり(f、v)、舌を上歯茎の後ろに当てたり(l)、どこへも舌を付けないようにしたり(英語のr)、口をつぼめて同時に舌を下の歯茎裏に押し当てたり(仏語のu)、とにかくやたら官能的なのだ。あるパリジェンヌが「ウイ」と言うときの、うんと丸くつぼめた唇を急に横に開き歯がこぼれる口を、バラの花に喩えたのは誰だったろうか。民族によっては、まるで息を吸い込むようにしたり、口の中でぽんと舌打ちする発音さえある。

これに対し、日本語では、唇や口のまわりの筋肉を緊張させる必要はなく、舌もほとんど下にあり、瞬間的に上歯裏付近を叩く（た、だ、な、ら各行）ことがあるだけである。だから、しゃべっている間、同じ表情を維持することも簡単にできる。実際、ニッコリ笑ったまま、不満そうに口をとがらせたまま、あるいはおすましのおちょぼ口のまま、表情が顔に貼り付いたように話す人も多い。これは、女性が電話口で突然よそいきの高い声になるのと同じ日本特有の現象で、変化より維持が大切なのだ。

ということは、アニメの閉じ口の線も開き口の形や大きさも、その台詞の基本表情によって決めておけばよいことを意味する。『ドカベン』というアニメの同名の主人公は、いつも柔和に白い歯が見えていて、口の中の見えることがなかった。開き口が歯になっていたからだ。それでおかしくなかった。西洋語ではなかなかこうはいかない。発語中、多様に口の形は変わらざるをえないから、それでも表情を維持するとなると、顔の様々な筋肉を随意に動かさなければならないし、一文終わるたびに顔の部品をフルに使ってニコッとしたり、不満そうにしてみせたりする人もいる。そしてその変化がまた、かれらの表情をいっそう豊かにみせる。

母音子音ともにひどく数が少ないこと、あまり筋肉を緊張させないで発音すること、その結果、基本表情が維持できること、この単調さが日本語の第一の特徴であり、だからこそ、アニメでも「口パク三枚」で済むのである。『狼少年ケン』の頃、アメリカの教則本に学んだ新人が、杓子定規に丸い口やつぼめた口で「お」や「う」を描いたことがある。むろん結果は大失敗だった。

日本語でもパクパクするだけでなく、「詩歌」「数学」「青年」「掃除」など、二音分延ばすことはよくある。しかし、普通の会話ではそれ以上に長く引っ張ることはないので、三枚あれば充分まかなえる。ただ、たとえば「東京都」「空襲」「生き生きして」などという場合、同音がさらに連続するので、実際上、かなりとんがったり、つぼまったり、歯が見えたりする。『おもひでぽろぽろ』(作画監督＝近藤喜文)では、そこをある程度意識して描いてみた。

この作品では、山形弁を話す人物を素人の方々にお願いしたこともあり、かなりの部分で声を先に録音し、そのテープを切り貼りして最終的なタイミングを決めたので、それに合わせて作画することができたのだ。だからこれに限らず、発声の微妙なニュアンスを生かした丁寧な作画を試みた。

その二、プリレコ

『おもひでぽろぽろ』だけでなく、私は『平成狸合戦ぽんぽこ』や『ホーホケキョ となりの山田くん』でも、かなりの部分を先行録音する方法(プリレコ)をとらせてもらってきた。『じゃりン子チエ』の後悔があったからである。関西の錚々《そうそう》たる芸達者をそろえたのに、アフレコなので、こちらが勝手に決めたタイミングに無理矢理合わせてもらうしかなかった。それはそれで決して悪くなかったのだが、もっと自由に、自分のタイミングでのびのびとやって頂いたらもっと良くなったのに、と残念に思った。プリレコだと、絵のタイミングに合わせるという煩わしい技術が要らない。何度もやってもらって、その中から後で選ぶこともできるし、それを組み合わせたり、間合いを調整・変更することもできる。事実、アテレコならやらないよ、と言われた故柳家小さん師匠にも『平成狸合戦ぽんぽこ』に出演して頂けたし、『火垂るの墓』で五歳になるかならないかの白石綾乃さんに節子をやってもらえた。これも、むろん彼女が天才的だったことが大きいとはいえ、変則的なプリレコができたからでもある。五歳の少女にアテレコは無理だ。作画は進行していたけれど、そのタイミングを後から綾乃さんの声に合わせて変更したのである。

欧米では、じつは、どんなものでもすべてこのプリレコ方式で声を先に録り、それに合わせて作画をする。アメリカ式を学んだ東映動画でも、TVアニメで安上がりのアフレコが一般化するまではプリレコだった。むろん、プリレコの方がお金も手間もかかる。作業工程だけの問題ではない。声を聞いてしまうと、こんな顔つきになっているんじゃないか、こんな手振りをしているのじゃないか、と想像力が働き、つい凝った作画をしてしまう。これも安上がりでなくなる原因となる。

しかし、宮崎監督はプリレコをやらない。すべてアフレコである。制作費を軽減するためだろうか。まさか。いや、それもあるかもしれないが、宮崎作品で声がうまくいっていない、などと感じた人はいないはずだ。かれは、すごく日常的な芝居でもない限り、アフレコで何の問題もないと考えているのだ。なぜだろうか。ここで話は核心に入る。

その三、アフレコ

日本語という言語は、いろんなことが計算可能なのである。

まず、息継ぎするまでの一文中に仮名がいくつあるかを数えれば、その文を発音する時間がほぼ分かる。言葉は基本的に一音節の単調な積み重ねでできているから。「しゃしゅしょ」や、撥音(ん)、促音(っ)、長音(う＝お＝ー)は一音扱いにする。たとえばあの気にくわない「いらっしゃいませ、こんにちは」なら、途中を切らずに続けて言うとき、ゆっくりで12×3＝36コマ、すなわち一秒半かかる。おざなりな職業的早口ならば12×2＝24コマ(丁度一秒)ぐらい。要するに、仮名一語(一音節)は通常八分の一秒(フィルムの3コマ)から十二分の一秒(2コマ)程度で発音される。

アフレコ用に台詞を設計するとき、その時々の感情や人物によって異なるとはいえ、ほぼこの範囲に設定すれば、必ず合わせてもらえる。二文に切って言うなら、それぞれを計算すればよい。かなり長い文でも同じ。むろん、それを確かめるために私たちはストップウオッチ片手に何度も自分で発音してみるのだが、大幅にずれることは少ない。

少なくとも、それで表現が可能なのだ。問題がややこしくなるのは、息継ぎや息止め箇所なのだが、ここでは深入りしない。

プリレコで録った声の各音の時間を表にしたものをプレスコ(プリスコアリング)シートと言うが、それで見ると、撥音や促音や無声化した「し」や「す」が短かったり、強調した語を構成する各音節がわずかに長かったりするものの、いかに日本語が一音節の単純な連続でできているかをあらためて認識させられる。

次に、日本語の律動のなさである。日本語でアクセントと言われているものはアクセント(強調点)ではない。強いて言うならメロディー(高低)の高点を示すだけだ。必ずしも強く発音する必要がないどころか、強調して音がのびたりしたらおかしくなる。イタリア語やスペイン語のように語尾が母音で終わる言語では、尻から二番目の音節にアクセントがくることが多い。そのせいか、今のように達者な日本語を話せなかった昔の宣教師は、「あなーた、かみさーま、しーんじますか」などと発音した。強調したいなら、アクセントのある「か」を強調して「かーみさま」と言うのではなく、「かみさま」全体を前後よりねばって(ゆっくり目に際立たせつつ、しかし均等に)発音するしかない。NHKの加賀美幸子アナウンサーの朗読の素晴らしさには、不自然にならない範囲でその緩急を見事におこなうことも含まれる。

このように均等に音節を連ねていくだけの日本語には、西洋語のような強弱・長短の律動やなめらかな波動が生まれない。だから、顔や体がそれに応じて自然に動くこともない。最近私たちはしゃべるとき昔よりずっと顔や体、とくに手を動かすようになったが、その多くは律動によるというより、語頭や後にふれる「単位」の末尾を強調するときの手振りや頷きの動作である。

要するに、律動の伸縮があり、その度合いが発話者によって大幅に違うだけでなく、顔や体がそれにつれて動くことの多い西洋語と異なり、日本語は均等な音節が連続し、身体的な動きを誘発することの少ない言語なのである。そしてこれこそが、必ずしもプリレコしなくても、事前に計算できるし、それによって設計したものにアフレコで声を当てられる理由である。しかも設計は、むしろ単純にやったほうが合いやすく、勝手に想像してあまり細々と動かしたりすると、アフレコが極端にむつかしくなる。

往年のヒットアニメに『巨人の星』というのがあったが、そこに登場する川上哲治氏が「止め絵」で微動だにせず、「口パク」だけするのは、手抜きではなく、禅の修行をした野球の神様だから当然なのだ。とはいえ「止め」はやはり止めにすぎないので、生気が失われやすい。じつは、TVアニメがはじまる前の東映動画での大きな悩みのひとつが会話シーンだった。

個性の強い誇張されたキャラクターならば、日本語でも工夫の仕様があるが、東映動画以来、日本のアニメーション映画では、必ず普通の人物が登場する。そういう人物たちはごく普通に台詞を話す。むろん西洋語だって、そんなときはあまり動かない。ただ、律動にしたがって顔や体を動かしても不自然にならないから作画しやすいのだ。当時の東映動画はプリレコだったけれど、お姫様や三蔵法師が話すのをいくら聞いても、表情豊かに顔を動かしているとは感じられない。かといって「止め・口パク」にするわけにもいかず、あるとき、原画の大工原章氏はひとつの解決法をあみ出した。すなわち、台詞の始まりの顔より、終わりの顔をわずかに大きく描き、気づかぬほどゆっくりと前進させながら台詞を言わせる。台詞を言っている時間ぜんぶを使ってその二枚を動画でつなぐのである。しかしこれは苛酷な作業だ。安上がりにするためにテレビではじまった「止め・口パク」で、多くの作り手がどんなにホッとしたことか。

宮崎監督が自分の作品の声のテンポを思い通りに設計し、それをアフレコで実現しているのも、使用言語が日本語だからである。

その四、アフレコでもプリレコでもなく

ＴＶシリーズ『赤毛のアン』は、おしゃべりが大好きな少女が主人公である。企画を聞いたとき、こんなものを、しかも日本語のアフレコでやるなんて、狂気の沙汰だと思った。アンは英語で、表情豊かにしゃべってこそ、その魅力が出る。西洋モノをやることの矛盾を強く感じずにはいられなかった。しかしやった。故近藤喜文氏と組んで、日本語としては出来る限り、テレビのスケジュールの許す限り。かなり面白い作品になったと思う。

スケジュールは遅れっぱなしで、ついにまったく作画できていないまま、台詞・効果音などの録音作業をしなければならなくなった。声優さんたちが、労働条件の悪さの例に挙げて有名になった「赤線・青線に合わせてアフレコする」という事態はこれを指す。

演出である私と演出助手が分担して、ストップウォッチ片手にまずせっせと台詞の長さを計って決める。息継ぎ(ブレス)の長さも決める。動作も、ここで扉を開け、二歩使って閉め、ここまで三歩歩いて止まる、などとタイミングシートにコマ数まで指定してすべて書き込む。編集者がそれを何も映っていないフィルム(白味)や、絵コンテを時間分撮影したフィルムにマジックで写す。たとえばアンは赤線、マリラは青線で。バタン、コツコツ、などという効果音もバッテンで指定する。そしてそのフィルムを編集(?)し、録音作業をおこなう。スクリーン上に流れる赤線・青線に向かって声優さんはアテレコ(?)する。作画もまた、シートの指示にしたがって動きを描く。放映の前日に、すでに仕上がった音のテープとやっとフィルムになったばかりの絵とを合体させる。あとは手違いで音がずれていないことを祈るのみ。

こんなウソみたいな離れ業ができたのも、内容が日常モノだったことだけでなく、日本語が計算可能な言語であるためだ。悪名高い赤線・青線アフレコだったにもかかわらず、アンもマリラもマシュウも、褒められこそすれ、けなされたことはないと思う。山田さん、故北原さん、槐さん、そして録音監督の浦上さん、作画監督の故近藤さん以下、全スタッフの皆さん、ほんとうにご苦労様でした。

その五、律動という「単位」がない

日本語に律動がなく、西洋語にあることとは、「セサミストリート」というアメリカ製のテレビ番組を真似て、日本で動物人形の口をパクパクさせる子供番組を作ったときにはっきりした。「セサミストリート」の英語の口パクはじつに見事に合っていた。むろんプリレコだが、なにしろぬいぐるみの口をパクパクさせるだけで、アメリカアニメのように八種以上も変化するわけではない。一音一音、あるいは一語一語に対してでなく、律動をつかまえて、それに応じて顔ごと口をパクパクさせたのだ。大きく開くときには顔も上にあがり、閉じるとき顔も下がる。たとえば「London bridge is falling down」ならば、「ろンドン／ぶりっジズ／ふぉーリン／だゥン」と四つの律動に合わせる。むろん不規則なリズムでも合わせる。すると、ただのパクパクなのに、ぴったりの気分が出る。

ところが日本で真似をした方はどうにもならなかった。アニメの「口パク三枚」ほど小刻みに動かすわけにもいかず、といって律動などないのだから、数語を大づかみにまとめて口パクにすることもできない。つまりはデタラメ。プリレコしてもそれを生かしようがない。

テレビでも映画館でも、ディズニーをはじめ、子供用には吹き替え版が多い。最近はアテレコが一段と巧みになってうまく切り抜けているとはいえ、それを見ていると、なんでこんなとき、こんなに大げさに動くのだろうかと、アメリカアニメの誇張についていけなくなる瞬間がある。身振りがおしゃべりすぎで煩わしく感じられる。しかしそれは多くの場合、日本語の表現と合っていないからにすぎない。原語版を見ると、英語と誇張された表情・身振りが見事ぴったりシンクロしているのである。『スヌーピー』のようなあまり動きのないアニメでも、台詞のところはちゃんと合わせてある。それが、吹き替え版ではデタラメに動かしているようにしか見えない。

その六、語尾のばし

日本語で一音節が単位だということは、謡曲を聴けば分かる。一音一音を強調しながら謡っていく。マザーグース研究家の鷲津奈都江(小鳩くるみ)氏は、これを以前の著作で、「一拍子」と書いていたように思う。律動のかわりとして日本語は七五調という四拍子的なものを発明し、詩歌や語りものは基本的にこの名案によることにしたのだが、一拍子でも充分やっていけるので、謡曲や義太夫などは、それにとらわれていないのである。

その上位の単位はむろん一語ずつであり、次が「てにをは」などが付いたいわゆる膠着語としてのまとまりである。最近この単位の頭や尻を頷《うなず》きや手振りで強調する人が多くなってきたが、とくにその末尾ならば、まったく強調する必要がないにもかかわらず、いくらでも強調しうるという性質がある。

一九七〇年頃、学生運動が盛んで、その演説は「我々わアー、市民の皆さんとオー、連帯してエー」という調子だった。いまどきの娘たちもしきりに語尾をあげて、「わたしがさアー、彼氏(これは平板)にイー」と言う。強調しても仕方がないところだけが強調されるのだ。声優志願の若い女性の中にさえ、語尾がぴしっと締められず、流れてしまう人がいる。けれどもそれらはすべて、日本語の音韻的性格が原因なのである。

「ひさかたのーーーー」とやる和歌朗誦でも、民謡でも邦楽でも、しばしば原理的に同じことをしている。たとえば「ここーのーーー山ーーのーーー、刈りー干しゃーーーーー」(「刈干し切り唄」)のように、長く一音を引っ張りながらそれをメロディーに乗せることを「メリスマ」と言う。メリスマはギリシャ以来、様々な民族でおこなわれてきたが、日本語ではこのように、単位尻をのばすことが多い。そしてそれが一番意味が取りやすいし無理がない。

日本の歌でも、「ねん／ねん／ねんねが／けつ／かーにが／はーさん／だー／あー」

(各区切りが一拍)のように、子守歌や童唄などは、拍節がきちんとしていて律動もあるし、意味もちゃんととれる。しかしそれはまた別の原理が働いてのことだ。そしていかなる原理にも基づかない例外中の例外が、じつは明治に作られた「君が代」である。「君が代」は言葉だけでなく、旋律も伝統的なものだというけれど、「さざれー石のー」をはじめ、意味が取りにくく、これほどヘンなものは伝統的な歌の中に見出すことができない。古歌と既成メロディーをむりやり合体させたからこんなことが起こったのだろう。

「君が代」と違って、学生語も少女語も、日本語に内在する特質の露呈だからやむをえない現象かといえば、むろん私もそうは思わない。なりやすいからといって自然にまかせるのではなく、むしろその特性をわきまえて、語尻がだらけないように訓練すべきだと考える。それが文化というものではないか。

その七、大音声

学生が声尻をのばして絶叫したのは、伝統にしたがって(?)遠くまで声を届かせたいと思ったからだろう。たしかに、名作シリーズで私もしばしば「おかあーさーーーん」とか「さよーならーーー」などと叫んでもらった。声を限りに叫ぶとき、こうするより他に方法はなかった。しかしふと思ったのである。昔の武将が大音声で長々と相手方に向かって名乗りをしたり、全軍に下知したりしたのは、いったいどうやったのだろうか。あれはほんとうに届いたのか。まさか学生のように語尾のばしをやっていたのではないだろう。それに、叫ぶのはみっともない。

舞台俳優は天性や訓練によって声のよく通る人がいる。平幹二郎氏や狂言の茂山千之丞氏の素晴らしい美声にはほれぼれする。千作・千之丞の茂山兄弟は鴨川の両岸から声を掛け合って訓練したという。昔の武将もヘンに叫んだりしないでも、そういう声量のある声で遠くまで声を届かせることができたのだろうか。なぞである。

日本語の音韻について気づいたことはまだまだ沢山あるが、残念ながらすでに紙面を超過した。

（『熱風』二〇〇五年二月号）

3　子どもという存在

石井桃子さんから学んだこと
——子どもがほんとうに喜ぶ作品をつくる

対談　宮崎　駿

宮崎　僕がはじめて出会った石井桃子さんの本は『ムギと王さま』(エリナー・ファージョン、石井桃子訳、岩波書店、一九五九年)でした。
高畑　そんなことはないでしょう？　もっと早い時期に出会っているんじゃないかな。
宮崎　いや、僕は『ノンちゃん雲に乗る』(大地書房、一九四七年)をリアルタイムで読んでいないから。だから、『ノンちゃん……』を読んだときは、石井桃子さんという翻訳業の人が創作もやったのかと思った(笑)。……こういう話をしてもしようがないね。
高畑　でも、まあ……せっかく言い始めたんだし。
宮崎　じゃ先に自分のことをしゃべってしまうと、大学で児童文学研究会に入って児童文学を読み始めた一九五三年に、鳥越信《しん》、神宮輝夫、それから古田足日《たるひ》、この三人が中心になって、早大童話会を拠点にして少年文学宣言「少年文学の旗の下に！」というのを発表しました。その内容を大雑把に言えば、「これまでは、ほんとうに子どものために書かれた読み物は、日本にはなかった。『赤い鳥』の運動なども、戦争に傾斜していく時代の流れから外れざるを得なかった大人たちが童心主義として書いたものであって、子どもの本当の姿を描いてはいない。だから自分たちがそれをやるんだ」というもの。そして、ちょうどその頃に、戦争体験をもとにした長編がいっぱい生まれたんです。佐藤さとるの『だれも知らない小さな国』(講談社、一九五九年)とか、柴田道子の『谷間の底から』(東都書房、一九五九年)、あと……。パクさん(高畑勲のこと)、何か覚えている?

高畑　いぬいとみこの『木かげの家の小人たち』(中央公論社、一九五九年)とかね。

宮崎　そうそう。それまで子どもの読み物といえば、『岩窟王』、『三銃士』、『小公子』、『小公女』といった海外の名作ものか、あるいは「少女画報」で活躍した吉屋信子、それから佐藤紅緑の少年熱血ものといった状況がずっと続いていた。それに対して、一九五〇年代の末から六〇年にかけて、新たに創作された長編がわあっと出てきたんです。

　当時の児童文学作品についての批評の仕方をひとことで言うと、テーマ主義。作品そのものを論じるのは茫洋としていてなかなか手がつけられないけれど、たとえば、この作品は戦争をどのように扱っているかというように、あるテーマにはめ込んでしまえば論じやすくなるからね。でも、石井桃子さんはテーマ主義の空理空論で扱える範疇に属さない。手を出せないところにいる別格官幣大社のような存在でした(笑)。

石井さんが訳したおかげで、『ムギと王さま』や『リンゴ畑のマーティン・ピピン』(岩波書店、一九七二年)といった、エリナー・ファージョンのすばらしい作品と出会うことができた。ファージョンの『銀のシギ』をパクさんが英語で読んでいて、これこそアニメーションに向いているんじゃないかと言うので石井桃子訳をずっと待っていたんだけど、なかなか訳されなかった(一九七五年に岩波書店から刊行)。待ちきれずに阿部知二の訳(『銀色のしぎ』講談社、一九六八年)で読んで、ちょっとがっかりしたのを覚えています。

「岩波の子どもの本」という恩恵

高畑　僕は、石井桃子という名前は遅くまで知らなかった。大学生の頃、映画化された『ノンちゃん雲に乗る』(一九五五年)を見たけれども、あまり面白くなかったから原作には手を伸ばさなかった。ただ、「岩波の子どもの本」(一九五三年〜)というシリーズをたくさん読んでいて、後で知ったんだけど、そのうちのかなりのものを石井桃子さんが訳していて、『ふしぎなたいこ』(一九五三年)や『おそばのくきはなぜあかい』(一九五四年)といった民話を再話したのも石井桃子さんだと思うんです。なのになぜ石井桃子という名前を知らなかったかと言うと、当時は、翻訳者・再話者の名前は本にクレジットしなかったみたいだね。

宮崎　へえ、そうだったの？

高畑　たんに岩波編集部となっている。そのころの本を一応サンプルで持ってきたんだけど……。ほら、『ちいさいおうち』(バージニア・リー・バートン、一九五四年)の古い版。

宮崎　あ、本当だ！　この本も石井桃子さんが訳していたのか、恐れ入りました。

高畑　バートンの作品はだいたい彼女が訳したみたい。つまり、僕たちは「岩波の子どもの本」という形で、実は石井桃子さんの恩恵を思いのほか受けている。同シリーズのトップバッター『ちびくろ・さんぼ』(ヘレン・バンナーマン、光吉夏弥訳、一九五三年)も、石井さんが訳したわけじゃないけど、シリーズ自体を立ち上げた石井さんはその編集者だったはずです。とにかく、石井桃子という名前は知らないけれども、鳥越信や古田足日以前に、主には外国の作品を翻訳することによって、子どもをほんとうに生き生きさせる文学とはこういうものじゃないかということを紹介した。

宮崎　それにしても、よくこんな古い本をまだ持っていましたね。

高畑　うちにボロボロのがいっぱいある(笑)。それと忘れちゃいけないのが『クマのプーさん』(A・A・ミルン、岩波書店、一九四〇年)ですよ。文章がほんとうによかった。

宮崎　『プーさん』は、学生のころ近所の小さい子に読んで聞かせたら、読んでいるうちに子どもがワクワクしてくるのが伝わってくるんです。これはすごいと思った。

石井桃子さんに会いに行った

高畑　僕も『ムギと王さま』でファージョンを知って、いっぺんに大好きになった。そのころ石井桃子さんは、まだ、ファージョンの作品は『ムギと王さま』しか訳していなかったので、いろいろほかにも、「海の赤んぼう」(『年とったばあやのお話かご』(岩波書店、一九七〇年)所収)とか、「エルシー・ピドック夢で縄跳びをする」(『ヒナギク野のマーティン・ピピン』(同、一九七四年)所収)なんかを英語で読んだ。さらにその勢いをかりて長編の『銀のシギ』を読んだときに、オペラ・ブッファ的というか、人々がざかざか出てきて、リズム感よく交わりあうのが面白かった。今となってはほんとうにいい企画なのかどうか怪しいけれど、いろいろな人物が出てきていろいろな事件を巻き起こす物語は、とてもアニメーションに向いているんじゃないか、と。それに、努力して英語を読んだからよく思えたというのもあったかもしれない(笑)。

それで、ついでに言っちゃうけれども、東映動画の先輩である白川大作さんと一緒に石井桃子さんのご自宅まで行ったことがあるんです。

宮崎　あ、そうだったの?

高畑　そして、『銀のシギ』をぜひ訳していただけないかとお願いしました。それに対しては、穏やかに聞いてはくださったけれども、残念ながらこちらに応えるようなことは言ってくださらなかった。やっぱり漫画映画に対する信頼がなかったんじゃないかな。

宮崎　そうだね。文字で読んでもらいたいという気持ちがあったんだろうね。

サセックスのリンゴの花

宮崎　（本をパラパラめくりながら）不思議だね、若いときに読んでいると今でも覚えているんだね……。「六月の草の野よりも　かぐわしく……」

高畑　「西ノ森」！　かな？

宮崎　当たり！　ファージョンの作品を読んでは「サセックスのリンゴの花」ってどんなだろうと想像したり……あこがれましたよ、あたしゃ（笑）。

高畑　「ノーフォーク」って、どんなところなんだろう、とかね（笑）。

宮崎　でもファージョンという作家は、イギリスでは国民的な大作家なんだろうと思っていたら、この前イギリスの人から「もうすっかり忘れられました」と教えられて驚いた。

高畑　今でも読み継がれているのは日本だけだとか。

宮崎　このアジアの外れにいると、外から来たものを大事にするじゃない。正倉院の御《ぎょ》物《ぶつ》みたいなもので、もう本国では忘れ去られてしまったものを大事に取っておく。パクさんの持ってきたこういう本が残っていたり（笑）。そういえば、我々のつくった『アルプスの少女ハイジ』（一九七四年）もそうだよね。

高畑　もはやスイスでは読まれなくなった原作を、日本人の我々が読んで、それをアニメーションにして、そのアニメーションをスイスの人が見て、元々セントバーナード犬が出てくると思ってる(笑)。

童謡の世界も、ちょうどその頃から童心主義を抜け出しはじめて、「ぞうさん」(まど・みちお)や「サッちゃん」(阪田寛夫)が作られる。そういう子どもの立場に立って、気持ちを生き生きさせる運動をスタートさせたのが石井桃子さんだった。だから、編集をした、翻訳をした、自分でも書いて、さらに自宅でかつら文庫(一九五八年から荻窪の自宅の一室に児童書をそろえて開いた家庭文庫)という形で実践してみた。それによって、作品がどのように子どもに響いているかということもちゃんと確かめた。それはもう大きな人ですよね。すごいと思う。

大人になるとわからなくなる

宮崎　近所の子どもに『プーさん』を読んであげたとき、同じシチュエーションを三回繰り返すことの意味がよくわかった。子どものテンションがだんだん上がってきてわくわくしだす。つまり、自分で読むだけじゃなくて、実際に子どもに読んで聞かせて反応を見て、三回繰り返す意味がわかったんです。

高畑　そういえば石井桃子さんは、かつら文庫を開くはるか以前の戦前に、書庫の整理を頼まれていた犬養家で、犬養道子といった子どもたちに英語を訳しながら『クマのプーさん』を語って聞かせていたそうです。そのとき子どもたちの敏感な反応を受け取ったんでしょうね。そういう体験がなければ、ほんとうに子どもが喜ぶようなもの、生き生きさせるものを与えようという大きな流れを作ることはできなかったと思う。

たとえば『三びきのやぎのがらがらどん』(北欧民話、瀬田貞二訳、福音館書店、一九六五年)なんかは、最後に大きなやぎのがらがらどんが、通せんぼするトロルをこっぱみじんにしてしまうのが残酷だと言う人もいるけれど、子どもはそれを読んだときにそういうとらえ方をしないということは、子どもに接していないとわからない。観念で考えたら、そんな残酷な話をしていいのだろうか、ということになってしまう。

たとえば、『ちびくろ・さんぼ』や『シナの五にんきょうだい』(クレール・H・ビショップ、福音館書店、一九六一年)についても同じことが言えて、実に見事に子どもを喜ばす仕掛けが施されてる。『シナの五にんきょうだい』は石井桃子さんの訳だった。今は両方とも他の出版社から訳者を変えて刊行されているみたいだけど、岩波も福音館も絶版にしてしまった。

宮崎　三回繰り返すといえば、以前三鷹の森ジブリ美術館で企画展をやった『三びきのくま』(トルストイ、小笠原豊樹訳、福音館書店、一九六二年)もそうだけど、どこが面白いのか理解できない人がほとんどだよね。

高畑　大人になったら、何が面白いのかわからなくなっちゃう。

宮崎　それはものすごく謎めいた部分を持っているんだけど、言葉にしちゃうとすうっと逃げてしまうところがあって……。

高畑　ある意味で石井桃子さんの仕事を受け継いだのが、中川李枝子さんの『いやいやえん』(福音館書店、一九六二年)。この本の面白さがわからない人もいっぱいいるでしょう。でもそこには、中川李枝子さんが保母さんとして子どもたちとじかに接する中で培ってきたものが結実している。

宮崎　昔、『いやいやえん』をアニメーション化の企画として取り上げたことがあって、その会議に参加したスタッフの多くが子ども時代に読んでいたんです。怖かったとか、気味が悪かったとか、そういう反応も含めて、大人が考えているのと全然違うところで受けとめているのがよくわかって、とても面白かった。

高畑　自分たちのことでいうと、『パンダコパンダ』(一九七二年)もプロデューサー以下、関係者の多くから、いったい何が面白いのかわからないと言われたね。

宮崎　そう、そう。無公害映画って言われて、二人で腹を立てた。

高畑　あの時代の作品にしてはテンポがゆっくりだしね。でも、子どもたちの反応を確かめに映画館へ行ってみたら、とても喜んで観ていた。それでほんとうに安心したんだな。

宮崎　うん、僕も行った。映画館はすいていたけれども(笑)。でも、子どもが喜ぶ作品をつくることがどんなに幸せなことなのか、身に染みてわかった。その体験が、その後作品をつくっていく上でどれだけ心張り棒になったかわからない。近所の子に『プーさん』を読み聞かせたとき何でこんなに喜ぶのかと驚いたことと、この『パンダコパンダ』の体験は、僕にとってものすごく大きいんです。

高畑　さっき、宮さんが頭の部分をちょっと読んだ「西ノ森」(『ムギと王さま』所収)なんかは、別に何てことないわけ。「レモン色の子犬」(同前)なんかもそうだけどすごくいい。もちろんファージョンの作品の中には何ということの〝ある〟話もある。ちょっと哲学的だったり。表題作の「ムギと王さま」がそうだし、「小さな仕立屋さん」(同前)とか「ティム一家」(『天国を出ていく』(岩波書店、二〇〇一年)所収)とか「しんせつな地主さん」(同前)あるいは「コネマラのロバ」(同前)もそう。だけど、何ということもない「西ノ森」なんかも、すごく面白い。とにかく何回読んでも、読むことの快楽があるんだよね。石井桃子さんは、そういうものもみんな、ちゃんとはずさずに紹介してくれている、すばらしい文章で。

ノンちゃんの不思議

高畑　実は、石井桃子さんに対して個人的な因縁を感じているの。先日たまたま、詩人で童話作家でもある岸田衿子さんから面白いよと薦められた『幼《おさな》ものがたり』（福音館書店、一九八一年）を読んで、あんまり面白くてびっくりしたんだけど、それを読み終えたときにちょうど新聞で知ったんです、石井桃子さんが亡くなったことを。

宮崎　ああ、そうなんだ。

高畑　そういうこともあって、『幼ものがたり』に続いて、『三月ひなのつき』（福音館書店、一九六三年）、そして『ノンちゃん雲に乗る』を読んでみた。これらの本は、子どもを喜ばせるというのとはちょっと違うよね。

宮崎　実は『幼ものがたり』を読んでいないんですよ、あることだけは知ってるんだけど。

高畑　いや、すごいですよ。あれはほんとうにびっくりした。

宮崎　すごそうだなとは思っているんですよ。でも、いろいろな人の感想を聞いていると、どんどん読みたくなくなる（笑）。

高畑　自分で発見するのがうれしい性質《たち》だったら、人が騒いだ後で読むもんかって気になってしまうよね（笑）。

宮崎　『ノンちゃん雲に乗る』は昔に読んだけれど、とてもよかったですね。

高畑　僕は『ノンちゃん雲に乗る』を最近読んだばかりなんだけど、あれは非常に不思議な本ですよね。というのは、ノンちゃんがどこから見ても完璧な優等生なんです。それを主人公にして押し通すというのは、戦後のあの時代の雰囲気からすると異常です。よい子じゃなくて、もっと野性的とは言わないまでも、バイタリティあふれる子どもを描くべきだという意見も、当時はあったんじゃないかな。

宮崎　僕は、そういうふうに批判的には読まなかった。

高畑　いや、僕自身が批判的だというんじゃなくて……。

宮崎　僕は「あ、多分この人は自分の体験を大本にして書いているんだろうな」と思った。そして、あの本が戦前に書かれたということが衝撃的だったんです。戦後受けた教育の歴史観で塗りつぶされている人間にとっては、『ノンちゃん雲に乗る』のような世界がちゃんと戦前にあって、それが今もずっと続いているんだというところに感動していたんです。

高畑　神さまらしきおじいさんが出てきて、ノンちゃんに向かって、お前は兄さんが意地悪だと言うけれど、しかしノンちゃん、おまえのほうが意地悪なのかもしれんぞと言う。おまえみたいな優等生の妹がいたら、兄さんは兄さんでつらいんだぞ、と。ノンちゃんも、兄さんの気持ちがわかっていく。そしておじいさんは〝いい子〟を脱却させるために、うまい嘘をついたら帰してやると言うんだけど、結局ノンちゃんは最後まで嘘をつけないんです。つまりあの物語は、いい子はいい子のままでも悩んで、一回り大きくなるという話なんじゃないか(笑)。

今、宮さんが言ったとおり、自分の経験がもとになっているんでしょう。おそらく石井桃子さんも優等生だったに違いない。でも、それだけじゃなくて、そもそも本を読むのは、優等生的な子どもなんだよ。野性的な子というのは、いたずらばかりして、外を飛び回るのに忙しくて本を読む時間なんてない。だから石井桃子さんは、まず、そういういい子に照準を合わせて書いたんじゃないかな。

〝いい子〟を描くということ

宮崎　僕が印象深く覚えているのは、後日談でノンちゃんの兄さんが死んでしまった犬を埋めるところ。ああ、ここで兄さんの少年時代が終わったんだと思った。何かそれで、それまでに起こったいろいろなことが洗い流される、そんな印象があった。あと、あの映画が自分の住んでいるところの横を流れている柳瀬川のちょっと下流で撮影されていて、そのころの川はきれいだったんだなあとか、そんなことしか覚えてない(笑)。だけど、優等生とかいい子というのを忌避して、そういう子を中心に描いちゃいけないというのがいつの間にか法則のようになっているけど……。

高畑　いや、宮さんも少し違う意味で優等生、いい子が好きなんだよ。だって作品傾向を見ればわかる。けなげで、頑張り屋で、頭がよくて、そういう子が好きでしょ(笑)。

宮崎　次回作の『崖の上のポニョ』の主人公・宗介が、まさにそうなんです。堂々といい子にしちゃったんです、僕は。

高畑　だから、『ノンちゃん……』を読んで、宮さんの好みだろうなと思ったよ。ただ、言葉で露骨に表現しているところがすごいんです。級長になるとか、いじめっ子の長吉のしたいたずらを先生に言いつけたことについて、「だって、本当のことだから。うそをついちゃ、だめでしょう」って言うんだよね。だから、それに対しておじいさんは、人への思いやり、「ひれふす心」が必要なんだと言っている。

宮崎　それ、ぜんぶ忘れた(笑)。

高畑　こっちは読んだばかりだから(笑)。こういうことを観念でやっていないところがすごいんです。「ひれふす心が必要」なんていうと観念でやっているように聞こえるけれども、それは言っているだけで、ノンちゃんが気がついていく過程はずっと具体的な形で描いている。世間がどう受け入れたかはともかく、「児童文学をこうしていきたい」と思っている人から見れば、少し外れていたんじゃないかな。

宮崎　うん。『ノンちゃん雲に乗る』は別格だったと思うよ。児童文学の世界って、狭いんですよ。さっき言ったように戦争体験で長編を書く人たちが現れてきて、それを論評するときに、戦争体験をどういうふうに受けとめているかとか、そういうことをめぐってゼミナールみたいなのが開かれて、難しい顔をしてうんうんと聞いていたという恥ずかしい記憶がある(笑)。でも、実際に子どもを目の前にしてみると、その前にやらなきゃいけないことがいっぱいあって、文学的な感動というのはそういうこととはあまり関係ないんだということがわかる。

子どもがほんとうに喜ぶもの

高畑　石井桃子さんの作品を網羅的に読んでいるわけじゃないけど、最近読んだ創作物の三作品『幼ものがたり』『ノンちゃん雲に乗る』『三月ひなのつき』いずれも、大人にとってすごく面白いんです。しかも、それらは「子ども時代とは、いったい何か」ということを描いている。きっとじつに敏感な子どもだったんだろうね。『幼ものがたり』は、あんなに細かいことまで覚えていることにまず感心するわけだけど、それだけじゃない。その思い出しかたが絶妙なんです。

それから創作と翻訳したものとは少し違うんじゃないかと思った。児童文学をどういうふうにしていくかということと、自分の創作とはぴったり重なっていたわけではないんでしょうね。自分が創作したものに関しては、無理をして子ども向きにしてないんですよ。そこがまたすばらしい。

宮崎　そういえば昔、自分たち大人が子どもの喜ぶものをつくっていると、どこかに無理が出てしまうんじゃないかって、パクさんと話したことがあるよね。中川李枝子さんに会って、「こういうのを書いていると、もっと大人向きのものを書きたくなりませんか？」と言ったら、「えっ？」って、キョトンとしてた。あの人は全然分裂していない(笑)。

石井桃子さんは違っていたんでしょうね。三十代の終わりに一時期、宮城県で農業をやったりしたのも、いろいろな意味での屈折とか……戦争に負けたという、その時代を見てきたことと関係があると思う。でも、まあ、石井桃子さんという人は雲の上にいるみたいなすごい人だから、近寄りたいとはあまり思わなかったな。パクさんは無謀にも近づいていったけれども(笑)。

高畑　それは、ね……。こなせる能力が、僕自身やスタッフ全体としてあったかどうか極めて怪しいんだけれども、『銀のシギ』をアニメーションにすると面白くなる可能性があると思ったから。

宮崎　当時の企画は『猿飛佐助』、『安寿と厨子王』といったものばかり並んでいたから、別の入り口を開けないとたまらんという気持ちが働いたのは当然ですよ。

高畑　たしか同じ時期に、『龍の子太郎』(講談社、一九六〇年)の原作者・松谷みよ子さんのところにも行ったんです(笑)。

宮崎　『龍の子太郎』も、そういう気分の中から出てきた企画のひとつだよね。後で東映動画がつくるけれども(一九七九年に映画化)、当時言われていたのは、子どもというのは小動物が出てきて滑った転んだすると喜ぶんだ、その一語です。だから、物語の必然性とは関係なしに、そういうものを出さなきゃいけない、と。だから、そんなことはお構いなしにつくった『パンダコパンダ』を子どもたちが集中して観ているのを見たとき、自分たちの考え方や志が間違っていなかったことが証明されたような気がしました。

いつまでも残る子どもの本

宮崎　この頃は子どもの本が多すぎるよね。そして、パクさんが持ってきたような、古ぼけるまで持ち続ける本が少なくなったような気がする。今の絵本は生産性をすごく考えて、手間とお金をかけないようにつくっている。あるジブリのスタッフが描いた本が売れたといっても、「一体、印税はいくら入った？」と聞いたら「九十万円」って。丹精こめて三年かけて描いていたけど、それでは生きていけない。

高畑　受け取る側にも手の届く範囲というのがあって、今のように周りから、大海が押し寄せるようにあると、逆につらいと思う。僕らの時代は、たくさんあって取り落としているなと思いつつ、それでも、いいものにも出会う確率が高かった。

宮崎　それは、そういう文化がちょうど興隆してくるときに居合わせたからだよね。

高畑　そうね。さっきに言った童謡も含めて、やっぱり僕らはいい時期に居合わせた。

宮崎　だから、『ハリー・ポッター』が好きで毎回楽しみにして買って読んでいると聞くと、あらためて自分たちは運がよかったと思う(笑)。あっという間にひどい時代になっちゃったんだ。文化というのは五十年で風化するんですよ。(テーブルの上の古い絵本を手にとって)僕が読んだのはこの装丁ではなかったけれど、こういう挿絵で、こういう本を読んで育ったのは幸せでした。

高畑　でも、こういう時代になったとしても、石井桃子さんは後世に残るものを翻訳していると思う。ほんとうによく選びぬかれている。

宮崎　若い人たちに薦められるよね。もし何か読むというなら、これを読めって。「西ノ森」のあれですよ……。

六月の草の野よりも　かぐわしく、
月を見まもる　ひとつ星
よりも美しい　あなたです。

こういう本をぬけぬけと大学生のときに読んでいて、あっ、カッコいいなって思ったんです。

(『熱風』二〇〇八年六月号)

子どもの「尊厳」をとらえた稀有な画家、いわさきちひろ

一九六八年、通っていた保育園から長女が持ち帰った月刊絵雑誌「こどものせかい」六月号『あめのひのおるすばん』を見てびっくりしました。まず表紙。一面藍色のむらの中に、輪郭をにじませた白いシルエットの子どもらしきものが坐っている。顔も表情もわからない。でも、デザインとして美しい。これが雨に濡れたガラス戸のところに坐ってお母さんを待っているおるすばんの女の子だとわかり、白抜きなのに、この子の気持ちがジーンと伝わってくるのは、絵本を読み終えてあらためて表紙をじっと見つめたときです。

以下、ページをめくっても、輪郭線のない、さだかならぬ、にじんだりぼやけたりしている絵が多く、ちひろさんの持ち味だった描線の絵がほとんどありません。ストーリーといっても、雨の日に、すぐに帰ると言って出かけたお母さんを、女の子が一人家で待っている、そして最後にお母さんが帰ってきて安心する、というシチュエーションがあるだけ。「あっ　おかあさん　あのね　あのね」と女の子が抱きつくそのお母さんも、

あったかそうな暖色のひろがりとして暗示的に背中を見せるだけです。

付された言葉も女の子の短いひとりごとばかり。文字は描かれた絵を説明しないし、絵が文字の内容を絵解きするわけでもない。なのに、両者が響き合い、女の子の心細さ、不安な気持ちが見事にとらえられています。見ていてドキドキします。絵のにじみは雨のせいだけじゃない、女の子の涙のせいでもあることに、いやでも気づきます。「びりりん　びりりん　かくれても　だめ　きこえちゃう」と、カーテンにくるまって、電話が鳴っても出られなかった女の子。その子が最後のページで「でんわ　なってよ　もういちど　おるすばんだって　できたんですもの」と言うその自信に、心からよかったねと声をかけたくなって絵本は終わります。心理的なものをこれほど深く表現し得た絵本というのはそれまでになかったのではないでしょうか。

すっかり感心し、以来、いわさきちひろの大ファンになったわけですが、まさにこのあたりから、それまでのちひろさんが描いてきた、非常に上手で雰囲気のあるイラストとは少し違う、新しい世界が開けてきたように思います。事実、以後没するまでの六年間に描かれたものはすべて傑作になりました。そしてその中で、私にとってもっとも大切な絵本が一九七三年の『戦火のなかの子どもたち』です。

野坂昭如さん原作の『火垂るの墓』をアニメーション映画化するとき、私はスタッフにこの絵本を見てもらいました。スタッフは全員戦後生まれ、僕だけが一九三五(昭和十)年生まれで、九歳のときに岡山市で空襲に遭っています。人生における一番強烈な体験でした。私とすぐ上の姉は家族とはぐれ、文字通り火の雨と猛火の中を逃げまどい、川のほとりで明け方、冷たい黒い雨に打たれていました。姉は私を命の恩人と言います。ほんとうに、あのとき死んでいてもちっともおかしくなかった。『戦火のなかの子どもたち』を見ると、そのときのことがまざまざとよみがえってくるのです。

ちひろさんが描いたヴェトナムの子どもたちは、戦後、僕らのまわりに当たり前にいました。戦災孤児や浮浪児。いいえ、自分たちだってこんな感じだったのです。でも懸命に生きていた。それが見事に表現されています。アニメーション映画は私一人でつくるのではないから、高度成長期育ちのスタッフを巻き込んで、皆を同じところに立たせなければなりません。戦争を経験していない人たちに、ちひろさんの絵に込められた真実を追体験してもらいたい。想像力を高めてもらいたい。そのために『戦火のなかの子どもたち』がどんなに役に立ったことか。それははかり知れないと思います。

じつは『戦火のなかの子どもたち』は、いまも、何度でも、開いてしまう絵本の一冊で、昨年の東日本大震災のあとでも、読み返さずにはいられませんでした。ちひろさんの描く愛らしい子どもたちは、間違いなく東アジアの顔をしています。そこがすばらしいと思います。そして、ちひろさんご自身の写真はいつもやさしそうに笑っているのに、描かれた子どもたちはほとんど笑いません。つらい状況の中で、子どもが生き生きと笑う写真は感動的ですが、その一瞬を静止した絵でとらえても軽くなってしまう。いえ、戦時の子どもにかぎったことではありません。ごく日常的な描写であっても、ちひろさんの子どもたちは笑わず、どこか物思わし気です。

ちひろさんは、一瞬の愛らしさではなく、子どもがしっかりと内面をもって懸命に生きている自立した存在であることを私たちに気づかせ、見事に子どもの「尊厳」をとらえた稀有な画家でした。だから見あきることがないのだと思います。

(現行の『あめのひのおるすばん』では表紙の絵が差し替えられています。)

(映画『いわさきちひろ〜27歳の旅立ち〜』パンフレット、二〇一二年)

4　一緒にやってきた仲間たち

タエ子の顔のいわゆる「しわ」について

1

「『火垂るの墓』『おもひでぽろぽろ』で近藤さんに求めたもの」というのがぼくに与えられた題であるが、ぼくが求めたのはまず、近藤喜文氏そのものだった。近藤喜文氏抜きでこの両作はありえなかった。ぼくは近ちゃんに求めるよりもなによりも、とにかく近ちゃんを求めたのである。

『火垂るの墓』を映像化するにあたって、なんとか達成したい、また、達成しなければならない課題が山ほどあり、そのうちの多くは、近ちゃんにしか達成できないような、いや、近ちゃんならかろうじて達成できるかもしれない程の難題と思われた。

その難題とは、簡単に言ってしまえば、「日本人をちゃんと描こう」ということだった。こうあってほしいという理想主義的なキャラクターでもなければ、マンガ的様式的なキャラクターでもない、まぎれもなく日本人がこうあった、という現実的なキャラクターで、なおかつその特徴を戯画的侮蔑的な誇張によってではなく、日本人乃至《ないし》東アジア人としての尊厳を保ちながらユーモアをまじえて捉えることはできないか、しぐさや表情に関しても各年齢感に応じつつ、そのように描き出せないか、という課題である。

この課題は近藤喜文氏にこそ達成してもらいたいものだった。『赤毛のアン』などで、日常生活での「キャラクターアニメーション」(人物の性格・ひととなりの活写)をこころざして近ちゃんはほんとうに良い仕事を残したとはいえ、それはTVアニメという制約の中でのことだったし、西洋人である人物たちのしゃべるのが日本語であり、その演技表情は日本語に見合っていなければならないという、どうにも解決不可能な根本矛盾のもとでの仕事だった。『リトル・ニモ』の経験によって、アメリカでいうところの「キャラクターアニメーション」の大切さをあらためて自覚したにちがいない近ちゃんに、今度こそ日本人の濃密な描出に踏み込んでもらいたかった。

むろん、作画監督のできる範囲は限られていて、絵コンテ・レイアウト・原画をはじめとする作画家諸氏の才能と頑張りなしにこんなことが成し遂げられるはずはない。しかし決定的なのはまずキャラクターデザインであり、原画に魂を入れる作画監督作業である。戦後の日本人を捉えた写真集やいわさきちひろの『戦火のなかの子どもたち』や保育園児のドキュメンタリーフィルムや日頃の観察がその手がかりとなった。

『おもひでぽろぽろ』の場合は、作品傾向や時代はまったく違っても、ごく普通の日本人をありのままに登場させるという点で、『火垂るの墓』の経験を踏まえながら、さらに突っ込む欲求がぼくにも近ちゃんにもあった。絵コンテ・レイアウトも前作とおなじ百瀬義行氏で、これはぼくたちのチームとしての課題だった。日本人を見事に造形してこられた彫刻家の佐藤忠良氏を連れだってお訪ねしたのもぼくたちの意欲のあらわれだったと思う。また、テスト作画の段階で「頬骨を動かそうとしている」と人にあきれられたことも、日本人(東アジア人)の顔を考える上で、頬骨の存在を無視したままにするわけにはいかない、というぼくたちにとっては当然の問題意識だった。

2

近藤喜文氏は自分の作ったキャラクターならば、斜め仰向きの顔などどんなにむずかしいアングルでも感じよく描いてみせる自信(と責任感)を持っていた。また、普通の口まわりの表現でも、あごや頬の筋肉や骨をうまく使っていつもかなり自由に動かして表情を作ったし、口の線もただの線でなく、線に表情を持たせながら、俯瞰か仰角かで基本の湾曲を定め、つねに立体を意識していた。しかしその意識の仕方は、顔を石膏のような固い立体として律儀に捉えるというのとは違い、キャラクターを柔軟な肉でできた生身の存在として感じ、線と動きでその「実感を出す」ためだった。ただ、最後まで苦しんだのは眼の表現だったと思う。

下を向いた眼を、まぶたの表現によってリアルに捉えすぎると、そこだけが妙に生々しくリアルすぎて浮いてしまう。また、まつげを太くして伏し目を表すと眼をつむっているように見える。まぶたがかぶさって白目の幅が狭くなったとき、明度が開いた眼と同じだと、白すぎて変に眼が飛び出したり光ったりしてイヤな絵になる。

この、伏し目や下を向いた眼をどう描くかの問題については以前から何度も話し合った覚えがあるが、近藤喜文氏はいわゆるくそリアル志向ではなくて、本来整理された線の達人であり、洗練されたデザインセンスの持ち主だったから――それはたとえば『おもひでぽろぽろ』の回想編のマンガキャラクターのアレンジなどに見られるとおりだ――実感のある美しい表現として熟さないままに突っ込んでしまうことはなかった。しかし、『火垂るの墓』、『おもひでぽろぽろ』とリアルな表現が増すにつれ、近ちゃんは口だけでなくまぶたや眼についても、アングルによる湾曲や幅、あるいは眼球の球体を意識して実感を出そうとすることが多くなった。ただ、これを成功させるには、伏し目など、眼の幅が狭くなるにつれて白目の明度をうまく落として翳《かげ》らせていく必要があったが、以後の作業の大変さを考えると、一部を除いてなかなかそこまでは要求できなかった。

3

さて、本題の夕エ子の「しわ」についてであるが、これはしわの問題ではない。筋肉の問題である。

『赤毛のアン』以来、近ちゃんと話し合ってきたことのひとつに、人は表情の変化によってまるで別人かと思えるほど顔の感じが変わるという事実がある。我が子が見せる千変万化の顔、とくに笑い出すとき泣き出すときおびえるときなどのあまりの顔の変化に親もびっくりしてしまうことや、『カサブランカ』の各ショットを写真集にした本で見るイングリッド・バーグマンの驚くほどの様々な顔、とても表情変化という枠に収まりきらない印象の違いについてなど。

「駆け出しの俳優は、心の高まりを待たずに顔の筋肉を動かして、悲しみやよろこびの表情を作ろうとしてしまう。筋肉さえ描くことのむずかしい〈アニメ〉では、これをもっと極端なかたちでいつもやっているようなものである。筋肉どころか、眉、目、口という部分のみを(「福笑い」のように)動かすことですませる。もし、筋肉の動きを取り入れ、それに部分が突き動かされて表情が変化するように描けば、それだけで随分とましなものになる」(「若いアニメ演出家へのノート」『映画を作りながら考えたこと』所収)と以前ぼくは書いたことがあったが、2に述べたこともふくめて、近ちゃんはずっとそれをやっていた。

すでに『未来少年コナン』のジムシィやコナンをそのように動かしていたし、『赤毛のアン』ではアンが手をしぼり天を仰いで嘆き悲しむというような見せ場だけでなく、ごく日常の演技でもできるだけそうした。ぼくたちが「ヒョーキンな」とか「トボケた」と言ってきた表情（眼は見開き眉も上げるが、形は八の字の逆で眉根を寄せ気味に、鼻の下をのばして口をとがらせて言いつのるなど）もその例である。マリラの顔のしわも、単なる老女を示す記号としてのしわ線ではなかった。たとえば、英語でいう〝shrug one's shoulder〟、すなわち、（人が）肩をすくめる〈両肩をあげ、手のひらを上に向けて両手を広げ、不快・疑い・絶望・無関心・当惑・不賛成などを示す〉あのしぐさでも、マリラは両手を広げたりしなかった。手は組んだまま肘を張る、肩を上げ顔をかしがせる、眼眉をつり上げ口をへの字にする、これらを同時にすばやい動きとして見せた。表情変化はむろん、しわによる筋肉の動きとして描いた。動きは小さくても近ちゃんの優れた描写でマリラの気分は的確に表現できたと思う。

『火垂るの墓』の冒頭、蛍飛ぶ赤い草むらから節子が立ち上がり、兄（清太）を見出したとき、清太は節子を安心させるべくニッと笑ってみせる。ただ明るいとか、微笑んでいるのでは駄目だ。意識的に筋肉を動かして「ニッと笑ってみせる」のだ。このとき清太の口のわきに「しわ」が生まれる。節子も、とびきり上機嫌だったりベソをかけばむろん筋肉の「しわ」ができる。これらも意識してやったことだった。

そしてタエ子だってじつは同じなのである。

4

夕エ子の「しわ」はいつもあったわけではない。夕エ子だって、ふつうの真面目な表情では「しわ」はない。まだ若くてしわなどできないのだ。

ぼくは「二十七歳夕エ子のコンセプト」(「映画『おもひでぽろぽろ』演出ノート」『映画を作りながら考えたこと』所収)でこう書いた。

○夕エ子はファニィ・フェイスである。(中略)
- 夕エ子は常に元気良く、明るく振舞おうとしている。
- 男性に可愛い！と思わせる、例のオチョボグチワライもやらない。

○笑顔は、現実適応の最良の道であることを、夕エ子は発見したのだ。
- したがって、夕エ子の笑顔は完全に無意識であるとは言いきれない。
- 笑顔そのものが生きる意志を表している。
- 精神の高揚、精神の回復(立ち直り)の両面とも笑いではかろうとする(照れ笑いもだから、それなりの強さがある)。(中略)

○精神が集中すると人の顔は美しくなる。そういうときの夕エ子は美人である。(以下略)

以上で分かるとおり、夕エ子の笑顔は清太のニッと笑った顔とおなじように、ある意味で意志的なものであり、そういうことを近藤喜文氏とぼくは夕エ子の「キャラクター(人格)」として表現したかったのである。

「しわ」はただのしわではなく、十分に達成できたかどうかはともかく、それは筋肉の表現でなければならなかった。

さらに笑顔によってできるしわやカゲは、頬骨の存在をあきらかにする。

5

『おもひでぽろぽろ』は「二十七歳」頃の女性の抱える問題として、少女時代を回想する作品である。見た人が二十七歳の女性だと思って自然に納得してもらえるような感じを出すにはいったいどうすればよいか。

セルアニメーションでは「幼児・子ども・青年・中年・老年」ぐらいしか描き分けようがないと思われてきた。マチエル(肌)も、明暗による微妙な凹凸も、細かいしわや襞も描けない以上、それは当然だ。

われわれの顔は、頬骨のせいで正面と斜め前の印象が違う。正面から見たときはなだらかにふっくらしていて頬骨の存在をほとんど感じさせない顔でも、斜めを向くと頬骨が見えてきて、口のわきで頬の輪郭線にややくぼみができる。それは年齢を加えるにつれてはっきりしてくる。たとえ陰影がなくても、この輪郭線の微妙な変化を捉えることができれば、年齢感を出すことができるかもしれない。

斜め前の固定顔ならばむろん可能だが、いわゆる「顔まわし」をしたとき、印象が変わってしまったり、ぐにゃぐにゃになってしまわないか。「円筒」型の「顔まわし」しかしてこなかった原動画にとって、あまりにもむずかしい仕事を課すことにならないか。

これがテスト作画を試みた理由だった。そしてそれは本番でも生かされ、また、笑顔の「しわ」とも自然に結びついたのだった。

6

残念ながら、この夕エ子の「しわ」を醜いものと感じて嫌う男たちがいる。映像、とくにファンタジー系のアニメーション映像にみずからの理想を投影して見たい人にとって、夕エ子は夢想の対象たりえないことはよく分かる。また、ぼく自身、ロートスコープまたはそれ的なアニメーション映画によく描き込まれている「しわ」はうるさいとしか見てこなかった。おそらく近ちゃんもそうだったはずだ。それらは本来近藤喜文氏の垢抜けた美学とは相容れないものである。

しかし、ぼくたちにとって夕エ子の「しわ」は必要な表現だったし、近ちゃんはできる限り繊細にそれを扱った。その意図も無意識のうちに観客に伝わったはずである。事実、夕エ子をその「しわ」ごと受け入れてくれた人は多かったし、夕エ子を身近に感じて、女性の多くが自分の問題として受けとめ、自分についてあれこれ考えるきっかけにしてくれたのは作り手として大変うれしかった。

それにしてもやはり「しわ」はむずかしい。近ちゃんにとってもぼくにとってもやや心残りだったのは、「しわ」の線を他の線にくらべ、うすく、細目にできないか、あるいは実線ではなく細いカゲで表現できないか、そうすればより自然に見えるのではないか、いや、却ってリアル感が増して作為を感じさせてしまうかもしれない、などと話し合いつつ、結局そのテストもせずに本番に入ってしまったことだった。

コンピューター時代の現在、このような表現もそのための試行錯誤も、もう少し自由にやってみることができるのではないだろうか。

（安藤雅司編『近藤喜文の仕事――動画で表現できること』徳間書店スタジオジブリ事業本部、二〇〇〇年）

わたしの知る井岡さんの画業

ゴッホと井岡さん

井岡さんの早すぎる死は日本のアニメーション映画にとってきわめて大きな損失でした。彼の死後、リアリティを求める作品づくりがさらに進んでアニメーション美術の比重はますます高まり、何人もの才能ある美術家たちの力によって大変優れた業績が積み重ねられてきました。しかし、井岡さんが示そうとした色彩豊かな「絵画的感覚的レアリスム」の方向性は必ずしも充分発展しているようには思えません。井岡さんが健在だったら、おなじリアリティのある世界を目指しながらも、まるでちがう多彩な世界を創出してくれるのではないか、あるいは彼の鼓舞のもとに若者たちがさまざまな試みをはじめているのではないか、そんなことを考えてしまいます。

最近出た廉価版『ゴッホ全油彩画』第二巻をめくりながら、井岡さんを思い出さずにはいられませんでした。井岡さんとゴッホなんて、唐突な組合わせのように思われるかもしれません。しかし、炎の人と言われ、耳を切り、精神を病み、遂に自殺したことなどがゴッホのイメージを作ってしまったことや、そのイメージにふさわしい、情熱的に渦巻き立ち昇る激しい原色の代表諸作だけがゴッホだと一般には思われていることに常々不満でした。風景画や、草や花や麦や木々や下生えなど自然の細部を捉えたゴッホの多くの絵の印象は大変にリアルです。タッチは荒く、線が走り、うねり、すごく多彩でありながら、しかも緻密で、自然や風景が秘めている生命力と豊かさをリアルに実感させてくれるのです。明暗で描かず色彩で描き、自然のリアリティを失わないまま装飾的なのです。装飾的なのに生命感のリアリティがあるのです。

近現代絵画の多くはその後、この「実感」を捨ててしまいます。セザンヌのリンゴが「だれもそれに食欲を起こさせない」ことこそ、誇るべき新芸術の証拠とされました。「あまり自然を模写しないことだ。芸術は抽象だ。自然を空想することによって、この抽象を自然から引き出すのだ」(『ゴッホ全油彩画』第二巻)と友人に助言を与えるゴーギャンと、対象である自然を愛してやまなかったゴッホが訣別するのは当然だったのです。ゴッホはしかし、こうも言っています。「僕は百年たった後にも、その時代の人々に幻像のように見える肖像画を描きたい。しかし、僕はそれを写真のような相似性によって達成するのではなく、情熱的な表現で、性格を表現し強める手段として、僕らが持っている色彩に関する最新の知識と最新の色彩感覚を用いて実現しようと思う」(同前、傍点引用者)。

もともとリアル志向の強い私たち日本の商業アニメーション映画では、美術に抽象的な現代絵画の成果を取り入れようとする動きは弱く、『わんぱく王子の大蛇退治』など少数にすぎませんでした。抽象化平面化によって現実感を失う傾向への心配はなかったと言うべきで、むしろ、リアリティを求めるあまり、ゴッホの言う「写真のような相似性」に傾斜しやすいことが問題なのです。私自身、いかにリアルに描いても、絵は、特に輪郭線のある絵は、写真とはちがう魅力を発散するはずである、と信じてきましたが、写真的レアリスムをただ続けていけば結局表現の幅を狭めるだけだ、という危機感を現在は強く抱いています。そしてその反省がゴッホを、そして井岡さんをいま思い起こさせるのです。

井岡さんがゴッホを学んだかどうか、あまり有名でない作品群にまで目を通していたかどうか、私は知りません。しかし、印象派は好きだったようですし、ゴッホの画業が教えているものの重要なある部分を、井岡さんがアニメーション美術の分野で実践しようとしたことは確かです。

井岡さんは風景が得意でした。井岡さんの微妙な色彩感覚は同業の美術家たちから一目置かれていました。彼の絵は、色数が多いのに濁らず、しぶいのに空気は澄んでいました。他の美術の人にくらべてタッチは荒く、筆あとも残り、明暗を同色で描かずに色彩で描き、自然の現実感を失わないまま装飾的でした。そしてこのような傾向が見事に花開いたのは、おそらく『赤毛のアン』のときでした。『赤毛のアン』のために井岡さんが描いた美術ボードはほんとうに見飽きません。宮崎駿氏やあとを継いだ櫻井美知代氏のレイアウトと相まって、それらの絵が一枚一枚「絵画」になっているからだと思います。（ここで言う「装飾的」とは、明暗による浮彫りを深くしないことで、画面内の個々の色彩による形態は写実的でありながらある種快い図案的・模様的な印象になること。『平成狸合戦ぽんぽこ』の男鹿和雄氏の美術もその傾向を示した。ただし、アニメーション美術は映画の美術である以上、時刻・天候・季節の描写が大切で、必要に応じて強い明暗を与えるのは当然である。）

井岡さんの仕事を集めた画集を出してくれるという話を聞いて、ああやっと……という嬉しさと、絵が集まるだろうか、という心配を同時に感じました。

美術監督の仕事の大半は、出来上がった諸作品の中に、しかも美術ボードをもとに他の美術スタッフが描いた本番の背景というかたちで封じ込められています。井岡さんの「陰を黒でしぼるな、陰にこそ色があるのだ」などの教えも、井岡さんの加筆も、間接的なかたちでしか見ることができません。ですから、この画集に収められた美術ボードは大変貴重なものなのです。数は少なくても、井岡さんがやろうとしたことがそこに明瞭に見てとれるはずです。（なお、「美術ボード」とは、各場面の模範として、しかし完成画のつもりでなく、美術デザインや色彩を、担当する美術スタッフに示すために描かれるものでﾠ余白には、そこに使われた絵の具やその混合の指示がペンで書き込まれています。）

井岡さんを敬愛する美術その他の方々が彼の美術ボードを大切にとっておいて下さったことに、心から感謝いたします。

『太陽の王子ホルスの大冒険』

やっぱりこの人はうまいなあ、と思って井岡さんを意識した背景画は、手前の暗部に区切られて、その向こうに明るい風景が広がっている、明暗のはっきりした写実的な絵だったという記憶がある。一体それが何という作品のどういう場面だったかは思い出せない。それより前、『太陽の王子ホルスの大冒険』では、美術監督の浦田又治氏のもとに、土田勇氏、井岡さん、内川文広氏がシーンを分担した。私は美術に関してはもっぱら美術監督の浦田氏とやりとりしたが、スケジュールに追われるTVシリーズとはちがい、当時の長編では演出や作画監督や美術監督がすべてを決定してそれをスタッフに押し付けるのではなく、「作品参加」を合言葉に、各スタッフの積極的な意見やアイディアを求めた。むろん、最終的な決定はメインスタッフが行った。土田氏はかなり自主的に振舞って、ホルスがヒルダに出会う廃村の場面をはじめ、彼の試作背景をもって相談に来たので、直接いろいろとやりとりしたが、井岡さんや内川氏は来なかった。井岡さんも担当場面は自分で試作背景を描いたと思われるが、二人については浦田氏が責任を持っていたのだろう。ただ、内川氏が担当した氷の城の場面は心配だったので、しばしばのぞきに行った。

井岡さんが相談に来たのはただ一度、制作の終盤、ホルスがヒルダの変貌に混乱して迷いの森に突き落とされる場面の、文字通り足もとが崩れていく背景動画をどうするか、だった。私は複雑で強いマチエルのある岩場をそのまま一枚一枚描いて崩してほしかった。やってもらえるかどうか心配だったが、井岡さんはあっさり、うん、やるよ、と言った。アタリの動画線に合わせて描いた岩場を切り抜き、セルに貼り付けて動画にした。6コマ撮りなんて遠慮せずに、3コマ撮りにしておけばよかった。いまならCGで簡単にできるけれど、あれでも当時は思い切った手法だった。

井岡さんは朝の、昼の、夕の、夜の、通夜の、婚礼の村内や、鮭の遡る川や斧を奪われる森など、大量の場面を描いた。雪が消え残り、梅(!)の花咲く、ヒルダの蘇生の場面も描いた。みんなうまかった。ファンタジーではあっても、リアリズムを基調にしたこの作品では、必要なのはその場面にふさわしい現実感である。井岡さんは北海道出身だから、この北方の物語の風土表現は得意だったにちがいない。鮭の遡上するところの清々しさや夕刻の森の木々の深さなどは独特のリアリティがあった。ただ、かすかに覚えている気がするのは、ずっと後になって、昔からうまかったからなァ、などとこちらが持ち上げたとき、「あれはボクの仕事じゃない」と嬉しそうな顔ひとつしなかったことである。

『アルプスの少女ハイジ』

『アルプスの少女ハイジ』で、ひさしぶりに井岡さんと出会った。東映動画をやめてからそれまでどんな仕事をしていたのか、私はあまり知らなかった。漠然と、仲の良かった先輩の千葉秀雄氏の『ムーミン』などをやっていたのだと思っていた。井岡さんに来てもらえたのは、すでにスイスへのロケハンを済ませたあとだった。ロケハンに参加したのは、担当プロデューサー兼写真の中島順三氏に率いられた小田部《こたべ》羊一氏と宮崎駿氏と私、美術監督はまだ決まっていなかった。だから、井岡さんはスイスの牧場やアルプスを見ないまま、写真などだけで仕事にかからなければならなかった。

彼が仕事に入って、最初に見せてくれたのは、樅《もみ》の木の枝ぶり・葉むれを部分図として何通りか描いたものだった。どれくらいの省略デザイン(スタイル)にすべきか、意見を求められたのである。全体ではなく部分を提示してきたことで、私は戸惑った。宮崎氏も同じだったと思う。スイスで見てきたほんものの大きな樅の木の印象は鮮やかに脳裏に焼き付いていた。井岡さんの枝ぶり・葉むれは、色のせいもあってどこかバナナか芭蕉の葉っぱのように見えた。井岡さんはテレビで実行可能な、程良いデザインを模索していたのだったが、こちらはあのスイスで見たものの実感がほしかった。そしてそういう方向が井岡さんは得意なはずだと思っていた。だから、バナナ葉的デザインに絶句したのだ。

『アルプスの少女ハイジ』に入る頃はＴＶアニメはまだ単純簡潔なスタイルが当然だった。低予算・短スケジュールのＴＶシリーズでは、原動画・美術ともに凝りすぎることはスタッフへの負担をかける罪悪であっただけでなく、デザイン的にもアニメーションらしくすっきりさせるべきだと考えていたので、スタッフはリアリティがほしい場合でも、ほとんど無意識に簡潔な方向を目指した。(私たちが作った劇場用中編『パンダコパンダ　雨ふりサーカスの巻』は、セルキャラクター・レイアウト・美術(小林七郎氏)のバランスが程良くとれていて、その見本と言ってよいのではないかと思う。)

実際に作品で使う背景はいくつかの美術プロダクションに外注することになる。美術監督は、自分のイメージしたままの絵、描きたい絵ではなく、毎話毎話、背景の描き手たちが仕事として確実に描けるデザインを考案しなければならない。しかも、美術が担当することもある場面設定やレイアウトはすでに宮崎氏が手がけているのだから、美術監督として井岡さんがまず部分デザインから仕事をはじめたのは当然だった。しかし、現地を見てきて、簡潔ななかにも実感を出してもらいたくなっていたこちらとしては、井岡さんにまずそれを期待していたのだった。同時にスタートラインに立てなかったことの難しさを思い知った。

オープニングと第一話の完成試写が終わった後、職場に帰ってから、私は井岡さんに詰問された。「これでいいんですか」「あれでよかったんですか」彼は怒ったように言った。井岡さんは出来上がりに確信が持てなかったようだった。私は、うん、良かったと思いますよ、と答えたが、励ましの迫力はなかった。じつは私もすっきりとはしていなかった。

宮崎氏のレイアウトは優れていたし、井岡さんもそれを認めていて、尊重してくれた。細かい描き込みをせず、大風景を大づかみにざっくり捉え、レイアウトを生かして建造物や道や畑や草地の区画を平塗り的に扱い、輪郭線を入れ、壁などは大きく筆あとを残して大まかなマチエルの変化をつけた。この平明簡潔な画面は、全体として大変良かったし、決してウソをついたわけではなかった。しかし、この塗り絵的手法に対する迷いか、どこか頼りなげなところが感じられたことも事実だった。特に草地や山など、区画の線が少ないまま大面積で広がるとき、あいまいさが気になった。黄色味を帯びやすいグリーンを使わず、草地の基本色を一貫してひんやりした色系にするべきだということでは意見が一致していたにもかかわらず、エメラルド系をこうして見てみると、ある面積以上の色面はやせて見えて、草の生えているやわらかい質感・ヴォリュームを感じにくいことも分かった。また、山の生え際・立ち上がる山肌は、井岡さんらしい色合いでマチエルがつき、迫る山の大きさを出していたが、それでもなお、垂直に落ち込む単純な崖面が気になった。とにかくあれやこれや感じたことはあったが、手法的にはこれで行きたかった。長い仲間でもあった私たちロケハン組の三人に井岡さんが感じているにちがいない圧迫感なども思いやられた。結局、混乱しながら「良かった」と言ったものの、その態度のあいまいさは確実に井岡さんに伝わっただろう。未熟な演出だった。

しかし井岡さんは試行錯誤を重ねつつ自分の力で次第に自信を深め、はじめは微妙なマチエルや暗部などに味付けとして使っていた独特かつ豊富な色使いはさらに大胆になり、はじめの頼りなさは消え、色が溢れだした。初期のどこか淡泊な印象は、いつしか深い青空、純白の雪山、色濃い木々、そして青味がかった草地という、くっきりしたいわゆるアルプスイメージを含め、全体に強い色合いへと変わっていった。線の描き入れも減った。ああいうかたちで井岡さんは吹っ切れていったのだと思う。

プロデューサーの中島氏から聞いたところによると、後の『アルプス物語・わたしのアンネット』の企画は、井岡さんが、アルプス地方を舞台にした物語をまたやろうよ、と熱心に口説いたことからはじまったらしい。井岡さんは、『赤毛のアン』などの経験を経て、あらためて自分の目でアルプスを見、牧場を歩き、自分自身でアルプスを把握してもう一度描いてみたかったのにちがいない。ロケハンに行ったとたんに倒れ、それを果たすことができなかったことが惜しまれる。

『ハイジ』の井岡さんと言えば、山ブドウを思い出す。第八話、育てた小鳥が飛び去り、その小鳥をめぐって口論したハイジとペーターが仲直りするまでの心を描こうとして話作りに苦労した。そのエピソードで、ハイジがおじいさんに連れていってもらう秘密の森の「秋の幸」を、山ブドウと栗にした。この山ブドウは井岡さんのアイディアで、話のできる前から秋の表現として出そうよ、とボードに描いて持ってきた。紅葉の林縁に這いのぼる山ブドウの情景、その内側にもぐりこんだときのありさま、艶やかなブドウの房。説明してくれたときの嬉しそうな顔は忘れられない。そこには井岡少年がいた。『ハイジ』が終わる頃、「ここに腰を落ち着けたら?」と尋ねた。「うん、そうすることになると思うよ」と彼は言った。

『赤毛のアン』

多くの人がそう思うように、私も『赤毛のアン』が井岡さんの代表作だと思う。井岡さんは直前の『ペリーヌ物語』もやっていて、今度もロケハンに行けなかった。プリンスエドワード島へ行ったのは、プロデューサーの中島氏と私、絵を描く人はキャラクターデザイン・作画監督の近藤喜文氏だけだった。遅れて参加した宮崎氏も、中島氏の写真や近藤氏や私の調べた見取り図などから仕事をはじめるしかなかった。

しかし井岡さんは『赤毛のアン』の原作を愛していて、最初から自信をもって描きはじめた。その絵の特色は前述したとおり、タッチは荒く、筆あとも残り、明暗を同色で描かずに色彩で描き、自然の現実感を失わないまま装飾的で、色数が多いのに濁らず、しぶいのに空気は澄んでいた。そして気品があった。私ははじめからその出来映えに感嘆した。

井岡さんは『ハイジ』の出発のときのように、美術監督としてスタッフが確実に描けるであろうデザインを考慮したかどうか。自分の描きたいように描いたのではないか。美術スタッフにとって、おそらくこれは大変な仕事になったにちがいない。アシスタントをしてくれた阿部泰三郎氏・野崎俊郎氏、この作品をずっと描き続けてくれた西原繁男氏など、井岡さんの才能と『赤毛のアン』を愛して頑張ってくれた人々のおかげで、最悪のスケジュールだったにもかかわらず、本番もＴＶアニメの域をはるかに超えた美術的達成が成し遂げられた。いま見ても、随所に「いい絵」があって見惚れてしまい、そこで大気を呼吸したくなるほどだ。

『赤毛のアン』には井岡さんのやさしさが溢れている。清々しく、また豊かな自然描写だけではない。井岡さんはいつも、アンという夢見る少女にふさわしい環境を与えたいと考えながら仕事をしていた。『ハイジ』のフランクフルトのお屋敷では、当然あるべき壁紙を省略したが、グリーンゲイブルズに可愛い壁紙がないのでは可哀想だ。宮崎氏と井岡さんは壁紙を描くことを決断した。だがそれはスタッフに負担をかける仕事になる。台所兼居間での場面がこの作品では大きな比重を占めるが、そこにおだやかな安定感をもたらすためにも、できるだけ壁を正面に見よう。壁紙の模様を描くのも、パースがつくと大変だが、正面ならばまだやりやすい。片面にパースがつくとしても、広い方の一面はつねに壁の正面を捉えよう。それを井岡さんは彼一流の言葉で「展開図風」と言ったが、この点でもみんな意見は一致していた。

壁紙は長いおしゃべりのショットなどの背景として快い装飾性を与えてくれて、どんなに助かったかしれない。そして、夜の台所兼居間には撮影にうっすらとフィルターをかけてもらってランプの光の暖かさと甘い湿気を出した。それもこれも井岡さんの愛情だった。

結局私は井岡さんと旅行できなかった。こちらが飲めないので、一緒にお酒を飲んだこともなかった。付き合いはほぼ仕事場に限られていた。また、場面設定・画面設計で宮崎氏など、強力な人がいたので、直接やりとりする必要も少なかった。『赤毛のアン』では、信頼でき、良い結果を出してくれている美術より、私は他に対処しなければならないことが多すぎた。スケジュールが極端に遅れたまま進み、完成品は視聴者と同時に放映ではじめて見る始末だったので、一緒にラッシュを見る機会もなくなった。しかし、井岡さんが仕事をしている背中はいつも見ていた。立ち話はよくした。

他の作品でのことだが、ラッシュを見て、歩きの動画がおかしかったとき、井岡さんが、ブック(セルの手前に置いて一部を隠す背景)を描こうか、と即座に提案したことを色彩設計の保田道世氏から聞いたことがある。井岡さんはいつも、美術だけでなく、作品全体のことを気にかけている人だった。

追悼

『赤毛のアン』のあと、私は再び職場を去り、風の便りに井岡さんのアルコール依存症が進んだと聞いた。誰か、井岡さんに故郷の北海道で療養させながら風景画を描かせる、たとえば山下清を世に出した式場隆三郎のようなパトロン兼医師のような人がいたらなあ。額縁入りのあんな「売り絵」をデパートで買う人がいるんだもの、井岡さんの風景画ならきっと売れるはずだよ。魅力がまるで違うんだから。あるいは、誰か、結婚相手はいないのかなあ。世話女房がいたらきっとうまくいくのに。こんな無責任なことを宮さん(宮崎駿)と話していたが、結局こちらも何もしないままだった。そして訃報を聞いた。身近にいて、井岡さんを看病してくれた日本アニメーションの方々に、心からお礼を言いたいと思います。

井岡さん、多くの人がいまもあなたのすばらしい画業を愛惜しています。ほんとうにありがとう。

(スタジオジブリ編『井岡雅宏画集――「赤毛のアン」や「ハイジ」のいた風景』徳間書店、二〇〇一年)

われらが同志、小田部羊一

一昨年夏、ヨハンナ・シュピリ没後百年を記念して行われた「各国におけるシュピリ文学の受容」というテーマのコロキアムに招かれ、チューリヒを訪れた。街角の大きな看板に、ハイジと仔山羊のユキちゃん(SNOWFLAKE)が描かれていた。没後百年記念の様々な催しのパンフレットも、表紙は同じ絵。品良く刺繍風にデザインされてはいたが、その絵は、明らかに私たちのTVシリーズ『アルプスの少女ハイジ』から取られたものだった。これらのキャラクターを作ったのが小田部《こたべ》羊一である。

スイスでも『ハイジ』と言えば、大多数の人がセントバーナード犬が出てくるあのTVシリーズを思い浮かべてしまうという。それはすでに聞いていた。スイスの学生で日本を取材して『ハイジの島(HEIDI ISLAND)』という映像作品を作った女性とそのカメラマンもそう教えてくれた。しかし、チューリヒでそれを目の当たりにしたときは、やはり喜びがちがった。シュピリのふるさとで、小田部羊一の作った私たちのキャラクターが、シュピリを象徴する絵として選ばれている。作品には、スイスの人の目から見ればいろいろとおかしなことがあっただろうに、それでも、私たちのシリーズは好感をもって受け入れてもらえたのだ。それが実感できて嬉しかったのである。町の書店では小田部羊一のキャラクターをもとにした絵本も売られていた。しかしその絵本の絵は大変粗悪で、とてもそれを彼へのお土産にする気にはなれなかった。

いま、日本のアニメキャラクターはひどく線の多い複雑なものが多くなっているが、小田部羊一のキャラクターはちがう。それらは、『ハイジ』でも分かるように、ごく簡潔でありながら人間的な暖かみと柔軟性をもち、アニメーションで血を通わせることのできるものである。こういう傾向のキャラクターには一つの系譜がある。それは戦前の『くもとちゅうりっぷ』を作った政岡憲三から東映動画の森康二へと受け継がれ、さらにそれを小田部羊一が発展させたものである。『ポケモン』のピカチュウもまた、小田部羊一によれば、キャラクターデザインに当たり、直接具体的なアドヴァイスはしなかったそうだが、にもかかわらず、この系譜の中に見事に位置づけることができるものとなっている。

小田部羊一は、美しい線描と淡彩による人物群像画を得意とした日本画の巨匠、前田青邨《せいそん》の門下生である。そのせいか、毛筆を鉛筆に持ち替えてアニメーターとなってからも、その描線は美しく、彼のしなやかで簡潔な描画(ドローイングズ)にはほれぼれする魅力があった。それを彼は、日本画家らしく、背筋をぴんと伸ばして坐り、正しい姿勢で描く。（彼は車も同じ姿勢で運転する。）しかし、セルアニメーションではアシスタントアニメーターがそれをトレースし、さらに間に動画（ドローイングズ）を入れてつながなければならない。折角の彼の美しい描線がそのまま画面に現れることはない。誰も小田部さんの線を生かすことなんて無理なのよ、もったいないわよねえ、と長年彼の下でアシスタントアニメーターを務めたヴェテラン女性はよく言っていた。

線によって簡潔に人物や物事を捉え、しかもその気分（感じ）を出したい、という小田部羊一の欲求は自然現象に対しても向けられ、『太陽の王子ホルスの大冒険』の船出のシーンのダイナミズムを経て、『どうぶつ宝島』の簡潔な波の創造に結実し、以後の波の表現に大きな影響を与えた。『火垂るの墓』の海辺のシーンで、砂浜に打ち寄せてくる波を波頭の動きだけで簡潔に表現したのも小田部羊一だった。

小田部羊一と私は、一九五九年、同時期に東映動画に入社し、以後友人として、また仕事の仲間としてともに歩んできた。私たちは大塚康生、宮崎駿などとともに、アニメーションの表現を深めたい、新しい表現を生み出したいと思う同志だった。『わんぱく王子の大蛇退治』で、彼ははじめて原画を描き、私は第一演出助手を務めた。私のはじめての長編『太陽の王子ホルスの大冒険』では原画として重要な役割を果したが、とくに、結婚式で新郎新婦が村人たちに胴上げされる群衆シーンを、彼が活気に溢れた名場面にしてくれたことを忘れることはできない。女主人公ヒルダの分裂した心を顕在化した、フクロウのトトとリスのチロのキャラクターを作ったのも彼だった。

私が『長くつ下のピッピ』や『ハイジ』を一緒に作ろうと提案して、小田部羊一と宮崎駿を誘ったとき、二人は、長年勤めてきた東映動画からも、『ルパン三世』『パンダコパンダ』を作った会社からも、立ち去ることを躊躇しなかった。やり甲斐のある新しい試みに挑戦するには、一人ずつばらばらでやるのではなく、同志三人で力を合わせることがいかに大切かを、私たちはよくわきまえていた。悪条件のもとで、一年にわたって毎週一話ずつ作りつづけなければならないTVシリーズでは、少しでも質の高いものを目指そうとすれば、お互いを信頼しあってただ頑張り抜くしかない。私たちはその激務によく耐えたと思う。

一昨年開かれた日本アニメーション学会第三回大会のパネルトークで、小田部羊一は、アニメーション映画の百年の歴史のうち、四十年以上もこの仕事にたずさわってきたのだ、ということに気づき、あらためて感慨を催さずにはいられなかった、と語った。私はそれを会報で読んだ。そして私もまた、まったく同じ思いに駆られたのだった。

(Nouvelles Images du Japon 3e édition, forum des images, Marie de Paris, 2003. 12. 日本語版は小田部羊一、なみきたかし責任編集『小田部羊一アニメーション画集』アニドウ・フィルム、二〇〇八年)

寺田寅彦に見せたかった

連句アニメーション『冬の日』に参加しないか、と川本喜八郎氏からお誘いのお手紙を頂いたとき、参加するかしないかより、まずその企画の大胆さ、無謀さにただ驚き、あきれました。

連句は前句に触発されて次々と句を連ねていくものです。しかも、内容をつなげていくのではなく、前句を受けとるとき、元の表現意味からずらして新解釈し、それと込みで、自分の句を新鮮な感覚的小宇宙として成立させる、という俳諧精神の繰り返しで進んでいきます。ですから、連句同様の四、五人で、その真似事のようなアニメーション映画を作ってみようというのならば(ひどく時間がかかるけれど)、その意図はまだ分かります。でも、すでに出来上がっている歌仙三十六句を、一人が一句ずつばらばらに分担して一斉に制作にかかり、それを一本の作品にまとめる、などということが果たして可能だろうか。それぞれが映像化案を考えろ、というけれど、『芭蕉七部集』などというものを、私はもちろん、参加する作家たちはおそらく誰一人読んだこともないはずだ。

一度や二度、いや、百ぺん読んだところで、古典に通じた趣味人たちの高尚な遊び心が私たちの腑に落ちるのか。少なくとも、アニメーション作家でも絵描きでもない私にはとても無理、力不足だと判断して丁重にお断りする考えでした。ただ、川本氏の、いつもながらの素晴らしい「蛮勇」には胸打たれ、この「壮挙」のほんのお手伝いのつもりで、大先達、尾形仂氏の解釈と鑑賞をそのまま敷衍して全三十六句の解釈文のようなものを作って届けました。それが結局藪蛇となり、また、やや俳画風なスタイルに名句をいくつかちりばめた自作、『ホーホケキョ　となりの山田くん』を川本氏が高く評価してくださったこともあって、私も末席を汚す羽目になってしまったのでした。

連句と映画の関連、じつはそれを、一九三〇年から三二年にかけて寺田寅彦は、たとえば以下のように力説しています。

わが国の映画界や多数の映画研究者・映画批評家はいたずらに西洋人の後塵を追蹤するに忙しくて、われわれの足元に数百年来ころがっているこのきわめて優秀なモンタージュ映画の立派なシナリオの存在には気づかないように見える。（「俳句と芸術」）
連句には普通の言葉で言い現わせるような筋は通っていないが、音楽的にちゃんと筋道が通っており、三十六句は渾然たる楽章を成している。そういう意味での筋の通った連句的な映画を見せてくれる人はないものかと思うのである。（中略）

映画の画面の連結と連句の句間の連結とは意識の水準面の下で行なわれるときにははじめて力学的な意味をもつのである。たとえば水面に浮かんでいる睡蓮の花が一見ぱらぱらに散らばっているようでも水の底では一つの根につながっているようなものである。（中略）

映画や連句のモンタージュが普遍的な効果を収めうるためには、作者が示そうとする「通路」が国道であり県道であることが必要である。そうでないときは作者の一人合点に陥って一般鑑賞者の理解を得ることは困難である。（「映画の楽しみ」）

連句の共同作家の相異なるあまたの個性の融合統一ということが連句芸術の最重要な要素である（中略）。従ってほんとうにすぐれた連句の制作の困難な理由もまた実にこの要素に係わっていることが想像されるであろうと思われる。そうしてこの困難に当面して立派なものを作り上げるには、単に句作にすぐれたメンバーがそろっただけでは不十分であって、どうしても芭蕉ほどの統率的人傑を要する理由もわかってくるであろう。

こういう点からまた私のここで仮想しているような連句の指揮者の地位はまた映画の監督の地位に相当するようである。（「俳句と芸術」）

映画『冬の日』が、ここに書かれたようなものになったかどうか、それは見てくださる方々のご判断にゆだねるしかありません。ただ、その驚くべき俳諧精神によって日本人作家たちを顔色なからしめた発句(芭蕉)担当のユーリー・ノルシュテイン氏を筆頭に、内外の「すぐれたメンバーがそろった」こと、池辺晋一郎氏の音楽が「水の底でつながっている一つの根」となって「意識の水準面の下で行なわれる」連結の「力学的な意味」を作品に与えたこと、そしてむろん、「統率的人傑」として川本氏が企画・監督したことによって、じつにユニークな面白い作品となったことだけは間違いのないところでしょう。こんな作品が生まれたのは、川本氏に対する敬意と友情が日頃から作家たちに共有されていたことが大きいわけです。それはとりもなおさず、川本氏に人徳が備わっていることを雄弁に物語っています。

これを寺田寅彦が見たらどう言ったでしょうか。おそらく川本さんはそれが気がかりではないかと思います。自分の夢想した連句的な映画とはこんなものではない、と評するかもしれません。しかし少なくとも、川本氏のこの大胆で無謀な試みがなければ、彼の夢想はいまなお手つかずだったのですから、きっと大変面白がり、大いに触発され、一大壮挙として認め、『冬の日』をサカナにして以後の連句映画発展のために一大論考を物したのではないでしょうか。私はそう思います。

(別冊太陽編集部編『川本喜八郎　人形――この命あるもの』(別冊太陽スペシャル)平凡社、二〇〇七年)

里山に開かれた窓

梢をわたる風の音や、小鳥の声や、葉群れを叩く雨の音が聞こえてきたでしょうか。林に射し込む夕陽のきらめきの美しさや、里山散歩の心地よさを思いだせたでしょうか。額縁が展示室の壁に開けられた窓となって、男鹿さんの絵は、あなたをうまく里山の自然へと誘い出せたかどうか……、わたし自身、男鹿さんの絵をこうした晴れがましい場で見たことがないので、いささか不安で心が騒ぎます。

言うまでもないことですが、アニメーション映画美術の絵は、今回の展覧会(「男鹿和雄展」)のように、あたかも〝タブロー〟のごとく額縁に入れ、垂直に壁に飾って「鑑賞」するために描かれたものではありません。絵の大きさも、撮影用フレームのサイズに制約されています。カメラワークを伴う場合、異様に長く描かなければならないこともあります。そしてそれらの絵は、まず、塗り残しの余白がついたまま、スタジオの水平の机の上で、あるいは壁にピンで止めて、ときに紙で作った四角い枠で余白を隠し、その映像的効果を予想しながら見るのです。

描き上がった絵は、キャラクター込みで撮影され、今度は実際の映像として、映画の一画面へと姿を変えます。映画の中では、これらの絵はもはや絵であって絵ではなく、否応なく空間表現として目に映るわけです。映画ショットとなった個々の絵はモンタージュされて一つの場面をかたちづくり、総体としてさらに幅広く空間存在のイリュージョンを生みだしていくのです。

アニメーション映画の美術は本来、あくまでもこういった映画的空間として優れているかどうかが問われるのであって、その目的から切り離し、一枚ずつの絵が絵画的に完結しているかどうかを問うものではありません。構図や事物の配置は基本的に演出家が絵コンテで決めます。キャラクターがのさばることもあります。美術担当者はそこに必ずしも充分な責任をとれないまま、なんとか工夫していい絵を描かなければなりません。スケジュールに追われてスピードも要求されます。ですから、それを〝タブロー〟的に鑑賞した場合、ときに画面構成が単調に見えたり、ときに描写の密度がうすくまた粗く感じられたりしても何の不思議もないのです。そのうえアニメーション映画では、人物であれ背景であれ、描き込みが細かいほどいいというものではまったくなく、キャラクターと美術との調和をふくめ、映画の狙いやデザイン性によって大きく左右されます。

ここまでは一般論ですが、一見リアリズム風な男鹿さんの場合もそれは同じことです。にもかかわらず、ここに飾られた絵が、冒頭に書いたような、見る者に自然の実感を喚起する力をもち、映画美術としての機能的側面を忘れさせたとすれば、それがすなわち男鹿さんのたぐいまれな力量を物語っていることになります。自然に対する愛情と感応力、その観察眼、そして男鹿さんの絵描きとしてのセンスの良さを示しているのです。

筆数を増やして描き込めば、クソリアリズムにはなっても、空気感は失われます。フラットなキャラクターとも調和しません。かといって、省筆やラフな筆使いで山川草木の形態をつかみとり色を置き、平板にならずに自然を実感させるのはさらにむつかしい。クールべまでのリアリズムを学んだだけでは到底不可能です。印象派、とくに日常の中の光や大気、水の変態を色彩で捉えようとした中期までのモネに感化される必要があります。個々の事物の陰影にこだわりすぎないで気品のある風景を描くには、さらに水墨画や広重の浮世絵や川合玉堂などからも学ぶべきでしょう。実際にこういう画家に男鹿さんが学んだかどうかは知りません。しかし、何らかの形でこれらの洗礼を受けなければこんな絵は描けないのだ、ということだけは、まちがいないところです。

アニメーション映画『となりのトトロ』や『おもひでぽろぽろ』『平成狸合戦ぽんぽこ』などの根源的な主人公が、じつは、登場人物をとりまき、その中で彼らを生かしてくれる里山の自然環境であり、自然と先人の共同作業によって生まれたその光景だったことは、映画をご覧くださった方々にはお分かりだと思います。知らず知らずのうちにそれを観客に体感し共鳴してもらうこと、それこそがこれらの映画の基本目標の一つです。ですから、そこに表現され描写されるものに、美術家のきわだった個性や様式が前面に出てくることは望ましくありません。自然そのものをして語らしめなければならないのです。単に風景としての現実感がそれなりにあるというだけでは足りず、道ばたの雑草や林内の落葉に至るまで、きわめて具体的な姿で「森羅万象」を現前させる必要がありました。しかもなお、写真では得られない、絵ならではの気品や、「ぬけ」による想像力の余地をのこした雰囲気や実感がほしい。朝昼夕夜や春夏秋冬はもちろんのこと、木々や葉群れや土を息づかせる風や陽光や雨、さらには日が傾くところから日没までとか、早春の芽だしから春爛漫の盛りまでとか、刻々と変わる里山のさまざまな空気や光や色合いの推移までも実感させなければならないのです。

その中にはむろん、青空に白い雲、緑の野山の描写もあります。絵画ならば、これほど俗っぽく陳腐になりやすい危険な画題はありません。それをあえて描かなければならないのは、いま述べたように、映画では季節や天候や時刻の変化を表現する必要があるからです。真昼の晴れた山野はどうしても避けては通れません。そして面白いことに、それが映像になれば、絵画とはちがって陳腐に見えるどころか、しばしば生き生きと生命感にあふれるのです。映像では空の青が、青い絵具としてではなく、つんとぬけた天空と感じられるからです。けれどもやはり緑はむつかしい。この画題に品格をもたせつつ、さまざまなグリーンのヴァリエーションを、多様な自然の姿に応じて的確に、また階調豊かに配置していくには、よほどの力量が要求されることもたしかです。

『となりのトトロ』で自覚的にはじまったこのような自然描写の大冒険、それはアニメーションという人為性の強い映画ジャンルとしては異常とも思える欲張ったものです。この冒険に乗り出し、その目標を達成するには、たとえ巧みな技をもち、熟練した優秀なアニメーション映画美術家であっても、その技だけではムリだったでしょう。日頃から樹木や草花が好きで、よく観察し、しかもそういう里山の自然環境にほんとうに親しんできた人でなければ不可能です。その意味で、宮崎駿と男鹿和雄の出会いはまさに奇蹟と言えるものでした。宮崎監督にはそういう資質をもっている人が絶対に必要でしたし、またその資質をもっていた男鹿さんは、それを存分に発揮する機会に恵まれてはいなかったからです。

このコンビは見事に成功し、以来、「トトロの森」が里山の代名詞になったことはご存知のとおりです。『となりのトトロ』を見たわたしはすっかり感心し、新たな可能性を夢見、『おもひでぽろぽろ』も『平成狸合戦ぽんぽこ』も、男鹿さんに美術をやってもらうことを前提に、その力をあてにしてすべてを設計したのです。最初の『男鹿和雄画集』(徳間書店)が出版されたとき、わたしが感謝の気持ちをこめてその業績に対して賛辞を捧げたのは当然のことでした(「男鹿さんの描く自然」)。忘れてはならないのは、映画の中では、これほどの絵が、それぞれ五秒も映っているかいないかなのだ、というあきれるばかりの贅沢さです。そういう申し訳ないほどの贅沢をさせてもらった者としては、じっくりと見ることのできる画集の出版や展覧会の開催はほんとうに嬉しい。

　吉永小百合さんがこの画集に目をとめ、男鹿さんに原爆詩へのイラストを依頼したのもまた、男鹿さんの万物への愛と、それに命を宿らせる力を見抜いたからでしょう。男鹿さんは、それまでも少しずつ発表していたイラストにこの仕事で自信を得て、『ねずてん』『種山ヶ原の夜』など、絵本創作にも意欲的に挑戦していきます。そこには自然と人間の交歓が豊かに描かれ、アニメーション映画にたずさわってきた経験も着実に生かされていました。

　自然風土を前にして、こういう、自我を表に出さないまま、対象にすべてを語らせながら、その魅力を見事に浮かび上がらせるような絵を誠実に描きつづける人は必ずしも多くない。絵本作家でもそうです。男鹿さんの絵は、通常「現代美術館」が扱うモダンアートとは対極にある作品です。〝アート〟が、きわだった個性と自己主張を身上とするのに対し、男鹿さんの絵はあくまでも慎ましいからです。さらに里山となると、近代絵画でいったい誰がその魅力を捉えてくれたのか、思いだそうとしても、川合玉堂（と、里の画家、原田泰治）の名しか浮かびません。パリ帰りの洋画家たちは、日本の風景は「絵にならない」と嘆くばかり、苦闘の末の達成は、当然ながら、ほとんどが風景画という名の「自己表出」でした。

モネ自身をふくめ、印象派の画家たちが次第に「現実の再現」という口実を捨て、後期印象派（ポスト・インプレッショニズム＝印象主義の後に来たもの）の大冒険に乗り出して以後、絵画の概念がひっくり返り、現実再現の桎梏から解放され、西洋絵画は豊穣なモダンアートの大海原となりました。その波頭に立つ傑作群に目と心を奪われ、画家を志す若者は誰もがその荒波にもまれます。子どもの頃に絵がうまいと褒められて絵描きを目指し、修業時代にアカデミックな技を身につけるべく努力したのに、ある時点でそれを投げ捨てざるをえなくなる。目もあやな近現代絵画の成果に圧倒されてしまうからです。それでその時々のモダンアートの潮流にうまく乗れて「食えるアーティスト」になれた人はいいけれど、潮流に呑まれも押し流されもせず、真の個性や創造性を発揮することがいかに困難なことか。いまや、己の欲するところに従って素直に絵を描くということ自体がむつかしくなっているのです。画家として立とうとすると、おそらく大多数は内発的とは必ずしも言えない苦悩を背負い込んでしまうのではないか。

今回の「男鹿和雄展」には「トトロの森を描いた人。」という副題のほかに、「ジブリの絵職人」とも書かれています。それを見て、わたしはいささか感慨をもよおさないわけにはいきませんでした。なるほど、これならば、モダンアートの世界で悪戦苦闘しているアーティストたち（そのほとんどは「現美」で個展など開いてもらえない）の自尊心を傷つけることなく、アニメーション映画の大衆的人気をあてこんで集客のはかれる大規模な展覧会が開催できる。「現代」の人気〝絵職人〟を紹介することはむろん大いに意義のあることだし、これは〝アート〟ではなく風呂屋や看板のペンキ絵描きと同類の〝絵職人〟の高度な〝技〟の展覧会なのだから、現代美術のかかえる深刻な問題（大衆との乖離、がらがらの常設展示など）と関連づける必要もない。アニメに関しては門外漢だし、要するに目くじらなど立てずに黙殺してもかまわない出来事だ、と、少なからぬ学芸員・評論家・画家たちは考えることができる。一方、アニメ関係者は、この展覧会が「現代美術館」で開かれることによって、アニメーション映画のために描かれた絵のステイタスを、ひいてはアニメーション映画の地位を確実に向上させることができる。ともに仕事をしてきたわたしたちスタッフにとっては、むろん、じつに喜ばしいことだ。とどのつまり、八方まるくおさまるにちがいない、というわけです。

けれどもじつは、この展覧会は、いわゆるモダンアートとはまったく別の角度から、現代人にとって「絵とは何だろうか」ということを、あらためてもう一度考えてみるための好材料の一つとなるのではないか、と、モダンアートもそれなりに好きなわたしはひそかに思っているのです。

（スタジオジブリ編『「ジブリの絵職人　男鹿和雄展」図録』日本テレビ放送網、二〇〇七年）

『火垂るの墓』から、はや二十四年

百瀬義行さんと初めて会ったのは一九八三年、阿佐ヶ谷駅前の喫茶店、『風の谷のナウシカ』のプロデューサーとして原画をやってもらえないだろうか、とお願いするためだった。当時百瀬さんはTVシリーズ『子鹿物語』の作画監督をしていて、とても『ナウシカ』に参加することは無理だったのだが、日常的な児童文学のTVシリーズ化について意見を交わすことができて、時期が合えばいつか一緒に仕事をしてもらえそうな感触を得た。人柄がよく、若いのにおだやかでものの分かった人、という印象を受けた。

ごく若い百瀬さんが業界に足を踏み入れたのは東京ムービー・Aプロ系の作画プロダクションだったし、たちまち頭角を現し、一九七五年二十二歳で作画監督を務めた『アラビアンナイト　シンドバットの冒険』以後は日本アニメーションの仕事だったので、私たちはいつも近くにいたはずなのだが、ずっとすれちがっていた。そんなわけで、若くして令名の高かった百瀬さんと実際に仕事を共にするのは一九八七年、『火垂るの墓』のときまで待つことになる。

『火垂るの墓』は困難の連続だった。スタッフ編成からして大変だった。『となりのトトロ』との二本立て上映が企画実現の前提条件なので、スタジオジブリは一度に二本分の優秀な人材を確保しなければならない。「熾烈な争奪戦が行われた」などと書かれたりしているようだが、近ちゃん(近藤喜文氏)を獲得することが私の最優先、いや、絶対的な課題だったから、それ以外は慎んで、私は勧誘に動かなかった。だから、もしあのとき、メインスタッフとして百瀬さんに参加してもらえなかったら、と考えるだけで、今でもゾッとする。ほんとうにありがたかった。

『火垂るの墓』は、主人公の子ども二人が死んでしまう、人によっては「どうかしている」としか思えない企画である。あえてそれをやろうと考えたときには、いわゆるセルアニメとは少しちがう新たな表現を模索するつもりだった。現実性と神話性の融合を目指す。そんな抱負を語ったせいか、近ちゃんは、新しいスタイルの探求にふさわしい人物として百瀬さんに大きな期待をかけていた。しかしすでに封切り時期は決まり、とてもそんな試行錯誤をしている余裕はなく、私は、基本的に自分たちが慣れ親しんできたセルアニメでやる、という決断をせざるをえなかった。

セルアニメでは、「キャラクターデザイン・作画監督」と「美術」だけでなく、「場面設定・レイアウト」に人物も舞台も描ける優秀な人材を得られなかったら、いい仕事にはならない。しかもアニメーターの寄り合い所帯でやるのだから、作品を均質で一定水準以上に保つためにも、レイアウト作業の基礎、すなわち絵コンテ作画を才能ある個人にゆだねることが望ましい。そんなわけで、作監補佐役といいながら、近藤氏と山本二《に》三《ぞう》氏の役割がはっきりしている以上、百瀬さんに受け持ってもらう主な仕事が絵コンテ作画と、それによる「場面設定・レイアウト」になるのは当然の成り行きだった。

　絵描きではない私の立てたラフコンテから、できるだけ細部まで設計した絵コンテを描くこと、そしてそれをもとに、演技を含む各ショットの設計図(レイアウト)を最終的に完成させること、これが「場面設定・レイアウト」の仕事である。そして実際、百瀬さんが作画しはじめた絵コンテは緻密かつ的確で、それを拡大コピーすればそのままレイアウトの基礎になった。しかも絵に温かみがあった。見通しが立ったと思った。

　しかし『火垂るの墓』の仕事は大変で、あらゆる作業がスケジュールからどんどん遅れていく。頑張り続けている百瀬さんのレイアウトにも遅れが出、やむをえず、ほんの一部とはいえ、絵コンテ作画を近藤、保田夏代の両氏に分担してもらった。つらく苦しいのは作品内容だけではなく、作品作りも全スタッフにとって苦しくつらかったのだ。そして終盤、色が塗りきれないために作品完成が公開時に間に合わないことがはっきりしたとき、どうすれば、大幅カットなどという全体的な破綻を免れられるか、私は知恵を絞った。ともかく動画までは全部仕上がるのだから、場面を選んで、動画線と背景線だけで色がつかないまま見てもらうしかない。異様な表現でも、「演出意図」としての必然性が感じられれば、見る人に受け入れてもらえるはずだ……。この前代未聞の苦肉の策を実現し、少しでも見端のいいものにするべく工夫したのも、百瀬さんとの共同作業だった。徒手空拳の私にとって、協力してくれたスタッフはいつも同志・仲間であり恩人だが、『火垂るの墓』のときの百瀬さんほど大恩人だと思ったことはない。

『火垂るの墓』での経験は決定的だった。百瀬さんはうまいだけでなく、人柄を反映した、どこか丸みのある穏やかな絵柄も、人々が普通に見ている感覚にできるだけ近い画角の取り方も、私の目指す日常的な画面作りにぴったりだった。しかも頑張り屋だ。灰皿を山盛りにして仕事に励む百瀬さん、沢山吸ったことを自分に隠すためにすぐ灰皿を空にする私のちがいはあれど、同じヘヴィースモーカー同士、私は作品作りの「片腕」を得たと思った。以来、『ホーホケキョ　となりの山田くん』まで、私のジブリ作品四本すべてで百瀬さんに協力をあおいだ。そして百瀬さんは引き受けてくれた。

百瀬さんは当時、知り合いからお前はいったい何をやっているんだ、と聞かれて、うまく説明できなくて弱ったという。「場面設定・レイアウト」(およびその基盤としての絵コンテ作画)をきわめて重要な仕事だと考えてきた私は、早い時期から場面設定・画面構成・レイアウトなどの名称で担当者名をメインスタッフの筆頭にクレジットしてきたにもかかわらず、その仕事を印象づけることに成功したとは言い難かった。二〇〇八年、東京都現代美術館で「スタジオジブリ・レイアウト展」が開かれ、はじめて「レイアウト」に光が当たるまで、世の中にそれが意識されることは少なかったのではないかと思われる。

展覧会はもちろん嬉しかったが、「レイアウト」はどんなに達者に描かれていても、やはり「縁の下の力持ち」なのだ。とくに、奥行きのある構図を使いながらも、広角的な強いパースペクティヴ感をおさえた標準レンズ的空間設計がそうだ。日常性を出すために不可欠なそのレイアウトを、ただ「絵」として見た場合、めりはりが弱く、フラットに感じてしまうかもしれない。しかし、それこそが私の作品に必要なものであり、百瀬さんはそこが分かっていた。人が歩くとき、一歩一歩やたらぐんぐん近づいてきたら、あるいは、下から見た子どもがそびえ立っていたら、それはもう「日常」ではない。

たとえば『おもひでぽろぽろ』は、画面がしっとりと落ち着いていて、安心して見ることのできる(私も恥ずかしくならない)作品であるが、その原因の大きな一つが百瀬さんのレイアウトにあることに気づく人は少ない。その点、故岡本喜八監督が、あの作品の小さな車(R-2)の中での二人の会話シーンを褒めてくださったと聞いたときは、ほんとうに嬉しかった。実写ではおそらく広角レンズを使うしかなく、あんなに自然に撮ることは不可能だと思う。余談だが、この作品の作業期間中、方向が同じだというだけで、すごい遠回りなのに、深夜、私は毎日のように百瀬さんに車で送ってもらっていた。薄グレーのルノーキャトル、おしゃれだった。道中、ずっと話をしていた。そのくせ車中で交わした会話を思い出そうとしても全然思い出せない。

次の『平成狸合戦ぽんぽこ』では、脚本や絵コンテを固めていくために、私の案の視覚化も含め、自由にいろんなイメージ画を描いてもらった。キャラデザイン・作監の大塚伸治さんとともに、「イメージビルディング」と称した。本にもなった(『菩提餅山万福寺本堂羽目板之悪戯』)。楽しかった。『ホーホケキョ　となりの山田くん』ではCGを使ったボブスレー編の演出を担当してもらった。工夫があって、これまた楽しかった。

思えば、『火垂るの墓』のとき、なんでもできる人、新しい表現を探求できる人として期待し、参加してもらったのだったが、諸短編・CM・プロモーションビデオ・絵本・挿絵と、「片腕」から抜け出て両腕をふるう最近の多彩な活躍を見れば、その期待が正しかったことが分かる。そして私との仕事がそれ自体素晴らしいだけでなく、百瀬さんのスプリングボードになったこと、そして百瀬さんのさらなる飛躍が期待できること、それを私は信じている。


(ポストメディア編集部編『百瀬義行　スタジオジブリワークス』一迅社、二〇一一年)

追悼・氏家齊一郎

氏家さんが亡くなられて茫然としています。あんなにお元気だったのに。

一昨昨年《さきおととし》の夏、私たち(宮崎駿、鈴木敏夫、そして私)は氏家さんに連れられてパリにいました。晴天の日、シャルトル大聖堂へステンドグラスを見に出かけ、「シャルトルの青」を満喫した後、尖塔に登ろうということになって、私たちはひいひい言いながら暗くて急な、狭い螺旋階段を一歩一歩上がっていきました。そしてやっと高いテラスへ出て、ボーヌ平原を見晴らした後、暗くて急な、狭い螺旋階段を降りはじめたときのことです。ごく間近に、ぬうっと下から氏家さんの顔が出現、先頭の私はほんとうにびっくり仰天しました。まさか登ってこられるとは。氏家さんは御年八十余歳、すでに何度かシャルトルを訪れ、この尖塔にも登られたことがあったというのに。

いや驚いたのなんのって。自分なら二度は登らないと思うので、私は理解できませんでした。鈴木さんの推測では、九十まで現役でいられるかどうか、試されたのではないかと。そして大きな自信をもたれたはずだと。地上に降り立って、感嘆する一同に見せたあの得意そうな笑顔は、まさに達成感で輝いていました。それなのに……、命ははかなすぎます。

シャルトルでの嬉しそうな顔をはじめとして、拝見した数々の「いいお顔」がすぐに思い浮かびます。シャンティイ城で、背筋をしゃんと伸ばし、案内者の長い長い解説を立ったまま聞いておられた謹厳な姿。下町の、田舎町の、村の、カフェの椅子にくつろいだ、おだやかな笑み。愉快そうに話し出すときの、いたずらっぽいあの目。そして破顔一笑のあの無邪気さ。私が思い出す氏家さんは、たとえばこんな姿ばかりで、深刻そうなものは一つもありません。それもそのはず、氏家さんが誘ってくださったのは、いつも、楽しい計画のときだけでした。しかも、どうだ、こんなすごいものを見せてやるぞ、ではなくて、みずからも常に行動を共にされ、素晴らしい宝を共に仰ぎ、楽しみ、私たちといっしょにはしゃいだのでした。

私たちは若いときから、美術でもなんでも、自分の好みで勝手に楽しみ、好きになれないものは、どんなに有名でも無視して平気でした。そんな自由気ままな見方をする私たちの勝手な姿もまた、氏家さんは楽しんでいらっしゃったのかもしれません。

そんななかで、ただ一度、私たちに不信の目を向けたことがあります。それは昨年のマドリッド訪問の最終日でした。プラド美術館の諸傑作とサン・アントニオ・デ・ラ・フロリダ聖堂のゴヤに感嘆し、すっかり堪能した私たちが、ピカソの「ゲルニカ」を見に行くのは中止してもいいのでは、と勝手に決めかけたときです。それを知った氏家さんは、どうして行かないのだ、と鋭く問いました。私たちより氏家さんのほうがずっと真面目だったのです。口に出されたわけではなかったけれど、「あの、生々しい時代の証言を見ないでどうするッ！」と思われたのでしょう。私はそこに、激動の現代史を生き抜いてきた氏家さんの気骨を見る思いがしました。申し訳なくて直ちに「行きましょう！」と答え、みんなでソフィア王妃芸術センターへと向かいました。もともとこの旅で氏家さんは、同年齢の旧知、フィデル・カストロ前議長に会いに、キューバまで足を伸ばす予定だったのです。

私はテレビ局経営の最高権力者としての氏家さんを知りません。いや、それはまちがいです。最高権力者だからこそ、いわばパトロンとして、美術巡礼の旅を私たちに与えることができたのですから。徳間社長が亡くなったあと、その遺志を継ぎ、氏家さんは自分の意志としてジブリとの関係を強化しました。そして、徳間社長がそうであったように、いや、それ以上に、私たちのパトロンになってくださったのです。パトロンとは、語源のフランス語ではただ経営者・社長・ボスですが、むろん、十九世紀の芸術振興には欠かせなかった存在、芸術家・芸人の後援者(メセヌ)の意味のつもりです。

なぜパトロンという言葉を持ち出したか、それはじつは、恥ずかしながら、私個人とかかわります。出資者に利潤をもたらす力は低いが、いやむしろ、損をするにちがいないが、それでも高畑に作品を作らせよ。高畑作品をおれは支援するつもりだ、と氏家さんは公言されていました。むろん私は間接的に聞いたわけですが、それは驚くべき発言で、経営者的とはいえず、まさにパトロン的言辞です。それどころか、作品完遂のために、氏家さんは私の体のことまで心配してくださいました。私が禁煙に踏み切る動機となったのは、宮崎・鈴木両氏の友情あふれる説得です。でもじつはそれも、いまなお吸い続けているご本人たちの意志というより、氏家さんの強い意向を受けてのことだったのです。煙草をあっさりやめることができたのは、まったく氏家さんのおかげです。氏家さんはまさに私の恩人であり、パトロンでした。

氏家さんが期待し、励ましてくださっていることはほんとうにありがたく、心強いことでした。けれども、尋常でない思い入れを頂くことは気恥ずかしくもあり、また同時にすごいプレッシャーでもあります。ほんとうにご期待に応えられるだろうか、不安でいっぱいになります。意志の弱い私は、押しつぶされないためでしょう、無意識のうちに、あまり重く受け止めようとはせず、冗談半分でおっしゃっているんじゃないか、ぐらいに思いたがっていたのです。

そしていまになって、やっと気づきました。どれほど貴重な、稀有な、かけがえのない後ろ盾を私は得ていたのかを。どれほど愛して頂いていたのかを。そしてその得難い後援者を失ってしまったのだということを。

氏家さんは、もう何年も前から『かぐや姫の物語』の企画に関心を持ち、その進展を心待ちにしてくださっていました。脚本準備稿が完成したとき、わざわざ読んでくださったことにも驚きましたが、さらには、絵コンテの出来た部分に目を通されたのです。こんなことはきわめて稀です。

スタッフとともに表現に新たな工夫を凝らした『かぐや姫の物語』のパイロット・テストフィルムがもうじき仕上がります。でも、このパイロットさえご覧頂けないのだと思うと残念で残念でたまりません。痛恨の極みです。せめてこれだけでも見て頂きたかった。痛切にそう思います。私がぐずぐずしていたためです。申し訳ありません。

私の心はいま、氏家さんに対する感謝の思いでいっぱいです。ありがとうございました。

（『熱風』二〇一一年五月号）

山本二三さんの美術

昨年暮、奈良へ行ったついでに唐招提寺を訪れた。平成の大修理を終えた金堂の前に久しぶりに立ち、美しいカーヴを描く本瓦葺きの大屋根が、以前同様、微妙な諧調を奏でていることにホッとした。火力の安定した現代窯で瓦を焼くと、民家の屋根はもちろん、文化財のそれでさえ、色合いが均一になって、キレイだが味気ないものになる。私はそれを心配していたのだ。そして、ずっと以前、劇場用『じゃりン子チエ』をはじめた頃、山本二三《にぞう》さんと交わした屋根瓦についてのやりとりを思い出した。昔の瓦屋根は一枚一枚瓦が微妙に違う色をしていて、それが味になってるからいいんだよね、などというような。

で、二三さんはそれを作品の中で実践した。あの頃、そんなところまで神経を使う作品は少なかったような気がする。いや、それ以前に、『じゃりン子チエ』の美術で二三さんが行ったことは、けっして並のことではなかった。

はるき悦巳さんの漫画はごく日常的な世界でありながら、ある種のファンタジーでもある。内容だけでなく絵柄もそう。キャラクターには、一人一人強い個性とリアリティがあるが、「リアル」ではない。しかも正面顔と横顔しかない。一方、人物が暮らす空間も、しっかり描いてあるけれど、漫画的にすっきりと簡略化されていて、下町の汚れた劇画的な「リアル」ではない。原作に感心した私は、これらの特徴を、できればすべて、そのままアニメ版でも生かしたいと思った。キャラクターを正面と横顔だけでしか描かないのは、カット割りと演技設計でできる。美術・背景はどうか。

はるきさん自身が表紙などを色付けするときは、線画である漫画に水彩をほどこすだけである。アニメ化の場合でも、そこから発想した線入りの水彩的方法もけっして悪くないはずだ。暗示して想像力に訴えるやり方。元の漫画がしっかり描いてあるので情報量が少なすぎることもなく、上手い人がやれば、ヌケがよく、感じも出るだろう。しかしそれは山本二三さんの持ち味ではないし、仕事としてはあきたりなかったにちがいない。二三さんはリアリティのある空間に観客を連れ込みたい人だから。

ではアニメ版『じゃりン子チエ』で空間をどう描くべきか。それを二三さんは自分で考えてくれた。二三さんが挑んだのは、ほぼ漫画のとおり表現されたレイアウトの個々の構成素材・部品を、見慣れた日常的現実の「簡略化」とは見ずに、まずはそのまま、はるき世界の「リアル」であると捉えることだった。

骨組み(レイアウト)は簡潔なままに描き込みをふやし、あたかもリアルアニメの場合のように、それを構成する素材・部品に細かく精緻な物質感（テクスチュア）を与える。すると、リアルな「リアル」ではないが、別の「リアル」がそこに立ち現れる。木材などは、ときに木目プリントの新建材になってしまうすれすれで踏みとどまる。そして画面にうまく光を入れてヌケを作り、息苦しさを避ける。はるきさんの絵にあった折り目正しさは、二三さんの美術にもそのまま反映した。こうして『じゃりン子チエ』の世界は、一種の清潔なファンタジー世界として、充分なリアリティを獲得したのである。

山本二三さんはむろん、これまでさまざまな試みをしてきたが、現在まで一貫しているのは、この『じゃりン子チエ』で示した考え方ではなかろうか。作品世界が現実的であろうがファンタスティックであろうが、アプローチの仕方は変えない。そこに表現されるべき個々のモノに愛情を注ぎ、モノに細密な物質感と迫真性を与える。『火垂るの墓』の焼け跡の描写の凄さを見よ。そして、たとえ暗部にあるモノでも、ときにそれをきちんと描き起こさずにはいられず、そのために、つい微光を当てる。二三さんの背景の中での、描かれたモノたちの自己主張は相当に強い。かくして二三さんの美術はしばしばリアルな「リアル」を超え、第二の「リアル」を画面に作り出す。ある種のファンタジーとなる。だから、たとえば『もののけ姫』のシシ神の森のように、迫真的であるためには細かい描き込みがあればあるほどよい、というようなものを扱うとき、その真骨頂が発揮される。まさに、二三さんの独壇場。

細田守監督の傑作、『時をかける少女』の、二三さんの美術は恐ろしいほど精緻だ。どの一枚をとっても、隅々までモノがこちらを向いている。写真的であることを超えて、いわばハイビジョン的解像度。画面全体が均等に自己主張している。そのファンタジー性、第二の「リアル」は、作品が必要とする日常性を超越して、キャラクターを食ってしまいかねないほどの勢いだ。

だからだろう、出来上がった『時をかける少女』は、じつに細かく画面にコンピューター処理を加え、二三さんの背景をやわらげていた。キャラクターに対して少し甘くしたり、周辺をぼかしたり。その画面処理は映画として見事に成功した。これもまた、二三さんの背景が第二の「リアル」としての強さ緻密さがあったからこそなのだが、それが監督の、山本二三さんとの共同作業なのかどうか、こういう処理を見越して二三さんはあの美術を描いたのか、あるいは監督にとっては二三さんの美術が力の入りすぎだったためなのか、私はいささかドキドキしないではいられなかった。

映画音楽やBGMでは、大オーケストラの演奏する密度の高い管弦楽曲を、平気で音量を絞って使うが、いまや、それと同じようなことが、コンピューターの発達によってアニメーション美術の世界にも日常的に起きているのである。最近はやりの、このようなコンピューター処理に、私はなぜか、「虚実皮膜」という言葉を思い浮かべてしまう。

（山本二三『山本二三背景画集』廣済堂出版、二〇一二年）

5　漫画映画のつくりかた

今村太平から得たもの

1

高校二年生頃色気づいて急に映画を見はじめた。進学した東京で、何も知らない地方出身の学生には何もかもが新鮮だった。音楽・絵画・演劇、そして映画は安い名画座や三番館で見た。戦前の旧作から何カ月か遅れの新作まで。見るとそれを反芻したり何かと考えたくなる。

今村太平は、詩人で映画評論も書いた北川冬彦とともに、学生時代の書物による映画勉強の最初の先生である。北川冬彦の方は本の題名さえ忘れてしまったが、『どん底』や『獣人』で、カメラがまるでもう一人の人物のように移動しながら勝手にあちこちを見まわしたり別の人について行ったり、パンフォーカスでもないのに「縦の構図」をとったりするジャン・ルノワールの演出の面白さを指摘していて、自分もそこに注目していたので嬉しかったことを覚えている。映画の具体的な細部を上手に語ってそこに意味を読み取ろうとする本は、いわゆる印象批評や抽象的な映画論だけの書物よりよほど面白い。後になって読んだドナルド・リチイの『映画芸術の革命』(昭森社)やアンドレ・バザンの『映画とは何か』四冊(美術出版社)などは緻密で客観的な説得力があり、実践的にも大いに勉強になった。たとえばバザンの「禁じられたモンタージュ」など。

今村太平をはじめて読んだのは、たしか、友人にもらった『映画の本質』(現代教養文庫)だったと思う。映画や音楽を現代社会の歩みと結びつけて論じるのだが、今村もまた、例をあげるそのあげ方が巧みで、それを言葉で活写し、さらに意味づけを大胆不敵にやってのける。しかも着眼点は独創的で、それをジャンルの枠を超えて縦横無尽に展開させる。そこには明らかに強引さがあり、そういう側面もあるかもしれないという程度のことでも、あるいは曲解にすぎないことでも、論理の帰結であるかのごとくズバズバと断定していくので、その当否を判断する前に思わず引き込まれてしまう。だいいち、そこに提示される多面的な知識に驚きながらのことだから、何も知らない学生はすっかり幻惑され、煙に巻かれてしまうのは当然だった。とにかく面白かった。

大学二年生のとき、私は「映画音楽と早坂文雄の死」という文章を書いた(『影絵3』一九五五年。『映画を作りながら考えたこと』所収)。はじめて映画について書く機会が生まれたとき、なぜ私が映画音楽を取り上げたのか、それはむろん映画音楽に強い関心をもっていたからだが、今村の影響が大きかったことは明らかである。今村太平を読んだおかげで、具体例をあげながら映画音楽のさまざまな役割をまとめてみようという気になったのにちがいない。

その中で、騒音の音楽的効果の例の一つとして『女だけの都』(監督＝ジャック・フェデ)のラストシーンの「朝鶏が鳴いて、夜明けの静けさが街の騒音によって次第に破られてゆくところは、全く今村太平の言うとおりであり」云々と書いたり、『望郷』(監督＝ジュリアン・デュヴィヴィエ)で、「裏切った男が部屋の一隅に追いつめられる。彼は夕ラタラとあぶら汗を流し必死の助命を嘆願する」という今村の文章を引用した後、男がはずみで触れた自動ピアノが陽気な曲をがなりたてて男の恐怖の表情と鋭いコントラストをなす効果を、今村が「(ピアノは)自分にすがる死にゆく男を尻目にして。これはただの伴奏ではない。裏切りに対する、下劣さにたいする批評の声である」と意味づけたことに異を唱えたりしている。それは理知的な「批評」ではなくてもっと感覚的な「嘲笑」ではないか、と。しかし今にして思えば、批判か嘲笑かという違いは、その意味づけの大げさな傾向からして、今村にとってはおそらく取るに足らぬことだったろうし、ともかくも、映画音楽を今村がそのように面白く論じてくれたからこそ、それをスプリングボードにして私は最初の「論文」を書くことができたのだと思う。

2

私が映画との関連で絵巻物に強い関心をもったのも今村太平のおかげである。私は当時漫画映画のファンではなかったので、読んだものが今村太平の『漫画映画論』の「日本芸術と漫画」だったかどうかははっきりしないが、絵巻と映画の類似を語るその熱のこもった語り口に圧倒され、絵巻物とはそんなにスゴいものなのかと胸をときめかせた。なにしろ、モンタージュ、二重露出、カットバック、トラック・アップ、クロース・アップなどなど、映画用語が頻発するのだから。しかし今村の論文には図版がなかった。なんとしても見てみなければ、と探して見つけたのが『漫画映画論』の一年前に刊行された奥平英雄の『絵巻の構成』(『アトリエ』臨時増刊号、一九四〇年)だった。こちらは豊富な図版入りで、とくに「絵巻の表現に於ける近代性」という章を設け、「さうした絵巻の表現上の特性が、近代の我々の芸術――映画や演劇――に対して驚くべき共通性を持っていること」を指摘し、図版でそれを論証していた。この二冊で、絵巻物一般、あるいは絵巻という形式そのものが映画的独創に充ちているかのような錯覚に陥り、私はすっかりのぼせ上がった。美術館でも絵巻の全長を通覧する機会はほとんど与えられず、研究者でもない限り複製さえ手に入らなかったので、無理もないことだった。

しかし絵巻を数多く見るにつれて、当然ながらそれはやはり錯覚にすぎないことが明らかになる。そして後年、私は「時間的視覚芸術」という観点から「語り絵」としての絵巻物を冷静に検討し直し、それをできる限り具体的客観的に示すために『十二世紀のアニメーション』(徳間書店)を書いた。むろん、その中で扱った「映画的・アニメ的なるもの」の多くは、今村・奥平に限らず、多くの先輩がすでに指摘していたことである。ただ、これを書く前に今村の「日本芸術と漫画」は読み返さなかった。もし読んでいたら、多くの論点に関して今村批判をしたくなったはずである。それだけ私が成長したのだと思いたい。

じつは、東映動画に入社して間もない頃、『酒呑童子』を絵巻物的ミュージカルに作れないかと考えて、シノプシスを書いたことがあった。基本的に大和絵の画風、主人公は機転の利く都の町娘、娘が下働き女として鬼にさらわれるところからはじめ、歌に乗せて軽快に都から大江山までを横移動撮影で往復しながら物語を運ぶという計画である。むろん絵巻物の再現を目指すのではなく、新たな現代的表現の可能性を探るつもりだったが、こんなことを考えたのも、今村太平はもちろん、花田清輝、安部公房、ブレヒトなど、学生時代に読んだものの影響にちがいない。

3

あの頃はあらゆる芸術分野で、その進むべき道は何かが真剣に模索され、議論も活潑だった。ジャンルのクロスオーヴァーも盛んだった。武智鉄二などの主導で、能狂言や文楽の伝統的な技を身につけた演者が意欲的に行った新しい試みはとくに刺激的だった。木下順二の民話劇にも注目した。日本の漫画映画はどうあるべきか、それを見出したかった青年としては、漫画映画をめぐる今村と花田らの論争にも関心をもたないわけにはいかなかった。けれどもそれらは「自然主義」とか「リアリズム」とかの抽象的な観念が飛びかい、「弁証法的発展」なるものに呪縛されていて、論争も何のためにやっているのか不可解だった。新しい芸術がどうあるべきかを論じ合っているくせに、実際に作品を作ろうとしていた人間にとって生産的なものだったとはとても思えない。日本にはフランスのヌーヴェルヴァーグの父と呼ばれたバザンのような役割を果たせた評論家はいなかった。

しかし論争などというものが皆無になったかに見える現在からすれば、当時の発言の中に、いまなお考えるに価する問題が示唆されていたこともまた、指摘しておかねばならない。

「今村太平は、〈本当らしい嘘〉の本当らしさを尊重し、佐々木基一は〈嘘らしい本当〉の嘘らしさに脱帽する。わたしは、漫画映画の存在理由は、本当らしさにはなく、嘘らしさにあるとおもうがゆえに、佐々木基一の説に同調する」

これは、花田清輝の「漫画映画の方法」(『新編映画的思考』未来社)からの抜粋だが、論争の文脈から切り離せば、〈本当らしい嘘〉と〈嘘らしい本当〉という観念の対比はいまも刺激的で、同じファンタジーでも、いったいそれがこのどちらに属するのか考えてみるだけでも何かが明らかになってくるのではなかろうか。一九五五年に日本公開されたポール・グリモーの『やぶにらみの暴君』（一九七九年に『王と鳥』へ改作）に驚嘆したことがきっかけで業界に入った私としては、今村を含む論客たちが、大いに論じ甲斐があるはずのこの恐るべき作品に、なぜそれほど注目しなかったのか今もって不思議でならない。

4

「日本の漫画映画」の章の「絵と漫画映画」中程の誰かに対する当てこすり(1)や「漫画映画の方法論」(2)全編は、花田清輝の上記評論「漫画映画の方法」への反論である。はじめから物語性があって現実的動きを必要とする「大衆娯楽作品」を作ろうとしていた私たちからすれば、こんな論争には何の意味もなかったが、少なくとも、今村太平が自分たちの擁護者であることだけは分かった。花田たちだけでなく世界中の多くの論者がディズニーを否定し、ボサストウだ、マクラレンだ、リミテッドだと騒いでいたとき、相も変わらず「ディズニーのアニメーションは画家の想像の産物としての動きを否定し、映画だけのなしうるほんとうの動きを絵に与えたことにある」(3)と語り、ディズニーの凋落を認めつつも、それは「芸術的方法の行きづまりであり」「その技術の凋落ではない」(4)と述べ、東映動画第一作の『白蛇伝』を「もはやディズニーの技術をマスターした」(5)として絶賛したのだから。「技術をマスター」とはいかなる意味なのか怪しげではあるもののの、そこには態度の一貫性があった。

ただ、他の論者が「芸術」の革新を論じているときに、『白蛇伝』がディズニーの「芸術的方法の行きづまり」をどう打開したかを述べないまま、ディズニー流の「技術」が凋落していないことの証拠とし、昔からの自分の理論が正しかったことを主張するだけでは論争としてはいかにも弱かった。当時勃興しはじめた「画家の想像の産物としての動き」や「絵の面白さ」によるアニメーションについて、一九五七年の「映画と絵の結合」[6]では一定の評価をしたにもかかわらず、この一九五八年の論争では、「マクラレーンを讃えることは技術的には退歩の讃美だ」[7]と言い切り、それらもまた「映画だけのなしうる」新しさだということを、「進歩主義」の今村は結局認めることができなかったのである。皮肉なことに、それが当時は「技術偏重」の保守主義と見え、その「技術」が『白蛇伝』のような「商業主義大衆娯楽作品」でしか発揮されないこともまた彼にとっては不利だった。そのためかどうか、以後、今村は亡くなるまで漫画映画や映画に関する発言をしなくなってしまう。

私たちの「商業主義大衆娯楽漫画映画」の評価は、それがいかに「映画」として面白いかによって「大衆的に」なされたから、このような芸術論争に影響を受けることはまったくなかった。『白蛇伝』を褒めたのも今村だけではなかった。

しかし以後、日本以外、ソ連でも中国でも長編作品が作られなくなり、セル画による長編漫画映画はすべてディズニーの亜流として世界中の評論家からそっぽを向かれ、そのディズニーも凋落し、「漫画映画」ではなくて「アニメーション」と呼ばれはじめた短編アート作品のための映画祭がアヌシーなど各地で開かれるようになる。そこでは「商業主義大衆娯楽漫画映画」は無視され、アニメーション関係の書物でもほとんど取り扱ってもらえなかった。だからといって、私たちが変わるつもりもまったくなかった。そして、アートアニメというのは「俳句」みたいなものだなあ、と言ったりしながら、愚作凡作いやな作品にまじって、「アニメーション」の世界でも傑作が生まれていることを横目で確認していた。ただあの時代、もし旧社会主義圏とカナダという、国家が保護していた円満な短編アニメーション作品がなかったならば、どんなにか世界の「アニメーション」はさみしいものになったことだろう。それらの多くは芸術的でもあり娯楽的でもあった。そして私たちもそれらは大好きだった。

しかしいまやそんな時代は過ぎ去った。旧社会主義圏は中国を含め資本主義の道を歩み、必ずしも「円満作品」の供給源ではなくなった。そしてほとんどのアニメーション映画祭がなぜか長編作品を受け入れ、宮崎作品をはじめとする米国以外の長編も大きな注目を集めている。また、ペトロフの『老人と海』など、「絵」としての密度を保ちながら、しっかりとそれを動かす作品も生まれている。いつの間にか両者は立派に平和共存しているらしいのだ。

今日の長編作品の世界的隆盛をみれば、多くの論者がリミテッド・アニメーションなどに浮かれ、「漫画映画」の世界的逆境の時代がはじまろうとしていたまさにそのとき、真正面から『白蛇伝』を誉め称えた今村太平の主張はやはり記憶にとどめるべき正論だったと言うべきだろう。

5

『漫画映画論』をいま読むと、あげられた例に対する今村の社会思想史的意味づけの強引さばかりが眼につくかもしれない。しかも明らかに誤りと言わねばならないものも多い。しかし、例示そのものは生き生きと描写されていて多岐にわたり、アニメだけにしか興味を持たない者の視野を広げ、新たな好奇心を呼びさますには大いに役立つことと思われる。とくに日本伝統芸術の面白さとそこから汲み上げるべき潜在的可能性に関して。また、アニメーションを志しながら、アートアニメか商業アニメかを問わず、説得力のある「動き」を生み出すことを当然の仕事だとは思っていないらしい者には、「空想芸術もまたその根底において、客観的現実の科学的に正しい再現をめざすものである」(8)という箇所などを読んでもらいたくなる。

ただ、私たちアニメーション映画に従事する者としては、今村の漫画映画論の根幹をなす基本的な認識があまりにも単純すぎ、事実にも反していることだけは、どうしても指摘しておかなければならない。今村は、『漫画映画論』の冒頭「MOVING CAR-

TOON」で、なぜディズニー作品が「漫画映画の後史」を画す「まったく新しい芸術」たりえたかについて、「写真の変形」とか「写真と絵画の融合」とか言い、その根拠として、「ディズニー漫画のアニメーティング(animating)は、ある動きを一度写真で分解し、それを絵に書きかえる仕事をいう。新しい漫画映画の空想は、その根底に現実の写真があり、キャメラなしにはなりたたないものである」(9)と書いている。要するに、「真実の運動を含んでいる」(10)のは、「その根底に現実の写真がある」からだ、というわけだ。しかし事はそう簡単ではない。

たしかに、力学的法則をはじめとする〈現実の動きの分解とその創造的再構成〉をアニメーションの基礎としたことがディズニー作品のリアリティを保証する原動力であり、それによって、画家の恣意にすぎないいい加減な動きを描いていた他社をディズニーは引き離し、新しい時代を開いたことはまちがいない。しかし今村はこの偉業を「写真(映画)による分解」と「絵への書きかえ」という機械工業的な技術と分業化に矮小化してしまった。そしてこの奇怪な思い込みから出発し、一見立派そうで全く無意味な社会史的考察にまで至ってしまう。

「しかしまたアニメーティングは、一面マニュファクチュアの否定でもある。なぜなら絵が写真に基礎をおくことは、キャメラの自動的機械的な作業による手の労働の否定であるから。したがってアニメーティングの比重の増大は、手で描く絵にも機械的な影響を与えずにはいない。すなわち手の仕事はますます細分化され、規格化され、単純になり、機械化されてゆく。(中略)かくてディズニー漫画製作所は数千の人員を擁し数百万ドルの資本をもつ一大企業になっている。このようにして手で描かれる絵が今後機械的な作業に切り替えられてゆくことは明らかであ[11]り、「この意味で現在の(小資本の小規模製作を含めた——引用者注)漫画映画は、マニュファクチュアから機械工業への過渡期にある[12]」と。そして「アニメーティングの発展にともなう漫画映画の機械工業化は、これらの映画(手工業的な人形映画や影絵映画——引用者注)をますます過去におしやった[13]」とまで書く。

まるで、人間の動きをセルアニメに置き換えるCGソフトの開発を予見した発言のようにも聞こえるが、これがどんなに奇妙な意見かは、現代のアニメーションを少しでも知る人ならばお分かり頂けると思う。たとえばカチャーノフの『ミトン』、ノルシュテインの『霧のなかのハリネズミ』、バックの『クラック!』、デ・ウィットの『岸辺のふたり』などなど、手工業的な現代作品における「真実の動き」を見よ。しかし今村の「アニメーティング」の定義は訂正されることなく戦後にまで持ちこされ、『白蛇伝』に関しても、スタジオの立派さやスタッフの人数から、「『白蛇伝』はこの点、日本の漫画映画が家内手工業からぬけ出し、工場化されたメルクマールといえる[14]」と結論づけるのである。

（「MOVING CARTOON」は戦後一九四八年の再版にあたって初版本の第一章「漫画映画以前」を改稿したものであり、厳密に言えば一九四一年の今村の見解とは言えないが、初版本での「アニメーティング」の定義も基本的に同じなので、ここに書かれたものを戦前戦後を通じての今村見解と見なしてよいと思う。）

6

果たして今村太平はアニメーションを愛していたのだろうか。そんな疑問がわくほど、残念なことに、今村にはアニメーターの創造的な役割がまったく想像も理解もできていなかった。言うまでもないが、問題は、一旦実写で撮ってそれをどうするか、ではなくて、日頃から現実の動きを作り手が観察・把握・分析し、それを基礎に、ビリーヴァビリティのある(信じることのできる)動きを創造的に生み出せるかどうかなのだ。実写はそのための一つの有力な補助手段にすぎない。ディズニースタジオで実際に何が行われていたかは、フランクとオーリー共著の『生命を吹き込む魔法』(徳間書店)をぜひ読んでほしい。そこには「人物や動物を描くときの実写の活用法」という章もある。

映画に撮ったものを「絵に書きかえる」方法にディズニーが大きく依存したのは、今村が「その技術の若干の進歩にもかかわらず、芸術としてはすでに停滞している」(15)と言う『シンデレラ』だった。そしてそれは「技術の進歩」ではなく、制作費を安上がりにするためであり、「芸術を停滞させた」大きな要因の一つなのだ。『蛙になったお姫様』など、同じ方法で作られたソ連の作品もまた、ワーノの『イワンと仔馬』やアタマノフの『雪の女王』などのもっていた活力を失ったのである。

『漫画映画論』には、たしかに、眉に唾をつけながらあれこれ自分で考え直す必要のある言及が随所に見られる。しかし、今村太平はまだ一本のディズニー長編も見ることができなかった一九四一年に、日本がアメリカを相手に太平洋戦争に突入する前夜に、おそらくそれらだけがカラー作品だったアメリカの短編漫画映画群を見て興奮しそのとりことなり、「映画論」とすべきところも「漫画映画論」で押し通し、驚くべき直感力で漫画映画に映画芸術の大きな未来を幻視した。そして日本芸術の中に映画や漫画映画につながるものを見出した。これはほんとうにすごいことである。

そして事実、現在の私たちの仕事は「商業主義大衆娯楽」であるかどうかではなく、アニメーションという手段による「映画」を、しかも見かけの無国籍的雑多さにもかかわらず、結局日本という風土に根ざした「アニメーション映画」を目指しているという一点において、今村太平の幻視した延長線上にあることは明らかなのである。一般映画の映画祭であるベルリン映画祭で宮崎駿の『千と千尋の神隠し』がグランプリ(金熊賞)を受賞したことを、きっと今村太平はわがことのように喜んだに違いない。

『漫画映画論』はおそらくそのあれこれの「理論」ではなく、今村太平その人の独創的な直感と情熱によって、これからも映画愛好家の頭を刺激し心を動かし続けることになるだろう。

注

(1) 今村太平『漫画映画論』ジブリ Library、二〇五頁。
(2) 同前、二〇九頁以降。
(3) 同前、二〇五頁。
(4) 同前、二〇九頁。
(5) 同前、二〇八頁。
(6) 同前、二一八頁。
(7) 同前、二一〇頁。
(8) 同前、一〇九頁。
(9) 同前、三一頁。
(10) 同前、三一頁。
(11) 同前、三二頁。
(12) 同前、三三頁。
(13) 同前、三六頁。
(14) 同前、二〇七頁。

(15)　同前、「ウォルト・ディズニー論」一九一頁。

(今村太平『漫画映画論』(徳間書店、二〇〇五年)解説)

レイアウトはアニメーション映画制作のキイ・ポイント

「レイアウト」の展覧会が行われると聞いて驚いた。あまりにも地味だから。そしてすぐ、すごいと思い、個人的にたいへん喜ばしい気持ちがこみ上げてきた。なぜなら、レイアウトを、私はアニメーション映画制作のキイ・ポイントと考えてきたから。それに、いまでこそ宮崎駿は世界に名立たるアニメーション作家だが、『アルプスの少女ハイジ』『母をたずねて三千里』などでの「場面設定レイアウト」という彼のクレジットタイトルを見ただけで、彼がどんな大きな役割を果たしたのか、ただちに分かる人はいないだろうから。

作品の質を統一的に向上確保するための最も重要な仕事なのに、時間に追われながら毎週一話分三百数十ショットという厳しいノルマを達成しなければならなかったレイアウトマン。宮崎駿だけではない。『赤毛のアン』の途中で彼が辞めたあと、過酷な制作条件の中でレイアウトを引き継いでくれた櫻井美知代さん、また、とくに、『火垂るの墓』から『おもひでぽろぽろ』『平成狸合戦ぽんぽこ』まで、綿密な絵コンテ作画と一体化したこの大役で見事に才能を発揮した百瀬義行さんのことを思わずにいられない。百瀬さんは当時、知り合いからお前はいったい何をやっているんだ、と聞かれて、うまく説明できなくて弱ったそうだ。

まさに演出の「片腕」、いやベターハーフとも言うべきレイアウトマンの仕事。レイアウトは完成品として人に見せるために描かれたものではない。また、しばしば驚くほどの迅速さを要求された。しかも、心血を注いで描いたものが、実作業が終われば簡単に捨てられてしまい、大事に秘蔵した人たちがいなければ残らなかった。それらがいま、あらためて陽の目を見る。レイアウトたちはさぞまぶしかろうが、私はたいへん嬉しい。

（現在のジブリスタジオでは、コマの大きな用紙を使って的確で詳細な絵コンテをまずつくる。そしてそれを拡大コピーした絵をもとに作画担当者がレイアウトを起こし、さらに絵コンテを描いた本人自身が修正し描き直す。むろん、捨てない。）

実写とアニメーション映画

映画では、演出コンテの計画にしたがってカットを割り、アップで表情を捉えたりロングで全体を見せたりと、各ショットを別々に撮っていく。実写や人形映画だけでなく、セル・アニメとよばれる平面上に描かれた絵によるアニメーション映画でも、これは基本的に同じである。しかし、作業のやり方は実写とまるでちがう。

　実写ではスタッフが撮影現場に集まり、背景・大道具から小道具まで、持ち寄った〝素材〟すべてが吟味され確定されたところに俳優を入れ、照明を当て、演技や情景の全体を見定めたうえで、これから撮ろうとするショットの最終的な構図を決める。そのためにレンズを選び、カメラの位置やアングルを決め、場合によってカメラワークをつける。さらに各部署のさまざまな問題点が修正されると、監督の「本番用意、スタート！」の声とともに、スタッフ全員注視の中で「本番」が撮影される。

　ところが平面アニメーション映画では実際の具体物は何もない。登場人物はもちろん、美術背景・大道具・小道具から波や雪などの自然現象に至るまで、あらゆる〝素材〟をすべて一から絵で描くしかない。しかもここが肝心なところだが、出来上がったその〝素材〟は、実写ならば「本番」撮影されてすでに〝フィルムになった状態〟を表現していなければならない。アニメーション撮影は実写の撮影とはちがい、撮影台上にこれらの〝素材〟が持ち寄られたとき、それからあれこれと変更できる余地は多くないのだから。

　要するに、実写のようにスタッフが素材を持ち寄り、一緒にそれを組み上げ吟味して、最後に「本番」を迎えるというわけにはいかず、そのまるで逆、まず真っ先に各ショットの「本番」、すなわち〝フィルムになった状態〟を想定し、あとはその構成要素をスタッフが持ち帰り、分業によって、その〝完成状態〟へと、それぞれの〝素材〟を仕上げなければならない。分業する以上、その作業のほとんどすべては、当初に想定された「本番」をただひたすら黙々と具現化するための努力となる。

だから、フィルムで仕上がりを確認するまで、作業に入ってから個々のショットのためにスタッフが一堂に会することはまずない。実写や人形映画のように、スタッフ全員が撮影現場に集まり、全体を把握しつつ〝素材〟に細かい修正をほどこし合って完成に導く、といった、緊張と連帯感あふれる同志的撮影風景は残念ながら平面アニメーション制作では望むべくもない。アニメーションは、個人的作品でなくても、やはり孤独な作業の積み重ねなのである。

レイアウトは各ショットの実践的設計図

では、この「本番」、すなわち各ショットの〝完成状態〟がスタッフ全員にきちんと把握され、個々の分業が間違いなく仕上がるにはどうすればよいか。むろん、絵コンテがある。打ち合わせがある。演出や作画監督・美術監督による各作業へのチェック・介入・修正がある。しかしじつは、そのために決定的な役割を果たすのが、他ならぬレイアウトなのだ。

日本で「レイアウト」とよばれている仕事の内実は、個々のケースによって大幅に違う。けれどもレイアウトが基本的に充たすべき必要条件は以下のようなことになるだろう。

各ショットに関し、絵コンテで指示された内容と構図が以後の製作工程で間違いなく画面上に達成されるために、その全体的構図、カメラアングル、人物のサイズと配置、その動きの概略、そして背景の空間的構成要素、とくに人物の動きと関連する箇所などを、実際の作画・作景とまったく同サイズの用紙上に、鉛筆画で設計すること。移動・パン・ズームなど、カメラワークがあれば、その設計・指定もできるだけここで行う。

ただし、描かれた絵がラフか精密かは場合による。指示の的確さが肝心、あまりに緻密すぎる鉛筆画も困る、設計図なのだから。

要するにレイアウトは、各ショットの〝フィルムになった状態〟の作業用原寸想定図、すなわち、ショットの「実践的設計図」である。そして作画(原動画)・作景(美術背景)から撮影に至るまで、以後の各部署における作業は、すべてこの設計図を基準に行われる。むろん、各ショットの基本設計図はまず絵コンテだが、その絵は小さいだけでなく、精粗・巧拙まちまちであり、不確定要素に充ちている。たとえ絵コンテがいい加減な絵でさまざまな問題を孕んでいても、レイアウトの段階では、それらをきちんと解決しておかなければならない。なぜなら、ショットの全体像が正確に分かるのはこの〝原寸大〟の設計図だけで、以後、作画(及びセル仕上げ)と作景で分業されるから。分業が行われるかぎり、設計図としてのレイアウトは不可欠であり、これなくして作品制作は成り立たない。

レイアウト前史——背景原図システムとその問題点

私の東映動画時代、各ショットを設計し、レイアウトを描くのは、原則としてそのショットの作画担当者(アニメーター＝原画家)で、描かれたものを「背景原図」とよんだ。作画で人物を動かすためには、人物のいる空間や動き回れる空間、すなわち「背景」を設定しないわけにはいかないから。建築など、きちんと描かなければならないものは、美術監督(又は別の設定者)が出した美術設定にもとづいて描き、作画してセルになる登場人物や小道具は、背景原図に赤鉛筆であたりを入れるか、別紙で添付する。

ショットの作画担当者は自己の設計した「背景原図」にもとづいて原画(アニメーション・ドローイング)作画を完成させ、「背景原図」とともに提出する。演出と作画監督がチェックしてOKとなれば、「背景原図」は同じものを一枚コピーして、それを作画監督の修正の入った原画とワンセットで動画家(アシスタント・アニメーター)に渡し、「背景原図」の原版を美術にまわす。そして動画家は動画作画に入り、美術監督以下美術スタッフは作景作業に取りかかる。

たとえば柱を手でつかむときなどのように、人物と背景が組み合わさる場合は、背景原図の段階でその部分(この例だと柱)の線をぴったり同じにトレースした二枚の「組合わせ線」をセルで作り、それぞれの背景原図に添付する。後になってセル画と背景がずれないためである。そういう部分以外の美術的な詳細は(美術の領域だから)しばしば簡略化され、美術にまわった時点で美術監督がそれをさらに作景用にきちんと鉛筆画で描き直すことも多かった。ただし、人物が画面の中を動き回る場合は、位置を移動する人物と、建物などの背景との関係が重要なので、背景原図をあまり簡略化できない。

これが一般に行われていた「背景原図」のシステムである。

当時からこのシステムにはいろいろと問題があった。絵コンテの絵があいまいなものであれば、作画担当者は一から画面構成を計らねばならない。けれども作画担当者はアニメーターだから、建造物や自然描写が必ずしも得意とはいえないことも多い。パースペクティヴに弱い人もいる。要するに、動かせるからといって、画面構成や人物配置が巧みで的確かどうかは分からない。しかも作画は何人ものアニメーターによって分担(ほぼシーン別に担当)されるから、作品全体での統一がとれない。パースペクティヴの強さ、実写でいうレンズの選び方(広角か標準か長焦点か)も、演出意図による以前に、アニメーターの感覚によってまちまちになる。

さらに、原画と「背景原図」双方とも、絵コンテの内容が間違いなく実現されているかどうかを演出と作画監督がチェックするのは、作画担当者の原画作業が完了したあとになる。もしそれがうまくいっていなかった場合でも、そのすべてを描き直す(リテークする)のは、担当者自身であれ作画監督であれ、膨大な時間と労力と大きな苦痛をともない、事実上不可能だった。

ある種の〝独裁〟が必要

監督である宮崎駿は、みずから、アニメーターの誰彼の原画を火の玉のようになって次から次へと直している。本人が〝軍曹〟と自称したその恐るべき奮闘ぶりを横目で見ながら、ある日ある時、スタッフの誰かがこう言った。

「宮さんはただ優秀なスタッフが欲しいんじゃないね。自分が何人も欲しいんだよ。毛を抜いてふっと息を吹きかけるやたちまち分身がバラバラッと飛び出す孫悟空みたいに」

そう、彼は、作品づくりできわめて明確な具体的イメージをもち、それを自分の手でならいくらでも実現できるはずなのに、残念ながら自分が一人しかいないことにいつもいらだっていた。かなりの部分をいったん他人にゆだねなければならないから。しかし他人の仕事を直すのはたいへんな労力がいる。他人がやるにしても、できるだけ自分のイメージに近いものになるような方途はないか。できるだけ直しやすいものにする方策は。

老境にさしかかったいまでは、直すための優秀な専門スタッフ（作画監督グループ）をかかえ、手助けしてもらうことで、少しでも自分の労力を減らそうとは考えているようだが、基本的に「自己のイメージの貫徹」（すなわち演出意図の貫徹以上のもの）を許ろうとすることに変わりはない。

個々のアニメーターを信頼して任せてしまった『王と鳥』でのポール・グリモーの演出方法と比較して、私は私自身のたずさわったものも含めたつもりで、「たとえば宮崎作品における高水準での作画の均質性は、個々のアニメーターの優秀さだけでなく、演出と作画監督のある種の〝独裁〟によってはじめて可能なのです」（『漫画映画の志――『やぶにらみの暴君』と『王と鳥』』）と書いた。

じつは、こういうたぐいの〝独裁〟は、まず東映動画での作画監督制の導入にはじまり、さらに、『アルプスの少女ハイジ』でのメインスタッフによる「集中管理」体制、とくに「レイアウト先行制」によって決定づけられたと言える。私たちは自分たちの意図を徹底しシリーズ全体の質を向上確保するために、どうしても集中管理体制が必要だった。そのためなら重労働をいとわなかった。また同時に、私は宮崎駿のすばらしい才能をできるかぎり作品全体におよぼし、反映させたかった。

彼はアニメーターとしてもとびきり優れていたが、そのイメージボードを見れば分かるとおり、人物込みで作品世界を見事に構築するという、並のアニメーターや美術には稀な大きな才能をもっていた。だからこそ、私は『長くつ下のピッピ』(実現せず)のために東映動画をやめたときも、『アルプスの少女ハイジ』をつくるためにズイヨー映像に移ったときも、一緒に作品づくりをやろう、と、キャラクターデザイン・作画監督の小田部《こたべ》羊一と彼を強く誘ったのだった。

イメージボードや美術設定など、準備段階のさまざまな仕事の後、彼のごとき万能の人材が、なぜ毎話の「画面設定レイアウト」を担当したのか、それは、彼のレイアウトを見れば分かる。

各ショットの構図、カメラアングル、人物配置と背景セッティング(場面設定)をきちんと定め、カメラワークの設計と指定、さらにはキャラクターのプロポーション、その基本ポーズ・表情などをできるかぎり指示しつくす。水など自然現象のかたちと動かし方といった、彼のアニメーターとしての知恵や才覚もまた、そこに入れてある。それはしばしば単なるレイアウトの域を脱している。英語で演出のことを「ステイジング」と言うが、宮崎駿のレイアウトは、まさに見事なステイジングだった。

レイアウト先行制が必要だった二つの理由

(この項は、『作画汗まみれ　増補改訂版』(大塚康生、徳間書店)の付録論文、「六〇年代頃の東映動画が日本のアニメーションにもたらしたもの」(高畑勲)から修正して引用した。)

レイアウト重視、レイアウト先行制は作画監督制同様、メインスタッフ中心主義のあらわれである。私の知るかぎりでは、それがはっきり確立するのは、ズイヨー・日本アニメーションの名作TVシリーズにおいてであると思う。『アルプスの少女ハイジ』をはじめるにあたり、短期決戦が連続する殺人的スケジュールの中で、作画他の玉石混淆の外注スタッフの力をフル活用しつつ、出来る限り質的に高い作品に仕上げるには、メインスタッフによる完全な集中管理が必要だった。そして宮崎駿というきわめてすぐれた才能が「場面設定レイアウト」を担当し、レイアウトをすべての作業に先行させた。

メインスタッフ中心主義をとりたくても、その基礎になる絵コンテの絵をメインスタッフ(この場合、宮崎駿)が描けるのははじめの数本だけで、あとは「コンテマン」が絵コンテを描き、それを絵描きではない演出(私)が修正するしかない。コンテマンが絵描きの場合でも、的確な構図やアングルや表情・ポーズなどを描出できていないことが多い。したがって、そこから個々の原画家にレイアウトを起こしてもらい、そのまま原画作業に入ってしまうことは質的に危険きわまりないことだった。レイアウトは画面を決定するものだから、原画作業終了後にメインスタッフがそれを直そうとすれば大変なことになる。たとえ演技内容に問題がなくても、直したレイアウトに合わせて原画の全面描き直しをしなければならなくなるのである(切迫したスケジュールでそれは事実上不可能)。レイアウトを前もって統一的に起こす作業は、それが優れた才能の手になるならば、一挙に作品全体の質的向上を可能にする。

私たちは、宮崎駿という希有な才能があったればこそ、「レイアウトマン制度」をとったのだが、それは作品の質的向上だけでなく、同時に、原画家の作業負担の大幅軽減とスケジュール促進の面からも大いに有効であることが分かった。なぜなら、原画家はすでに出来上がった「レイアウト」指示に従って、原画作業のみを行えばよくなったからだし、この制度だと、原画作業の進捗状況に左右されずにシーン全体の美術設計が可能になったからだ。従来のやり方では、ワンシーン全部の原画作業が終了し、メインスタッフによるそのチェックがすべて終わるまでレイアウト(背景原図)は出揃わず、美術設計に手がつけられなかった。

「レイアウト先行制」、特に「レイアウトマン制度」は、作画と美術が同時に作業をはじめることができる点で、スケジュール進行上都合がよく、制作サイドからも歓迎されたのである。そして以後、このシリーズでは、宮崎駿の担当でない作品でも「レイアウトマン制度」がとられることになった。

日本では現在、誰がその原形を描き(しばしば担当原画家)、誰が完成させるかは、作品によってさまざまでも、作画前にメインスタッフの誰かがレイアウトを最終的に完成させる「レイアウト先行制」が一般的になりつつある。さらに、完成レイアウトに合わせて、作画監督が正しいプロポーションのキャラクターを、そのショットの基本となるポーズ・表情でクリーンアップ的に最低一枚以上描き、レイアウトにそれを付して担当原画家の手に渡されることも一般化しはじめている。

原画家は作画時にこれに拘束される結果、作画監督は原画終了後の作画監督作業で、プロポーションその他のちがいのために全面描き直しを含む大幅なキャラクター修正をしなくて済む可能性が生まれる。日本でも原画の密度(枚数)を増やし、演技を完全につくり上げる原画家が増えはじめた現在、それを生かしつつ統一を計るためにも、この方法はますます普及すると思われる。

これもまた、一種の集中管理システムとして機能し、メインスタッフの意図と意匠を徹底する役割を果たすとともに、以後の作業がそこから外れていかない歯止めとなり、作品の統一感・一貫性に寄与する。

これが現在日本で一般的になりつつある「レイアウト先行制」のあらましである。

(スタジオジブリ編『「スタジオジブリ・レイアウト展――高畑・宮崎アニメの秘密がわかる。」図録』日本テレビ放送網、二〇〇八年)

脳裏のイメージと映像のちがいについて

セル・アニメーションの映像は陰影も神秘性もない

チェス盤上で蜜蜂のようにブンブン音をたてながらうごめいているミニチュアの敵の騎士どもを、モーロの王様が小槍の先で蹴散らすと、現実の世界でも敵が同士討ちで大混乱に陥る(『アルハンブラ物語』)、とか、簞笥《たんす》の引き出しを開けるとかすかにお囃子《はやし》が聞こえ、中で小さな小さな早乙女たちが田植えの真最中(『簞笥の中の田んぼ』)、とか、草を刈るとそこに赤いずぼんをはいた黄金のドングリどもが集まってきてワイワイ大騒ぎをやらかしたり(『どんぐりと山猫』)、宝玉の貝の火の中で赤い火があやしく燃えたり冷たく澄んだり(『貝の火』)、蕗の下から赤ん坊のようなかわいい手がチラと見えたり(『蕗の下の神様』)……。

例を挙げればきりがないが、子供の頃本を読んだとき、不思議なその有様がありありと目に浮かび、胸をときめかせた思い出は忘れられない。巧みな語り口に導かれて脳裏に映し出されたあの鮮やかな映像をよみがえらせたい。その小宇宙を具体的視覚的に現出させて、あのドキドキする感覚をみずからもう一度味わってみたい。こんな欲望が、私をアニメーション的なるものの世界に引き寄せた。

しかし、仕事を知ったとたん、そういう「不思議」実現への甘い夢想はいとも簡単に破れ去った。セル・アニメーションの映像は陰影も神秘性もない。あまりにも説明的・外在的、身も蓋もなくあっけらかんと平明で、すべてがむき出しである。技法上そうならざるを得ないのだ。だから、セル・アニメーションは、そういうものだけを構成しながら、しかも表現として自立しうるものをやるべきである、たとえ「不思議」を描く場合でも。……ということを悟らざるをえなかった(1)。以来、少しずつではあるが、さまざまな形でセル・アニメーションの表現の可能性を広げようと努力してきたけれども、変幻自在の不思議な童話には手を出せなかった。挑戦したい気持ちがなかったわけではないが、機会が乏しかった。それだけでなく、やってみたいものに関し、自分たちの表現手段では追いつかないと考えてもいた(心惹かれていた宮沢賢治の作品中、やっと『セロ弾きのゴーシュ』がつくれただけ)。しかしまた、この断念には、もう一つ、文章の呼び起こすイメージと映像とはまるで別のものなのだ、ということを強く自覚したことも大きかったのである。

文章を映像化するということの難しさ

言葉から個々人が思い描くのは、もし五人なら五人分の多様なイメージであるのに対し、映像は単一のイメージしか提出できない。それを、読書によって脳裏に喚起される個々人のイメージに匹敵させることは不可能ではないまでも至難の業である。しかも、同じ文章や言葉から脳裏に描かれるイメージは人によって千差万別であるばかりでなく、個人のイメージも、年齢や経験や知識に応じてどんどん変化して行く。特に不思議のイメージは歳と共に色褪せる。

その上、想像力によって頭の中に描かれたイメージは、必ずしも隅々まで具体的ではない。しばしば断片的であり、はっきり言ってたいへん漠としている。漠としているにもかかわらず、いや、漠としているからこそ、印象はじつに鮮やかである。『貝の火』の貝の火の中で燃える火の千変万化は言うにおよばず、もっと単純そうなものでもそうだ。『不思議の国のアリス』のチェシャアキャットは「にやにや笑いだけを残して消える」が、この誰にも感じとれる気分を、ディズニーは笑っている唇を画面に残すことでしか表現できなかった。森の中から出てきた『雪渡り』(宮沢賢治)の小狐紺三郎は、四郎とかん子の兄妹と出会うと、「おひげをピンと一つひねって」しゃべりだす。いったいいつの間に二本足で立ったのだろう。

文章を読んでいるかぎりこんなことは問題にはならない。はじめに本物の小ギツネが出現したのだとイメージしたとしても、いつの間にか二本足になっていることを何の抵抗もなく受け入れる。いや、ほとんどそのことに気づかないほどだ。想像力は融通無碍《ゆうずうむげ》、変幻自在である。落語の『抜け雀』は、映像ではなく名人の言葉で聞いてこそ、まざまざとイメージが浮かび、信じられる。(2) 浦島太郎の歌の中で、竜宮城が「絵にもかけない美しさ」であるのは、それが想像力の産物であることを言い当てている。ところが、それを映像にしようとすれば、すべてが問題となる。

たとえば小狐紺三郎を映像ではどう処理するのか。はじめから擬人化された二本足の小ギツネが木の陰から出てくるのか、それとも、キツネらしく四本足で出てきて、何かのきっかけで後ろ足でひょいと立つのか、キャラクターの擬人化はどの程度にするのか、手足など、変化の余地を少しは残すのか。いずれにせよ、あいまいにしておくわけにはいかない。こういうことは、同じ映像でも、挿絵や絵本などとちがい、時間の流れとともに空間内に存在する実体として映像を見せなければならないアニメや映画などで、特に熟考を必要とする問題なのである。

さらに、いわゆる「イメージ」という言葉もクセモノだ。文学を原作とする映画やテレビやアニメなどを見て、人はよく、イメージがちがう、と言う。しかしそれは必ずしも、その人が(具体的で映像的な)明確なイメージを持っていて、それと映像化されたものを比べているのだとはかぎらない。むしろ、強いがまだ形は成していない印象(それをイメージという)だけがあって、提出された映像を見てはじめて、これは違う、自分のイメージではない、と分かることの方が多いのではないか。

文章を映像化するということは、常にこれら諸々の難問に立ち向かい、個々人の抱いたイメージを上回る、あるいはその修正を迫る、あるいは快くそれを忘れさせる一つの具体化された映像イメージを説得力をもって提出し、あらたに人を圧倒し屈服させることを目指さなければならぬ恐ろしい作業である。

読書は想像力を必要とする能動的な行為

実際にはしかし、原作と映像のイメージが違っても大して気にしない人が増えている。映像が巷《ちまた》に溢れ、それに馴れているためか、原作と映像化されたものが別物であることをよくわきまえていて、それぞれを別々に享受することができるのだ。同一の原作から複数の映画化・TVドラマ化が行われることもよくある。すると、違いそのものを比較して面白がる。また、「読んでから見るか、見てから読むか」というキャッチフレーズがあったように、映画化されることによって原作小説を読む人が増え、売れ行きがよくなるという相乗効果も生まれている。映像化がたとえ十全でなくても、そこに提供されたキャラクターや事物・情景などの情報は、良くも悪くも文章を読む手がかりとなり、イメージが形成しやすくなる。映像がいわば挿絵やイラストの役割を果たしてくれるのだ。はじめから自分の想像力の省力化を計るために見る人もいる。

なかにはむろん、その映像が原作のイメージを見事に感じとらせてくれるものや、原作よりはるかに印象的で優れた映像作品もあるだろう。だがたとえ映像として優れたものが提出できたとしても、はじめに提起した根本的な問題が消えるわけではない。文章の呼び起こすイメージと映像とはまるで別のものだ、という問題である。

文章が個々人の想像力によってイメージを喚起するものであるのに対し、映像化とは、その個々人の想像力を一旦は封殺し、一つのイメージを押しつけることを意味する。想像力によるイメージ喚起は読者の能動的な行為であるが、すでに出来上がった映像は、見る者を受動的な位置に閉じこめる。(3) むろん、映像にも、見る者の想像力の余地を大きく残してあるものもあれば、そうでなくても、映像の魅力を生み出し、その役割を果たしつつ、想像力を別の形で呼び覚まし解放するものもあるのだけれども。

ときどき、子供に人気のある優れた絵本などのアニメ化を相談されることがある。その絵本が子供の想像力をかき立てることで魅力を発しているものの場合、私は、「折角読書や読み聞かせで子供の心を捉えているのに、アニメなんかにしない方がいいんじゃないですか、もったいないですよ」と言う。たしかにいまはアニメにすれば、少々程度が悪くても、もっと人気が出るかもしれない。しかしだからこそ、やめた方がいい。子供の想像力をのびのびと発揮させる大切な機会を奪うことになりかねないから。

セル・アニメーションにおけるリアリズムの必要性

私は『火垂るの墓』など、原作のあるものを数多くアニメ化してきた。その私がこんなことを言うのは矛盾しているかもしれない。しかし、その原作は不思議や飛躍の少ない、きわめて現実的なものばかりだった。そして逆に、そういうアニメ向きではなさそうな原作をアニメ化することにどういう意味があるのか、それを自問し、つねにこういったたぐいの問題に自覚的に対処せざるをえなかったのである。

これこれの文学作品を自分たちのセル・アニメーションという手法で映像化すべきかどうか、するとすれば、どこにセル・アニメーションでなければ不可能な新たな魅力を出せるか、これをやることによってセル・アニメーションの新たな地平を拡げることができるか、そしてセル・アニメーションならではの得意技をどう入れ込んで生かすか。イメージが明快すぎる自分たちの領域で、一つの自立した作品世界をかたちづくることができるか、まずそれをじっくりと考えることから仕事をはじめる。そしてこれらができそうもなければ、いかに原作が優れていても手は出さない。

このような覚悟でアニメ化に取り組むとしても、やはり、つねに課題とならざるをえないのが、自分たちの単純明快な手段で、物語の世界をいかに信じうるものにするか、というリアリティ確保の問題だった。平面的なセル・アニメーションで、人物や事物を実体のあるものとしてありありと具体化することほど難しいことはないが、たとえファンタスティックな内容のものであっても、これは避けて通れない。なぜなら、その中に含まれる大きな飛躍や、非現実的なことを信じてもらうためには、なによりもまず、その基盤である作品世界が、この世と同じリアリティをもって、確固としてまず存在していなければならないからである。飛躍のためにはスプリングボードとしての固い地面が必要だ。

アニメーションにリアリズムを持ち込んで、薄っぺらなセル画にできるだけ存在感を与えようとする努力の意味は何か。そこに描写されるものが、現実には起こり得ないいわゆるファンタジーである場合、その映像をまるで現実に起こったこととして受けとめてもらうためである。そして逆に、現実にざらにあるごく日常的な動作などの場合は、人々の目にかかっているヴェールをはがすためである。平凡すぎて、また、テレビや映画などの実写で見慣れてしまっていて、もはや新鮮な目で見ることができなくなっている当たり前の挙措動作も、線で捉えてしっかりと描けば、見る人もその動作をあらためてなぞり直すことになる。そして、そうそうこんな感じだ、と、鏡に写して見たときのような新鮮な親しみをそこに再発見することができるはずだから。

アニメーションでリアリズムをやってどんな意味があるのか、という批判(4)は見当はずれの意見だから無視する。なぜなら、この努力は、たとえどんなに頑張っても所詮「絵」や「セル画」であることからは逃れられず、想像力の介在なしに直に実体を提出するいわゆる「実写」とはちがうものとなるにちがいないから。すなわち、描かれたものをそのまま実体と受け取るのではなく、線描による絵画などと同様、描かれたものを通して、その裏側にある実体を感じてもらうことになるはずだから。要するに、リアリズムに近づいてもリアリズムにはなりきれず、結局は見る者の想像力を必要とする表現となるはずであり、場合によっては、そのこと自体が、新たな意味をもつだろうから。(5)

アニメは「子供だまし」からついに「バロック」へと至った

一九七〇年代、『アルプスの少女ハイジ』など、大変な悪条件の中で私たちが懸命に「子供だまし」ではない映像を目指していた時期に、児童文学者の中川正文氏が、「テレビマンガなどはくだらなくてよいのだ」というような意味の発言をしているのを読んだ。そのときには中川氏の真意が理解できず、大いに腹立たしい思いをした。しかし今にして思う、氏は正しかったのかもしれないと。

なぜならいま、子供たちは、現実に接するより前に、テレビやヴィデオなどを通じて大量の映像を見ることで人生をはじめている。「原体験」となるべきようなものの多くが映像できわめて受動的に与えられてしまう。そのこと自体の重大な影響は後で問題にしたいが、とりあえず「くだらない」アニメのことを考えてみる。

あの当時は今と違って、まだ「マンガやアニメを子供に与えるべきか」などということが大真面目に論議されていた。要するに、マンガやアニメの「くだらなさ」が槍玉に挙げられ、だからマンガやアニメなどというものは子供に与えてはならない、という十把一絡げ的な飛躍した意見が多かった。作り手の私たちを含め、マンガやアニメというジャンルに期待する人は、当然ながら、「くだらない」作品があるからといってそのジャンルを否定し去るのは滑稽だし不可能であり、それよりも「くだらなくない」作品を子供に提供すればよいのではないかと考えた。ところが中川氏は、むしろ「くだらない」こと自体に意味がある、と逆説的発想を提案したのだ。

もし表現や内容が「子供だまし」で「くだらな」ければ、一時期は「だまされ」る子供も、早々とそんなものから卒業できるだろう。成長過程でさまざまな現実に出会い、観察眼・把握力などが増してくるにつれて、また、家庭や学校や社会で揉まれるなど現実を生きるにつれて、なんだ、こんなものを面白がっていたのか、こんなウソくさいものに本当らしさを感じていたのか、などとあきれながら、誇らしく自分の成長を確認できるはずだ。氏の発言内容をきちんと覚えていないので断言はできないけれども、中川氏はおそらくそれを期待して、楽観的に「テレビマンガなどはくだらなくてよいのだ」と言ったのだと思う。

ところが、事態はまるで正反対の方へと進展した。TVアニメは電気紙芝居とよばれた単純・稚拙な表現を脱し、絵や線の密度がどんどん上がり、見かけ上は複雑そうになった。絵にアニメーションで動きをつけるより、細かいカット割りやカメラワークなどで擬似的な動きを感じさせる。さらに強烈な陰影やフラッシュ光線で幻惑する。こういう安上がりで効果を発揮する日本アニメ独特の「表現主義」が発達し、まさに「子供だまし」として、現実には起こりえないことを、たとえゆがんだ形であっても、あたかもいま現実に起こっているかのごとく強引に実感させてしまう。その上CGが使えるようになると、その助けを借りて、本来平面にすぎないセル・アニメーションに陰影や立体感といった見かけ上のリアルさを与えようとする。(6) 表現の難しい自然現象もCG表現に置き換え、まやかしのリアリズムと省力化を狙う。日本では光琳や北斎以前の大昔から巧みに線で自然現象を捉えることが伝統で、セルアニメの手法はそれに合致していたのに。

さらに、劇場用長編のアニメーション映画では、私たちが進化させてしまった表現上のリアリズムがこれに結びついた。そして「子供だまし」どころか、大人にさえ「現実には起こりえないことを、いま現実に起こっていることとして」見事に「実感させる」までになった。(7) 一枚ずつのセル画の密度は極度に上がって複雑化した。しかも、物語の構成や巧みな演出によって、その映像の世界や人物を、美しいとか面白いとか外から楽しませるのではなく、あたかも見る者自身がその世界に入り込んで主人公のすぐそばにいるような錯覚さえ与えてしまうことができるようになった。観客を映像の中に巻き込

んで扇情し、興奮させるのだ。(8)

私は最近のアニメーション作品は、強引に言えば、すでに様式的展開の最終段階、バロック末期の様相を呈していると考える。(9)

日本アニメは観客巻き込み型映画の一ジャンルとなった

感情移入という言葉は、日本では哲学・美学用語の範囲を超えて、日常的に使われる。この事実は、それほどみんなが「感情移入」したがることをよく表している。読書はもちろんのこと、舞台芸術やある時期までの映画も、感情移入は客観的な対象(文章・舞台・画面の中の人物や事件)に向かってこちらから自己(の想像力)を投入する(いわば「思いやる」)ことによって成し遂げられた。情景でさえそうだ。舞台で登場人物が「まあ美しい夕焼け!」と言えば、シェイクスピアのグローブ座であれ能舞台であれ、観客はその言葉だけで「美しい夕焼け」を想像するのである。近代劇であっても、ほんものらしくない舞台照明の赤らんだ光に助けられつつ、やはり美しい夕焼けを想像するしかない。読書や観劇は一定の努力が必要な、しかし努力することが喜びであるような自発的な行為だった。

映画はその中では、物事を具体的に描写してくれるだけでなく、ショットの積み重ねでさまざまな視点を提供してもらえるため、もともと観客にとってもっとも努力が少なくて済む大衆娯楽だった。それが白黒からカラーとなり、いまや大進化を遂げて「巻き込み型」が主流を占めるようになって、観客は座席に受け身で座ったまま、ぐんぐん向こうから押しつけてくるものを享受するだけで感情移入ができるのだ。大音響や扇情的な音楽がその臨場感をさらに増幅する。観客は自ら客観的に判断したり想像力を発揮したりする余地も与えられず、きわめて主観的に感情を揺さぶられ、かなり荒唐無稽な内容であっても、個々の人物、個々の場面に「思い入れ」や「思い込み」をしてしまう。しかも、巻き込まれてしまえば、もはや「笑い」の余地などほとんどない。

ディズニーがなぜ、晩年、アニメ映画よりディズニーランド建設に力を注いだのか。いろんな理由があるとしても、その大きな一つは、実写映画にくらべ、基本的に平面の絵によるセル・アニメーションでは、いくら巧みに登場人物に演技させても、マルチプレインカメラによる空間表現などを駆使しても、観客を充分には「巻き込め」ないと思い込んだことだったのではないか。ディズニーランドがそれ以前の見世物と根本的に違う点は、展示してあるものをみずからが見て回るのではなく、入場者を車に乗せて否応なく事件現場に連れ込むところにあった。たとえば「カリブの海賊」なら海賊船と砦《とりで》の間で大砲を撃ち合っている中を進む臨場感。主人公にこそなれないが、その現場をかいくぐる興奮は充分に味わえる。

ディズニーがセル・アニメーションでは観客を巻き込めないと判断したのは、その演出手法に問題があることに気づかなかったからだ。ディズニーのスタッフは、人物を描くには、その性格を表現するために、表情や姿態がもっとも捉えやすいアングルを選ぶべき、という正統派的な教えを遵守する。するとカメラアングルはしばしば斜め前や横などから客観的に捉えることになってしまう。二人の関係でも、一方の背中からナメたりせず、両者を平等に入れる。関係は分かりやすいがやはり客観的になる。たとえばアニメーション表現の最高水準を示した『ピノキオ』で、クジラから脱出したピノキオがクジラに追いかけられるクライマックスシーンは徹頭徹尾、横位置で客観的に見せる。スピルバーグの映画や日本アニメのように縦位置で主観的なショットを使い、観客をピノキオの位置に置いて、みずからもクジラに追い詰められている気分にさせてはくれない。これでは「巻き込む」ことはできない[10]。

逆に、日本のアニメがなぜ、絵は大して動きもしないのに観客を巻き込むことに成功したのかは、まず第一にその演出手法による。ディズニーがやらなかった主観的な縦のショットをどんどん積み重ね、観客の目を登場人物のすぐそばに置く。トラックアップなどのカメラワークで幻惑する。動きがなくて止め絵が多かろうが、性格描写がいい加減だろうがかまわない。特に主人公は、観客代表みたいなものにしてあるから、その性格はあいまいな中立的なものでいいのだ。だからキャラクターも類型的でかまわない。

日本のアニメは、安価に作るために作画枚数を減らすところから出発した。それでも面白く見せるには演出の工夫が必要だった。しかもその基盤には洗練の度をきわめたマンガのコマ割りという先輩があった。そしてたちまち熟練の度を加え、アニメーション作画も巧みになって、ついに「現実には起こりえないことを、いま現実に起こっていることとして実感させる」観客巻き込み型映画の一ジャンルを見事に形成するまでになったのである。

いまや「原風景」となった映像が子供たちを連れていく先は

これらの映像作品は現在、子供からも大人からも歓迎されているだけでなく、海外からも高く評価され、注目を集めている。そしていまでは、強烈・精緻・甘美で劇的なこれらの素晴らしい映像の世界が子供の「原風景」となりつつある。それはあらゆる分野にわたり、激しい戦闘から自然との素晴らしい交流にまで及ぶ。たとえば自然と人の付き合いなら、何十回と見る傑作『となりのトトロ』の甘美なイメージがいまや子供たちの原風景なのだ。

子供たちは、あらゆる種類の現実には起こり得ないファンタジードラマの映像に強いリアリティを実感しながら人生を歩み出す。人生とは言っても、昔とちがい、学校と家庭の往復がそのほとんどすべてだ。これでは実人生の方に強い現実感を感じにくくなる子供が増えても少しもおかしくない。あるいは、現実の事物に出会ったとき、映像によって得た「原風景」との落差に違和と失望を感じても不思議はない。そして人生や現実は映像にくらべ索漠たるものだとか、どう対処してよいか分からぬ怖いものだ、などと思い込めば、甘美な映像の中へ逃げ帰りたくなるだろう。その魅惑からは卒業しにくいだろう。

映像の中のヒーローがいかにも英雄然としていれば、観客は自分との距離をはっきり保つことができる。ところが現在の巧みな作劇術では、一見観客と同程度の凡人に、非凡な力を発揮させ、大活躍して問題を見事に解決したり何かを達成させる。主人公を身近に感じ、自分と重ね合わせ、作品世界に没入させるためである。しかもその舞台となるファンタジー世界は、一見現実以上に複雑怪奇、理解不能で、状況判断のしようがないように見えるにもかかわらず、主人公は臆することなくその中に平然と足を踏み出す。状況が摑《つか》めているはずもないのに果敢な行動にうって出る。そしていつの間にか身につけた超能力によって、なぜか成功する。成功するために必要なのは、的確な状況判断や戦略ではなく、「愛」や「勇気」なのだから。

子供や若者が現実社会に足を踏み出すのに勇気が要るのは今も昔も同じである。現実の状況の複雑怪奇さの前でたちまち怖じ気づいて立ちすくんでしまったり、踏み出したとたんに跳ね返されたり、しばしば劣等感にさいなまれたりする。特に状況が摑めていないと一歩も足が前に出なくて当然である。真の勇気は状況を把握することからしか生まれないのだから。さらに、実人生では、一つの技能を身につけるだけでも大変な努力が必要だ。何かを達成するためには刻苦勉励しかない。

ところが、そのようなプロセスの具体的な描写が、これらの作品群にはほとんどまったく見られない。なぜ湧くのか分からない勇気を振るい、どうして身につけたのか分からない技能を発揮し、なぜか見事に成功する。アニメファンタジーだけではない。しばしば実写の青春物でもそうだ。

こういう映像を見ていくら「勇気をもらっ」たつもりになっても、現実を生きていくためのイメージトレーニングにはならないことは当然である(11)。それどころか、きわめて有害なイメージを身につける危険性がある。このトレーニングは、勇気があって、優れた技能を身につけていて、見事に成功している素晴らしい自己イメージだけを肥大させるから。

現代では、成長過程で仲間遊びや喧嘩など、現実を冷静に正しく認識し、変化する状況を判断し、臨機応変に対処するための実地訓練が決定的に不足している。映像体験がいくら豊富でも、真の現実の姿は全然教えてもらえないから、応用の利く柔軟な想像力が湧いてこない。肥大した自己イメージによる妄想ならいくらでも湧いてくるが、そこには現実に適用できるものはない。逆にその素晴らしい自己イメージと現実の貧弱な自己とのギャップにさいなまれる。勇気も湧かない。挫折への恐怖感が先に立つ。ちょっと跳ね返されればたちまちあの甘美な映像の世界の方へ逃げ帰りたくなる。勇を鼓して人々の群れに分け入り、人とつながり、状況を判断し、傷つくことを恐れず、失敗にくじけず、リセットのきかないことに耐え、不運を受け入れ、多くの難事を克服しながら道を切りひらくというような、人生で地道に着実に努力するのが困難になる。肥大した夢ばかりが先に立って足元を見ず、技能訓練にも身が入らない。そのあげく現実不適応を起こす。映像体験はイメージトレーニングどころか、逆効果にしかならない。

こういう悲観的な推論はただの理屈だと思いたいが、実際にいま増えている「ひきこも」る人が、決して何もない座敷牢にこもっているのではなく、ゲームやAV機器と暮らしていることを考えたとき、他の社会的要因にも増して、映像体験がきわめて深刻な影響を与えていることは疑い得ないのではあるまいか。ある有名な精神科医はゲームがそういう人の「癒し」になると語るが、それはばかばかしいほど理の当然である。その「癒し」のおかげで「ひきこもり」続けていられるのだから。問題は、「癒し」を与えるゲームや映像が、「ひきこもり」からの脱出を促したり、何かの解決に役立つことにはなり得ない点にこそあるのではないのか。

ここでもまた、イメージ形成上での想像力の働き方が問題となる。映像作品やゲームでは、同じファンタジーでも読書とはちがい、想像力によって脳裏にみずからイメージを生み出すのではなく、映像の中とはいえ、すでに「在るもの」としてイメージを受け取る。能動的な行為ではなく受け身の感受である。映像イメージで構成された世界はすでに「在る」のだから、もしそれが魅力的なものであれば、自分の生きている現実の世界ではなく、そちらの世界の中で生きたくなるのは当然である。しかも最近の映像やゲームは、演出的な工夫によってその世界を外から客観的に見ているのではなく、そこに自分が入り込んでいるような気持ちにさせてくれるのだ。だからいま、精神を病んでいる人々だけでなく、普通の人や子供の多くが実際に現実と仮想現実の二つの世界を生きている。

作家は昔から仮想現実をみずから生きて作品を生み出すという「業」を背負ったが、そういう作り手の特性だった二重生活が、いまや完全に大衆化したのだ。ただし、作家とはちがい、あくまでも受け身で、イメージを与えつづけられながらでないとこちらの世界には生きられない。ほんとうにその世界が「存在」していて、そこに生きられるのならばいいだろう。しかしそれは、ヴァーチュアルにしか存在しない。その世界がいくらありありと迫ってきて面白く、劇的で魅力的であっても、それは結局閉ざされている。ただちに雲散霧消する危険性もある。いつまでも満たされず、解放されないから、しがみつくように繰り返し味わう(耽溺する)人や、あるいは現実世界の側に妄想として持ち込もうとする人が出てきてもおかしくない。

そういう世界から卒業・脱出しないまま、それでもうまく現実世界の方を生きようと思えば、おそらく、昔からある種の作家がそうだったように、みずから作り手になるか、評論家になるしかない。「オタク」も世に出れば立派な評論家である。しかし、問題はそういう才能に恵まれているかどうかであり、予備軍の中の何人がそれで生活できるかである。

日本アニメはいまや肯定的にしか語られず、誰も心配しない

映像の及ぼす悪影響が語られるとき、しばしば批判されるのは暴力シーンや性描写である。むろんそれは問題だが、私は、以上のような、もっと根本的なところに大問題があるのではないかと危惧するのである。

たとえば最近、学者の調査によれば、高学年になっても、すべてが並列的でものの大きさの対比や奥行きのない幼児のような絵を描く子供が増えているという。昔に比べ、正常な空間感覚を身につけることができにくいとすれば、その原因は映像の氾濫と関係がありそうな気がする。画面上の映像は、ショットがどんどん切り替わるから、実体としてのものの大きさや正常な空間構成を把握することが難しい。さらに突然何の関係もなく挟み込まれるＣＭの映像は、空間だけでなく時間の感覚もおかしくする。いくつもの時間がランダムに並列的に、あるいは文字通り時空を超えて脈絡なしにつながってしまうのを日々当たり前のように見ているのだから。

しかも、この、世界や事物を脈絡なしに並列的に見ることに馴れて怪しまない感覚は、最近のアニメ作品の、起承転結を無視した何でもありのファンタジーワールドを疑問をもたないで受け入れる鑑賞態度と密接に関係していると考えられる。さらに言えば、それは映像だけでなく、現実世界の秩序が乱れて訳が分からなくなり、論理や理性が衰弱して感覚のみが肥大した現状を反映しているのだ、と言うこともできるかもしれない。

ともかく、「くだらなくてよいのだ」という中川正文氏の発言は、その時点ではたしかに正しかったかもしれないけれども、そうはなりようがなかったのである。むろん「くだらない」としか思えないものはいくらでもあるが、どんなに「くだらなく」ても、青年から大人までがひたり込めるような現代の映像は「子供だまし」どころか、やすやすと大人さえだましてしまうのだから。もはや中川氏の楽観論が完全に無力な地点まで我々は来てしまった。

じつは、現在週に七十本以上のＴＶ用・ヴィデオ用アニメが生産されている。その大半が驚くべき低予算で制作されている。おそらく、さきほど問題にしたような精緻な表現などなされていないだろう。内容もふくめ、それらは「子供だまし」で「くだらない」ものである可能性はきわめて大きい。しかしそれらもまた、簡単に「卒業」できて「自分の成長を確認できる」ような幼稚な「くだらなさ」ではない。(12)

たとえば、個人ですべてをＣＧ制作したことで評価された『ほしのこえ』という中編アニメがある。「西暦二〇四六年を舞台に携帯メールを介して綴られる宇宙と地球に引き裂かれた少年と少女の爽やかな、しかし絶望的なまでの〈超長距離恋愛〉」というのがそのキャッチコピーである。特徴のある絵ではないしアニメートもほとんどなされていないけれども、映像の出来は決して悪くない。

私はこれをまったく評価できず、ワンアイディアによる「(子供ではなく)青年だまし」で、「くだらない」としか思わないが、巧みな表現によって社会性のない現代青年の心をくすぐり、琴線に触れることができたようで、売れ行きもよく、いくつか受賞もした。要するに、作者はみずから作り手になることによって見事に「そういう世界から卒業・脱出しないまま、それでも現実を生きる」ことに成功した一人であり、[13]「卒業」や「自分の非成長の確認」をしたくない若者に支持され、その現象全体を情報メディア産業(とは何のことか分からないが)推進派の脳天気なおじさんたちが追認したのだと思われる。

世界に誇る文化、輸出産業などともてはやされる日本アニメ。いまや肯定的にしか語られず、ほとんど誰も心配しないけれど、それが、もし世界中に、目に見えぬ怖ろしい影響をまき散らしつつあるのだとしたら。

再び「お話」と映像のちがいについて

ところで、日本民話の狐狸ばなしには必ずオチがつく。どんな御馳走を振る舞われようが、美女と一夜を過ごそうが、じつはそれがタヌキやキツネのしわざだった、なんだ、化かされたのか、ということになる。もし、化かされたときにした「いい思い」が素晴らしかったのならば、また化かしてもらいたいと思ってもおかしくないのに。しかしそれは映像ではなくてお話だから当然だとも言えるし、現代の映像文化は、まるで、タヌキに化かされた者が「また化かしてほしい」とせがみ、それにせっせと作り手が応え続けているようなものではないだろうか[14]。

これに関連し、最後に、文学によって喚起される脳裏のイメージと映像的表象の関係、そして映像的表象の種々相と進化をめぐるきわめて興味深い民話を紹介したい。中国の少数民族チワン(僮)族に伝えられた民話『錦の中の仙女』(「チワンの錦」)である。

一枚の農村風景を描いた絵に心を奪われた老女が、それを苦労して織物(僮錦)に織り上げる。するとその僮錦はのび拡がり、そこに描かれた見事な風景がそのまま山野をおいつくして現実の風景となる、というのがその骨子。

この物語では、人間の想像力と、映像の喚起する現実感との関係が、以下に見るように、さまざまな段階を踏みながら進行していく。映像化・ヴァーチュアルリアリティ化の欲求が、ついには体感３Ｄ化どころか、正真正銘の現実化に至るという、まるで一見、現代のいわゆる「メディア産業」の脳天気な理想を先取りしているかのような展開を示すが、しかし重要なことは、やはり、この話全体が民話という語りの想像力によるイメージ喚起であって、映像ではないことだと思う。しかしまた、少なくとも、現代においてアニメや特撮による映像がなぜ流行るのか、そういう欲求の原点を明らかにする上でも、この物語は注目に値するのではないか。(以下、伊藤貴麿編訳の岩波少年文庫版による。)

『錦の中の仙女』の紹介と分析

第一段階＝『錦の中の仙女』の僮族の老婦人は、織りあげた僮錦を売りに行った店で一枚の農村風景の絵を見つける。その絵をじっと見ていると、「すばらしくたのしい気もち」がする。買う米をへらして絵を買って帰った老婦人は息子たちに絵を見せて、「あたしたちが、こんな村でくらせたら、なんといいことにねえ!」と言う。

絵は一つの映像(イメージ)である。この場合、その風景がこまごまと描写されて、色も使っていると書いてはいるが、おそらく平面的で、線や薄墨で暗示的に描かれた小さな絵であろう。しかしそういう絵が想像力を刺激して、喚起しうるものは無限である。そしてみずからが想像したその世界の中に生きたいという願望を呼び起こす。

第二段階＝「おっかさん、夢のような考えは、およしなさい！」「おっかさん、極楽へ行ってからのことだよ！」と、上の二人の息子は相手にしない。

この息子たちは母親に冷たいが、少なくともこの意見は現実的な判断であって、決して間違っているわけではなかろう。

第三段階＝しかし、ロロという一ばん下の子は、ちょっと考えてから提案する。「おっかさん、あなたの憧錦は、とてもじょうずに織れていて、その上のものは、まるで生きているようです。ですから一ばんいいことは、この絵を憧錦に織って、いつもながめていらっしゃることですね。そうすりゃ、美しい村に住むのと、おんなじことじゃありませんか。」

ここで憧錦という織物は、絵にくらべ大きく、細部を一つひとつ具体的に克明に描き込むことができるし、色彩も豊かに使えて、もっと現実感の出せる映像表現とされている。そしてロロは、(1)想像力によって元の単純な映像から喚起される細部を具体化し充実させ、(この場合憧錦による)迫真的な大映像を作ったならば、見ているだけで、その中にいるのと同じような現実感をもたらすはずだ、と期待する。しかもそこには、(2)想像力を発揮し、具体的な細部まで映像として実現していく芸術行為自体が、すなわちこの場合、憧錦を構想し実際に織る作業自体が、元の映像の中に入りたいという願望の代償行為となりうるだろう、という高度な洞察が感じられる。

第四段階＝こうして一家の生活は、ロロが山へ行ってたきぎを取ってくることで支えられ、老婦人は昼だけでなく、夜も肥松を燃やして明かりをとり、錦を織り続ける。目はいぶされて悪くなり、赤くただれる。錦の上にしたたった涙のところに清らかな小川を織り出し、目からしたたらせた血の上には、まっかな太陽や美しいあざやかな花を織り出す。そして一枚の僮錦を三年かかってついに織り上げる。

ここには、⑴ある人の芸術行為はしばしば他の人の働きによって支えられることと、⑵我が身を削り、心血を注ぐ芸術行為の厳しさと辛苦が、作品の出来栄えに反映することの二つが語られている。

第五段階＝「ああ、その僮錦の、じつに美しいことといったら！」と書かれている僮錦がどんなものだったか細かく描写されたあと、子供たちの感嘆の声に、老婦人は、「ちょっと腰をのばし、赤いただれた目をこすりながら、顔をほころばせて、ホッ、ホッ、ホホホと、わらい声をたてました。」

新技法による大映像が完成し、その具体的な細部に至るまでの見事さが描写され、作者の会心の笑いと満足感によって第三段階のロロの二つの予測が達成されたことが示される。

第六段階＝と、そのとき、突然大風が吹いてきて、この僮錦をさらっていってしまう。

物語が展開し急転回する上での事件であるが、同時に、いかに優れていて迫真力があっても、映像はやはり映像にすぎず、はかないもので、現実とは違って忽然と消えてしまう可能性があることを暗示してもいる。

そしてそれを三人の息子たちが順番に探しに行くのがこの民話の面白さの中心をなすのだが、そこは省いて、じつは……第七段階＝憧錦は東の果ての太陽山の頂上まで運ばれ、それを手本にして仙女たちが錦を織っているのである。苦労の末たどりついた勇敢なロロは、織り上がるのを待ちながら疲れて眠ってしまう。

ここで示されるのは、(1)優れた映像は作者個人の満足感を超えた真の芸術と認められ、規範とされ、また模倣されることと、(2)超越的な太陽山の頂に運ばれ、そこで認められることそのものが、第九段階以降の(具現化の)奇蹟を起こす魔力をこの映像に与えるらしいことである。むろん、ここではまだそれは分からないが、少なくとも、その奇蹟を読者がすんなり受け入れるための予兆であり、その前提となっている。

第八段階＝一ばん先に織り上げた一人の仙女は、お手本のすばらしさにあらためて感嘆し、「あたしがもしも、この憧錦のなかでくらすことができたら、いいことにねえ！」と言う。

優れた映像は、老婦人にとっての第一段階同様、当然、その中に入りこみたい欲求を呼び起こす。

ここまでは、人間の作りだす映像を現実化・空間化したいという人間の夢が、映像をめぐるさまざまな真実を踏まえながら語られてきたが、次からはその夢が実現する過程が語られる。

第九段階＝そしてその仙女は、老婦人の憧錦の上に自分の姿を刺繡してしまう。

現実化の前段として、その中に入りこみたい欲求を、映像の中に自分の姿を入れ込むことで表現する。それは、現代の優れた映像に感情移入し、その中に入った気分になることと似た行為である。

第十段階＝憧錦をうまく取り戻してきた末息子と母が、それを地上に敷きひろげると、かぐわしい風が吹いてきて、憧錦はサラッと音をたて、しずかにのびひろがりはじめる。そしてついにあたり一面をおおいつくし、憧錦の光景は現実となり、その中の館の門前に老婦人とロロは立っているのだった。

かぐわしい風は太陽山の頂から吹き下ろされたのだろうか。それがきっかけとなって奇蹟が起こる。すなわち、その優れた大映像は現実空間を映像通りに変貌させてしまう。逆に言えば、映像が文字通り現実化する。そして入りたがっていた母と息子はすでにその中にいる。願望の完全な実現、現実化。

第十一段階＝そしてふと見ると、池のふちに美しい娘がいる。自分の姿をこっそり刺繡したあの仙女だ……。

映像の中に織り込まれた仙女も、もはや刺繡された映像ではなく、テレポートされた実物の仙女となり、そのままその空間のその位置にいるのである。意外性と必然性を一挙に感じさせる見事な結末。当然、仙女と息子は結ばれ、物語的にも、主人公とともに読者は完全な充足感を得る。

密室空間内のいわゆるヴァーチュアルリアリティやゲームや映像やディズニーランドなど、現代の仮想現実はあくまでも「仮想」の現実化だが、この物語では以上のように、文字通り「現実」化されるのである。しかしながら、読者はこの全体を「物語」として想像するのだから、これらはすべて、あくまでも想像力の働きによる受け入れであって、読者自身は第十段階の母子や第十一段階の仙女の立場にまで至ったわけではない。それどころか、第一段階の絵も、第五段階で克明に描写された憧錦も、読者は実際には見ることさえできない。物語的には充足感を得ても、いったい、この憧錦はどんなものだったのだろうか、それを直にこの目で見てみたい、さらにはそれが現実となった風景の中に立ってみたい、という欲求は満たされないままである。

読書や語りによる物語というものはもともとそういうものだった。ありありと、まざまざと、目に焼き付くとか体感するとか言っても、想像力による限り、どうしても、どこか夢のようにあいまいさを残してしまう。これは、たとえ挿絵が付いたり、絵巻になったり、壁画になったり、要するになにがしかの映像が与えられたとしても同じである。読者は憧れや夢を抱いたまま物語に心を残しつつ、現実世界に戻らざるをえないのである。現実世界の中で生き、物語の世界の中に生きるわけにはいかない以上、それは決して悪いことではなく、精神的にバランスのとれた行為であるというべきだろう。

しかし人間の欲望は果てしない。そして、たとえ擬似的であってもこういう欲求に応えるために、現代の映像は全力を上げたし、ゲームやディズニーランドなどを生み出した。では、この物語を、もしも、いわゆる意味で「映像化」した場合はどうだろうか。現代の映像は、第九段階以後も「仮想空間」として提供し、あたかも読者自身(すなわち見る者)が主人公たちとともに第十一段階までを体験したかのような気持ちを味わわせようとするだろう。そしてかなりの程度、それに成功するかもしれない。

もし可能だとして、そういう映像化にどのような意味があるのだろうか。

ちなみに、私は、一九五九年、これをはじめて読んで胸をときめかせたが、以来、一度もアニメ化してみたいと思ったことはなかった。『錦の中の仙女』は、聞くなり読むなりして頭の中で想像するとき、いちばん面白くワクワクさせられるのだと思う。その気持ちを大事にしたいと私は考える。

注

(1)　グリモー＝プレヴェールの『やぶにらみの暴君』(一九五二年、現『王と鳥』)は、アニメーションの道に進む大きなきっかけを与えてくれた作品であるが、驚嘆したのは、いかなる神秘性もない具体的な映像の単純明快な力だけで「不思議」を生み「思想」を語り得ていたことである。たとえば王による粛清は、呼び鈴の紐を引いたりボタンを押したりするだけで一瞬の内に行われる。相手の人物がどこに立っていようと、その床石一枚が突然陥没し、人物を陥穽に落とすやたちまち迫り上がって元の状態に復する。叫びも血もなく何の痕跡も残さない。その明るい冷たさにゾッとし、また笑いもした。こういう映像の使い方はシュルレアリスム運動から出た作者ならではのものだ。

(2)　最近世界的に高く評価された山村浩二の『頭山』に関して、その映像としての面白さや工夫を認めつつも、やはり真の傑作とは言いがたいとする者が日本の人には少なくない。彼らが原作落語をよく知っていて好きだからである。「自分の頭に出来た池に身投げする」など、超現実的で本来映像化不可能の話を映像化するからには、あっと驚くあざやかさでこちらを手玉に取ってくれないと、何のための映像化なのか納得できない。評価の分かれ目は、山村氏の作品がそれに成功していたと見るかどうかであった。

(3)　私は映画化された『指輪物語』の第一作を見てひどくがっかりした。原作を読んだときは、手探り状態で想像を逞しくしながら、先へ先へと興味に駆られて文章についていった。ところが、「原作に忠実」と銘打たれた映画は、そのCG映像と大音響に辟易するしかなかった。そして想像力をフル回転しなければならなかったあの「読書の快楽」というものが、原作の面白さの大きな部分を占めていたことに気づいたのである。(戦闘好きの人には、読書によっては得られない具体的な興奮が映画で味わえたのかもしれないが。)

(4) たとえばTVシリーズ『アルプスの少女ハイジ』が始まったばかりの頃、ある作家が映画雑誌でこのアニメ化に疑問を呈した。(この意見は聞くに価するほどのものではなかったが、そのような当時のアニメ蔑視よりも、むしろ私は逆に、アニメが市民権なるものを得て、文学や絵本のアニメ化に、作家や読書活動家を含め、誰も異をとなえなくなった現状の方がずっと気がかりなのである。)

(5) 日本のアニメはおそらく、「観客を映像の中に巻き込む」ことにはじめて成功したアニメーション映画である。この問題は次項以降で扱うが、そのことにリアリズム表現の努力が大きく寄与したことはまちがいない。しかし、想像力の余地を観客に与えず、映像が観客を巻き込むかどうかは、物語の構成・主人公の設定および、主に演出手法によって決まり、個々の表現がリアリズムかどうかによってではない。それは逆に、実写による映画でも観客を巻き込むとは限らないことを考えればすぐ分かる。私はリアリズムを推進したが、同時に、やや外側から客観的に描き、映像を見ながら観客が自分で自由に判断する余地を残すような(いわばドキュメンタリー的な)作品作りをしてきた。特に『平成狸合戦ぽんぽこ』では意識的に「アンチ巻き込み型」たることを目指した。さらに、強まるばかりのこの傾向に対抗するには見かけ上のリアリズムを放棄するしかないと考えた末、手はじめとして、『ホーホケキョ となりの山田くん』を作った。だからといって、この場合もリアリズムをやめたわけではない。むしろ、見かけの絵柄が単純で三等身のマンガであるが故に、かえって人々の日常の仕草や立居振舞いでは、実感のこもった迫真の演技に挑戦したつもりである。それは、ここに書いた、「描かれたものを通して、その裏側にある実体を感じてもらうこと」をはっきりと意識した試みだった。

(6) 線によって人物を捉える絵と、陰影を付けて立体感を与えた絵は、「表象」のあり方に関し、根本的に異なると私は考えている。前者が「ボクはホンモノではないが、その裏側にあるホンモノを想像してくださいね」と慎ましく言うのに対し、後者は、「ほら、ボクはここに、画面上に存在していますよ。すなわちボク自身がホンモノなのですよ」と自己を主張する。

(7) 興味深いのは、宮崎駿のアクロバティックな超人的行為の意味の変化である。『天空の城ラピュタ』の中盤、小飛行体に乗った少年パズーは少女シータを火の海から間一髪見事に救出する。表現は完璧で爽快、説得力があり、救出成功を期待して手に汗握る観客の心は完全に満たされる。それ以前は違っていた。宮崎アニメのリアリティある超人的行為は、しばしば観客をにやりとさせた。そのあざやかな現実感に舌を巻きつつも、そーんなバカな(こんなにうまくいくはずはないよね)という理性の一片は失わせないからだ。観客はまだ作品の外側にいられた。そしてそれこそが笑いや楽しみを生んだ。ところがシータ救出は、物語の展開も表現もそのゆとりを観客に許さない。以来、宮崎作品の笑いの要素はコメディーリリーフだけになり、「そんなバカな」の楽しみは消えてしまう。すべての表現が「現実には起こり得ないこと」を「いま現実に起こりつつあること」として体感させるために奉仕する。あれほど奇想天外な面白いものが続々繰り出される『千と千尋の神隠し』の上映中、館内の誰も笑わないのが印象的だった。

(8) 日本アニメの背景美術がなぜ、絵画的あるいはデザイン的ではなく、ファンタジーであってもあれほどクソリアルなのか、それは作品世界を外から客観的に楽しむのではなく、観客もその世界に入ってしまえるようにするためである。その世界に入れば、まわりのものが絵画あるいはデザインのように見えるはずはないから。逆に言えば、リアルな情景でなければそこに入り込めず、世界自体を信じられなくなるから。

(9) 私たちがアニメーションにリアリズムを持ち込んだ頃には、まさか、こんなバロック的な地点にまで表現が「進化」するとは思ってもいなかった。いま思えば、私たちが一九七三年に作った『パンダコパンダ　雨ふりサーカスの巻』は、丁度内容とセル・アニメーションとしての表現の均衡がうまくとれた、いわば「クラシック」な作品だったような気がする。

(10) すでにお分かりのとおり、私は「巻き込む」方が表現として上等だと考えているわけではない。むしろ逆で、そこには「思い入れ」や「ドキドキ」しかないことが不満であり、客観的に描いたものに感情移入させるやり方のほうがずっと上等だと思う。想像力の余地があって、「思いやっ」たり「ハラハラ」したりできるから。ミッシェル・オスロの『キリクと魔女』を日本で公開するために努力したのも、この思いがあったからだ。

(11) 『ホーホケキョ　となりの山田くん』で私は、『月光仮面』で育ったものの、たちまち暴走族に屈せざるをえない中年男の悲哀を扱った。

(12) 人気マンガをアニメ化した『ちびまる子ちゃん』というTVシリーズの中には、その挿話を居心地悪くもならず、平気で笑って見ることができるのなら、学校でイジメがあっても無感覚に傍観して少しも不思議ではないと思わせる挿話がある。そしてそれを作者は肯定的に描いている。私はぞっとさせられた。

(13) 急いで言いそえなければならないが、これはこの段階での評価であり、作家の道を歩み出した作者が、その社会生活のおかげで、以後、もっと社会性のある作品を作りはじめる可能性は充分にある。

(14) 私の『平成狸合戦ぽんぽこ』が封切られたとき、その中で行われたタヌキの「妖怪大作戦」に関する不満として、どうせやるのなら、なぜもっと迫真的にしてこちら(観客)を巻き込み、翻弄しようとしないのだ、という声があった。私としては、意識してそのような傾向を否定し、観客の理性にも訴えようとしたつもりなので動じなかった。そしてその真意は作品を見ているうちに分かってもらえると考えていた。しかし、どうやらそれは甘かったらしい。

(身体表象文化学プロジェクト編『世界の鏡としての身体——シェイクスピアからアニメーションまで』学習院大学大学院人文科学研究科、二〇〇八年)

6　尊敬する、刺激しあう

ジョン・ラセターとピクサーを讃える

一九八二年、『リトル・ニモ』の準備班でディズニースタジオを見学したとき、一人の若いアニメーターが、試作したばかりのカットをヴィデオで見せてくれた。仕事机の上からカメラが主観移動で裏側へ回り込み、すき間を縫って逆転するといった手描きの全面動画だった。ひょっとすると、あのトレードマークの電気スタンドももう出てきていたかもしれない。回り込みは少々せわしすぎたが、アニメーションで空間を縦横自在に表現するんだ、という意欲が溢れていた。見せながら、青年は生き生きと希望を語った。「僕はコンピューターを使ってアニメーションをやりたいんだ」

この好青年の名はジョン・ラセター、忘れなかった。

それから十四年、スタジオジブリで『トイ・ストーリー』が試写された。心から楽しんだあとに、なんともいえないさわやかな感動があった。これほどのものを作り上げた、あの青年の見事な初志貫徹に対する敬意と祝福の喜びだった。試写を見た若者たちは、感想を求められてもみんな黙っている。この、あまりに日本的な光景にいらだって、私はつい口走った。「これを傑作と言わずして、何を傑作と言うんだ！」

＊

私はテレビで見せられる３ＤＣＧ映像のほとんどは好きじゃない。鮮やかすぎる色、ロクな動きもしないくせに陰影だけはしっかりついて、てらっと光るキャラクター、キマったとたん判で押したようにきらりと輝いてみせる疑似立体、やたらな主観移動や回り込み。必然性もないのに使いすぎだ。うんざりしている。

だが『トイ・ストーリー』はちがった。まず頭の良さを感じたのは、現状の３ＤＣＧの質感と陰影表現にぴったりな玩具人形をキャラクター素材として取り上げたことだ。これならば表現に無理がない。無理がないどころか、完璧な必然性がある。キャラクターがそのままの姿でキャラクターグッズになる一石二鳥のおまけもつく。そしてカメラワークの自在さは、キャラクターと違和感のない箱庭的な小世界《ミクロコスモス》を劇的に活気づける。

しかしここまでならば誰もが思いつくことかもしれない。また、こちらが見ていないところで人形たちはむっくり起き上がり、互いに言葉を交わしたりしているのではないか、そんな、誰しも一度は人形に抱いたことのある疑惑から発想するのも特に新しいわけではない。スゴイのは、玩具が生きているからには心の悩みがあるはずだ、という着眼点だ。

もし玩具人形に心があるとしたら、彼らの最も切実な問題は何か、それをラセターたちは人形の身になって大真面目に考えた。主人である子どもの、自分に対する愛情が薄れることへの不安、子どもの気まぐれや凶暴な仕打ちに耐えるつらさ、それから逃れる術《すべ》、自分は何ものか、何のために存在しているのかというアイデンティティの悩み、自尊心、そしてむろん人形同士の友情や裏切り、どれをとっても人形のかかえているであろう、ひどく切実な心の問題それ自体を主軸に物語を展開したのだ。安売り店売れ残りの老鉱夫プロスペクターは単に陰険な悪玉ではない。日本の博物館で一世一代の晴舞台に立ちたい気持ちは痛いほどよく分かる。『トイ・ストーリー』二本があんなにも素晴らしい作品になったのは、むろん波瀾万丈とびきりの楽しさ面白さが大きいが、その根本には、人を引き込むこのアプローチの新鮮さと強い現実性《リアリティ》がある。

それともう一つスゴイのは、この心を描き出す演技力や表情の豊かさだ。見かけ上モノらしくなった分だけ、三次元表現の方が、キャラクターがほんとうに生きているか死んでいるか、セルの平面表現よりかえって露骨に見えてしまう。ディズニーの目指した、人物を本物だと信じさせるいわゆる「キャラクターアニメーション」の力は、むしろこういう三次元でこそ物を言わせる必要がある。そしてディズニー仕込みのラセターたちは、この課題を見事にやり遂げた。

＊

じつは、心の問題に入り込むのは、映画的手法の駆使とともに、日本のアニメーション映画の方が本場のアメリカより一歩先んじていた。ただ、日本作品の多くが目指したのは、子どもをヒーローにして、彼らに直接感情移入させることだった。観客を巻き込むために、物語も演出も基本的に主人公に寄り添って描く。主人公の出会うものにしか観客に出会わせないのだから、作品世界の構造や状況を客観的に明らかにする必要はない。そのかわり、主人公を取りまく外界は単なる背景であることを超えて、うんとリアルに描写しなければならない。観客が主人公と行動をともにし、主観的にのめり込んでしまえる現実世界の代用品が必要なのだ。観客の分かっている危険に主人公が近づこうとするのでハラハラするのではなく、観客自身が主人公とともにどうなるのやら分からない未知の領域に連れ込まれて一緒にドキドキワクワクする。こういう作品では、観客を主人公のすぐそばに引きつけておけるから、主人公が客観的に見てどれくらい面白く本物の人物に描けているかはたいして問題ではない。心の共振と眩惑の心理学が肝心なのだ。この〈思い入れ〉型の、いわば私小説的主観主義と映像の映画的リアルさが日本作品の一つの特徴といえる。

ピクサーの作品でも、人物描写をディズニー流に面白く豊かにするだけでなく、3D

ＣＧによって容易になった映画的手法を駆使し、一貫して主人公に寄り添い、その心に感情移入させようとする。客観主義的な大傑作『ピノキオ』と比較すれば分かるように、完璧な見世物的エンターテインメントを目指した往年のディズニー作品とそこがちがう。しかしその主人公は『ピノキオ』同様、人間の子どもではなくて、私たちから見て他者であることがあまりにも明かな玩具である。逆に彼らの住む世界の設定はひどくリアルで、現代の人間界そのものだ。演出がいかに主人公に寄り添っても、観客は人間である意識を捨てることはできない。私たちは玩具たちの小世界に入り込み、主人公たちに感情移入させられてしまうが、それは〈思い入れ〉的な没入ではなく、あくまでも正常な想像力を働かせた他者への〈思いやり〉的な感情移入となる。そしてこの、主人公との適度な距離が、私たちに「涙」だけでなく「笑い」をも呼び起こさせてくれる。ウッディやバズがあんなにも可哀想なのに笑わずにはいられないのは、あるいは、あんなにもおかしいのに可哀想でしかたがないのは、この健全なメカニズムのおかげなのだ。いったい今まで誰が、ペットたちの主人への忠誠心や愛情に関して、これほど痛切に思いやる機会を与えてくれただろうか。

ラセターの二本の『トイ・ストーリー』だけでなく、やり方はちがうが、ブラッド・バードの『アイアン・ジャイアント』なども、〈思いやり〉型の強い感情移入を観客から引き出したことに私は学ぶべきものを感じ、新しいアメリカの娯楽アニメーション映画の担い手たちの方向性に大きな期待を抱いたのだった。

＊

ピクサー作品では人間のキャラクターも玩具的ではないかという批判がある。ＣＧの未熟さと見るのだ。たしかに、もし人間を、ということは外界全体も箱庭的でなく、もっとリアルにすれば、迫真力が増して観客はさらに引き込まれ、主人公の側に立てるかもしれない。しかし逆に、自分が人間であることにもっと意識を引き戻されてしまうかもしれない。どちらにせよ、今のような健全さも距離の程の良さも失われてしまう危険性がある。ここに描かれている人間は、この小世界同様、私たち人間の見る人間ではなく、玩具や怪物たちの眼に映った人間であり世界なのだ。それが玩具的なものでないと誰が言い切れるだろうか。

ジョン・ラセターはアメリカ随一の宮崎ファンを自任し、それを公言している。ピクサーのスタッフはおそらく、宮崎作品をはじめ、日本のアニメーション映画の寄り添い型の演出や活劇から多々学ぶところがあったにちがいない。しかし彼らの基盤はやはりディズニー・アニメーションだ。ジョン・ラセターとピクサーはディズニーの黄金時代以来の極上質エンターテインメントの伝統を受け継ぎつつ、日本作品から取り入れるべきところは取り入れて、エンターテインメントの王道をさらに一歩前進させたのだと私は思う。

私は『トイ・ストーリー』二本が大好きだが、『モンスターズ・インク』もまさに奇想天外な着想で感心した。技術もさらに向上している。サリーの毛並みの質感やマイクの一つ目による表情表現など、新しい挑戦にも成功した。サリーはなんともいえずあたたかい。恐怖による悲鳴よりも悦びの笑い声の方がエネルギーの質・量ともにずっと大きいなんて、メッセージもイキで現代的で素晴らしい。ハリウッド映画への皮肉もある。冒頭の一九五〇、六〇年代を思わせるクレジットタイトルもなつかしかった。そしてここでもまた、物語は一貫して怪物側から描かれ、観客は主人公のサリーに感情移入し、サリーの眼から女の子ブーをいとしく思う。だから、どちらに対する感情移入も〈思いやり〉型にならざるをえない。主人公のメイやサツキがトトロと出会い、素晴らしい体験をさせてもらって神秘的なトトロを心に残す、〈思い入れ〉型の『となりのトトロ』とのアプローチのちがいは明らかだ。

ついでながら、ドアを異世界との通路にするのは児童文学や映画でもいろいろとあるが、あのポータブルなドアは、日本人としては、『ドラえもん』の〝どこでもドア〟を思い出さないわけにはいかない。バズの連続手裏剣投げなどとともに、ここにもラセターたちの日本アニメへのウインクを感じたのだった。

(『モンスターズ・インク　コンパニオンブック』DHC、二〇〇二年)

戦争・国境・民族・民俗——バックさんの自伝を読んで

これは、今から丁度十二年前の卯年、二〇〇〇年一月二日、バックさんから頂いたファックスである(図1)。帯紐にひと茎の草花を挿した風流兎が、兎の動画をせっせと筆で描いている。うずたかく積み上がった動画、わきには硯《すずり》。まさに『鳥獣戯画』から抜け出したばかりのアニメーターウサギだ。

この楽しい戯画は特別に日本のアニメーション関係者向けに描いてくださったようで、その月末に頂いたお手紙には、別のこんなカードが同封されていた(図2)。投げ上げた懐紙が白鷺となって飛び去るのは北斎漫画の「手妻」、こちらは、新たなミレニアムを迎え、今度こそ世界中の戦火がやんで軍備の要らない平和な世紀になるようにという、バックさんの切なる願いが込められている。

バックさんは『木を植えた男』によって人々の心の中に木を植えたアニメーション作家であると同時に、活動的エコロジストである。美術家・イラストレーターとしての様々な業績を重ねた後、四十代半ばで本格的なアニメーション制作に乗り出すのだが、その第一作からすべて、自然と人間との関係、人の営みと環境をテーマに、その調和を訴え、文明の行き過ぎに警鐘を鳴らすものだった(『クラック!』では、原発が人々の運動で美術館へと生まれ変わる)。そしてみずから木を植え、ミツバチを飼い、菜食し、先住民に学び、動物愛護や反公害など様々な活動に参加してきた。

こういう諸活動のための絵やアニメーションを見ると、ときに、これがあの温厚なバックさんの描いたものか、と驚かずにはいられない激しさがあって、そこにバックさん自身の現状に対する深い悲しみといきどおりが込められていることに気づく。そういう

2 janvier 2000

Cher Monsieur Takahata

Recevez S.V.P. tous nos meilleurs voeux de santé, bonheur et prospérité pour l'an 2000! Nous avons reçu beaucoup de courrier de nos amis du Japon, dont Chiro Kawamoto, disant qu'ils avaient été intéressés par votre émission de voyage au Canada. Nous espérons que vous êtes satisfait vous-même par le résultat de ce voyage héroïque à travers un pays immense et des lieux si divers? Madame Hirai doit nous apporter la cassette dans les jours à venir, et nous traduira quelques passages. Encore grand merci pour les beaux livres et ce modèle de costume Ainou qui intéresse particulièrement un de nos plus jeunes fils. Bonne année pour votre famille et toute votre équipe amicale et talentueuse!

Ghylaine &
Frédéric Back

Frédéric Back
Cinéaste - Illustrateur

図1

図2

バックさんが、平和に関してもメッセージを出されているのだと知ったのが、二〇〇〇年のこの賀状だった。バックさんはこのほかにも、〝Love & Peace〟を標榜する広島アニメフェスティバルやアムネスティ(人権擁護活動)のポスター、アニメーターに向けてのメッセージカードなどを描いている(「もしきみが平和をのぞむなら、どうかアニメーションで平和を用意してほしい。きずなを結び、愛し、理解するために作られるアニメーションで!」)。

バックさんと戦争。すぐには結びつかないかもしれない。しかし、戦争や地域紛争は人命を奪い、生活を破壊し、自然や動物をも壊滅させる。そして核兵器を頂点とする近代的軍備と、世界中に蔓延しきった銃器こそ「文明の行き過ぎ」の最たるもの。バックさんがそれを憂えて当然だ。いや、それどころか、じつは、バックさんにとって、戦争と平和は、生まれながらにして切実な問題だったのである。今回、娘シュゼルさんが立ち上げたホームページ「ともに行動しよう」に掲載されている「自伝」を読んで、私はそのことに思いをいたさないわけにいかなかった。

まず生まれたのが母の故郷、独仏国境のザール・ブリュッケン郊外。ザール地方は石炭の産地で、もともとドイツ系だが、ルイ十四世に征服された歴史があり、当時(一九二四年)は第一次大戦の戦後処理で国際連盟管理地区としてフランスの影響下にあった。

そして一九三五年、住民投票が行われ、ナチスの激しい宣伝もあって圧倒的多数でドイツに帰属。自伝の「両大戦間のアルザス」の項には、「ルイ十四世の征服以来、ザール人は、〝半フランス人〟と呼ばれていた。ザールの人々がフランスに留まる気をおこすために、フランスはほとんど何もせず、何ひとつ真剣な努力をしなかった」と書かれている。第二次大戦ドイツ敗北によって一九四七年からフランス保護領となるが、一九五六年の住民投票によって再びドイツに復帰、現在に至る。

バックさんが子ども時代を過ごしたのは、ザール地方に近いアルザスの中心地ストラスブール。アルザスもまた、もともとはドイツ系の土地だが、鉄鉱石や石炭の産出地で、十七世紀以来、戦争のたびに独仏が奪い合い、隣のロレーヌとともに何度もフランスとドイツの間を行き来した。一家が住んだのは、第一次大戦の結果としてフランスが取り返して間もない時期。小学校の先生は、有名なドーデの『最後の授業』のフランス人愛国教師(一八七一年普仏戦争敗北でドイツ領となり教室を去る)とは正反対の、アルザス人分離主義者(ドイツ寄りの独立論者)だった。一九四〇年フランスに侵攻したドイツは、アルザス・ロレーヌを併合するが、一九四五年ドイツ降伏により両地域は再びフランスに帰属。以来、それまでの数奇な運命を逆に生かして、ストラスブールは今ではヨーロッパ統合(独仏協調)の象徴的な都市へと発展している。

それより前の一九三七年、十三歳で一家はパリに移り、バックさんは工芸学校に入る。

一九三九年第二次大戦が勃発し、一家はブルターニュのレンヌに避難、バックさんはレンヌの美術学校に入り直す。アルザスにいた親戚は、第一次大戦同様、戦場になる可能性が高かったので(『木を植えた男』の「私」が戦ったロレーヌのヴェルダンはその最大の激戦地)、家財や農地・家畜を捨てて逃げなければならず、もっと大きな苦難に見舞われた。

一九四〇年五月、ドイツの侵攻により、フランス軍は敗走、たちまち降伏する。アルザスは今度は戦場にはならなかったものの、ドイツにとっては占領ではなく「奪還」だから、バックさんの従兄弟はドイツ軍に徴兵され、命を落としたし、ドイツ領ザール地方に残っていた親戚は、それ以前からすでに「敵」となっていた。

ドイツ侵攻時にはレンヌ駅でも爆撃によって多くの死者が出た。フランスの敗北でブルターニュもドイツに占領され、ユダヤ人の先生と級友が連れ去られた。占領下のレンヌで、バックさんは美術学校の大先輩、生涯の師と仰ぐマチュラン・メウ先生に出会い、その教えにしたがってブルターニュの民俗を記録しようと励んだ。今度は連合軍による爆撃があり、バック一家を含め、レンヌはしばしば大きな被害を受ける。その後、占領地のＳＴＯ(強制労働任務)という制度によって、ドイツの工場に行って働くことを要求されたバックさんは姿を隠し、近郊農村の司祭にかくまってもらって、そこで天井画など宗教画を描いたり雑用をしたりした。

ドイツの敗色濃い一九四四年に入ると、レンヌも他のブルターニュの都市同様、イギリスから飛来する連合軍側の空爆が激化する。占領地であるが故に、味方にまで破壊され殺傷されるとは何という不運だろう。そしてそのひどい結果を、占領からの「解放」のために喜ばなければならないとは、何と耐え難い矛盾だろう。連合軍によって破壊し尽くされた同じブルターニュの軍港都市、ブレストの廃墟の街に立って、「枯葉」の詩人プレヴェールは「なんてくだらないんだ、戦争は！」(「バルバラ」)と怒りを吐露したが、その歌曲は放送禁止となった。戦い続けるべき〝正義の戦争〟は終わっていなかったからだ。

バック青年は「代母」一家の対独レジスタンス活動を支持していたし、むろん「解放」を喜び、自由フランス軍に入隊しようとさえしたけれども、「解放」直後田舎で目撃したことを後にこう書かずにはいられなかった。「戦車やキャタピラー車がいくつも黒焦げになり、教会や村は廃墟だ。おぞましくも馬鹿げた戦争、またもや！」(自伝より)。

レンヌ中心部もまた、退去するドイツ軍によってすべての橋を破壊され、廃墟と化した。バックさんは子どものときからトライリンガル(仏語と独語とアルザス語)だったが、英語も父から手ほどきは受けていて、「解放」後、米兵との接触でそれは生かされた。

バックさんの母は、戦中のレンヌでドイツ軍の捕虜として働かされていたコートジボアール兵たちに食べ物を与え、親切にした。黒人兵が戦前から、「祖国フランス」(!)防衛のために、遠く離れた西アフリカより動員されていたという事実、この事実そのものにひそむ理不尽さに、バックさんは鈍感ではいられなかった。仏語で「象牙海岸」を意味するコートジボアールは、戦後十五年後の一九六〇年に独立するまで、フランスの植民地だった。

一九四五年、フランス「解放」の翌年、ドイツと日本が降伏して第二次大戦は終わる。バックさんは、固有の言語・文化・民族を無視して引かれる国境や国籍がいかに不条理なものかを、そしていざというとき、国家というものがまったく当てにならないことを、二十二歳までに身にしみて悟った。バックさんが経験し目撃したことは、兵士として、あるいは住民として、戦争でどれほど悲惨な目に遭ったかというのとは、また別の何かだ。それはたとえば、帝国主義的支配が周辺に引き起こす苦難だ。そしてこれは戦後の引揚げ者以外、日本人にはなかなか考えの及ばない問題である。私たちは、朝鮮半島等々の人々に似た苦難を押しつけてきたにもかかわらず、その歴史を忘れて単一民族神話の中にぬくぬくと生きている。

ここまでバックさんの父方のことについては触れてこなかったが、じつはこれまた日本人にとっては驚くべき経歴である。すなわち祖父はドイツ領デンマークの出身、祖母はチェコの出身でソルボンヌ卒、二人はロシアのペテルスブルクで知り合い、パリで婚約、ベルリンで結婚。ドイツで生まれた父は音楽家となり、七カ国語を話し、指揮者の職を求めてスイスなど各地を転々、その間にザールで結婚してバックさんを生み、フランスに住み、バックさんがカナダに移住した二年後、同じケベック州に楽長職を見つけて妻とともに海を渡る。父の家系はまさにコスモポリタン、意志的に国境の枠にとらわれずに生きるには、平和は必須条件だ。
バックさんにとって、戦争と平和、さらにはヨーロッパ統合などの問題がいかに切実なものでありうるか、それは、ここまで語ってきた生いたちをみれば容易に納得できるはず。冷戦が終わったのに、かえって局地的な紛争が激化する現状についても、バックさんは私たちよりずっと敏感なのではないだろうか。

一九四八年、バックさんはビザ無しで、絵を入れたカバンと自転車だけを持ってカナダに渡る。なぜカナダに定住したのだろう。それは、文通相手だった妻ギレーヌさんとのロマンスを抜きには語れない。モントリオールに着いて、三日目には求婚したのだから。また、あまり間を置かず美術教師の職を得たことも幸いした。しかしなによりも、カナダが多民族国家として、諸々の歴史のしがらみから自由な新天地になりそうだったことも大きな理由ではなかったろうか。カナダは、いまや、人種や民族のモザイクとよばれるほど雑多な出自の人々が集まり、文化の多様性を許容し尊重する国となっていて、たとえばモントリオールには三十近い民族の出身者が住んでいる。先住民に関しても、過去の同化政策を謝罪し、その文化をカナダ人みずからのアイデンティティの柱の一本として位置づけようとしている。

カナダの公用語が英仏二語で（一九六九年以来）、標識なども両語併記であることは知られているが、じつはそれは、バックさんが住むケベック州のためなのだ。カナダに最も古く入ったのはフランス人で、『大いなる河の流れ』の〝主人公〟たるセント・ローレンス河沿いに入植し、いまのケベック州中心にカナダの原型をつくった。そしてイギリスに支配されてからも、ケベック州は、常にその独自性を主張・維持しようとしてきており、いまなおこの州での公用語はフランス語だけである。

揺り椅子の一生の物語である『クラック！』には、ケベックの伝統的生活が情緒豊かに描かれていて、そこにフランス起源の童謡のメロディーがちりばめられる。ケベック州にフランスの文化が受けつがれているからだ。たとえば男の子が釣り糸を垂れて靴下の魚を釣っていると「小さなお舟があったとさ」が、そして紙のカブトをかぶり揺り椅子を馬に見立てて騎士ごっこに興じていると「マルブルーは戦争に」が流れる、というように。子守歌のように歌われる歌の歌詞もフランス民謡「雨だよ、羊飼いの娘さん」、ただしその美しいメロディーはおそらく新作。

そして『大いなる河の流れ』を彩る美しい歌もまた、「澄んだ泉に」という、よく知られたフランス民謡なのだ。映画冒頭にメロディーが流れ、人間と大河がうまく共存していた時代の場面で子どもたちが第一節を歌う。この歌はケベック起源とも言われ、事実、十八世紀ケベック州で大流行したらしい。そしてクレジットタイトルに第一節がもう一度流れる。

澄んだ泉に／散歩に行って／水があんまりきれいだから／ぼくは水に身を浸したよ……

ついでながら、と言うにしては重いことだが、このエンディングについて、「タイトルバックではなくて、もっとちゃんと聞かせたかったのに……」と、バックさんはおっしゃっていた。よみがえった魚たちが群れをなして、一瞬、冒頭に現れた象徴的な「大いなる河の顔」をもう一度かたちづくる。本来の大河の姿を取り戻したこの感動的な映像に、

ずっとずっとぼくはきみを愛してきたんだ
これからもぼくはきみのこと決して忘れないよ！

と、この歌のリフレインが愛しげに大河に呼びかける——というのがバックさんの本来の意図だったと思われる。それが、アヌシーアニメ映画祭出品に向けた追込み作業のど

さくさで指示どおり伝わらなかったのだ。

大河の歴史を振り返ることは、結果的に河川汚濁への道を一方的に辿ることにならざるをえない。それは絶対に必要なことだが、どうしても観客の気持ちを重くしてしまいがちになる。それだけに、未来の改善への希望を力強く指し示すこのエピローグが手違いのために実現しなかったことは、ほんとうに残念でならない。

さて、ケベック州は前述のように、カナダという国家の中でその文化的・言語的独自性を失わないでいるけれども、じつは、州民は中央政府を牽制するために、しばしばカナダからの分離独立をちらつかせてきたのも事実なのだ。一国の中に様々な民族(言語・文化・宗教)をかかえていることは、一つ間違えば紛争の「火種」になりかねず(ボスニアの悲劇!)、多様性をただ素晴らしいと言っているだけでは済むまい。多様な文化伝統を尊重し合い、調和を図るためには、忍耐強さが絶対に必要だろう。

『クラック!』には一つ興味深いことがある。それは、「生まれたての赤ん坊はインディアンが連れてくるんだよ」という、移民の子どもたちに言い伝えられてきたことを、ある種の差別意識だったとして隠す(取り上げない)のではなく、楽しい過去の伝承としてそのまま映像化していることだ。バックさんは、早くから先住民の文化に関心を持ち、交流もあり、作品に反映させただけでなく、自然と共存し、生きた痕跡を残さない生き方への共感さえ表明している人である。赤ん坊届けのエピソードを描くことは、私には差別どころか、現在、先住民との間にわだかまりがない証拠ではないかと思える。

娘シュゼルさんの思いつきから発し、ケベック育ちの妻ギレーヌさんの協力があって『クラック!』は生まれた、とバックさんはおっしゃっているが、じつはこういう民俗(生業・風習)をしっかりと記憶にとどめよう、という関心が芽生えたのはずっと昔のことだ。バックさんが育ったのは、アルザスとブルターニュという、フランスの中でも独自の風俗・文化・言語を保持しているきわめて地方色豊かな土地である。両地域ともに、まさに、「私たちは自分たちの時代の証人にならなければならぬ、益々早く変化し姿を変えていく世界について、観察しうるすべてを描き留めておかなければならぬ」(自伝より)というメウ先生の教えを忠実に実行するには絶好の場所だった。そしてバックさんはそれを、カナダで就職した後も、世界各地を旅行しながら続けたのだった。(米林宏昌監督の『借りぐらしのアリエッティ』には、小人・妖精文化の故地アイルランド風のハープが鳴る。作・演奏のセシル・コルベルさんはブルターニュの人。じつは、ブルターニュはもともとブリテンから渡ってきた人々が住み着いた土地で、アイルランド同様、ケルト文化を色濃く残しているのだ。なお、マチュラン・メウは一九一四年日本を訪れ、その時描かれた様々な絵が、二〇〇四年『ブルターニュの画家、日本を旅する』として出版されている。これらは絵画としての価値だけでなく、その時代の日本の記録として大変貴重なものだ。）

バックさんが描いたスケッチ・エチュードの膨大な量には圧倒される。しかもそのスケッチでは、様々な絵画スタイルが試みられていて、メウ先生の「原画を売るな。インスピレーションの源泉として、また将来のための参考として保持せよ！」（自伝より）の教えどおり、その探求を、壁画やステンドグラス、戯画、テレビでの即興的な仕事、そして偉大なアニメーション映画と、現代的で普遍性のある多様な作品に生かすことができたのだった。

私はいま、有能なスタッフと組んで長編アニメーション映画の制作に励んでいる。私たちは『ホーホケキョ　となりの山田くん』以来、新たな表現スタイルを探求してきた。それを勇気づけてくれた「先達」の一つが、何を隠そう、バックさんの『木を植えた男』だった。スケッチのように捉える、描きたいものしか描かない、人物が配置され、行動すれば、そのまわりに空間が立ち現れる、などなど。

私はフレデリック・バックさんを、我が師、とあがめている。

（スタジオジブリ編『「フレデリック・バック展」図録』日本テレビ放送網、二〇一一年）

日本文化への警鐘と愛

アニメーション映画の作り手にすぎない私には、世の中のことは分からぬことだらけである。そういう自分にとって、一九八〇年、朝日新聞に連載されはじめた「山中人閒話」以来、加藤周一氏は最も信頼できる導き手だった。氏は、この世で現在起こっている出来事と、過去ではあっても現在と深く関わる出来事の両方について、それが何であるのか見定めるための基準を与えてくださった。そしてその基準は常に、自由と平等と連帯、反戦平和と民主主義の精神に貫かれていた。二十四年にわたる「夕陽妄語」をはじめ、講演や座談の記録、そして九条の会での活動を通じて、加藤氏はかけがえのない先達でありつづけ、おそらくこれからもそうあってくださると思う。なぜなら、氏の書かれたものはゆるぎなく、読み返すたびに新しいから。

加藤周一氏は「知の巨人」とよばれ、まさにその通りだと思うけれど、氏の文章もお話も、大変分かりやすいことを強調しないわけにはいかない。具体的事実をまず提示して、その問題点を明確に分析整理する。しかる後、それを前提に洞察や推論を行い、展望を示す。提示されることが常に具体的であり、論理の展開が厳密、明晰であるおかげで、結論に至る論旨の筋道が凡人にも辿れるだけでなく、信頼に足るものであることを確信させる。

こういう文章は、まともに食いつきさえすれば、じつに分かりやすく面白く、否定の仕様のない説得力を持つ。加藤氏の信念に反対する人にとってさえ、おそらく、あるところまでは納得せざるをえないばかりか、きわめて有益なのではないだろうか。

この厳密で深いがゆえの分かりやすさ面白さは、具体的な実証主義をもって臨んだ驚くべき労作『日本文学史序説』をはじめ、日本文化の特徴を論述した諸作でも一貫している。たとえば、「『古今集』の美学」の項で「思うに「日本的な自然愛」には注意する必要がある」と書き、紀貫之が春・秋の歌のなかでうたった花が六種類、小鳥に到っては二種類しかないことを指摘し、「貫之が花を愛し、小鳥を愛していたとは考えにくい。彼は何を愛していたのだろうか」と問うことから論を進める。

「過去は水に流し、明日は明日の風が吹く」「鬼は外、福は内」「座頭市外交」など、しばしばユーモラスな例で日本人の「今＝ここ」主義を言い当ててきた加藤氏は、美化・神秘化されてきた日本文化のヴェールを引きはがし、文化領域にこそ、それがしっかりと反映していることを具体的に論証した。『日本　その心とかたち』の第六巻『手のひらのなかの宇宙』では、「利休は何を発見したのか」と問い、「茶室において、文化の原型を発見したのである」「利休という現象は、つまるところ日本文化の文法の意識化にほかならなかった」と答えて、その「文法」を列挙し詳述する(1此岸性、2集団主義、3感覚的世界、4部分主義、5現在主義)。

国際的現代人としての加藤周一氏は「今＝ここ」主義の危うさに警鐘を鳴らしながらも、同時にその成果である日本の文化を深く愛した。私はそこに強く共感する。二〇〇四年、TV番組『日本　その心とかたち』のDVD化にあたり、この日本文化の文法が日本製アニメーション映画にも見事に当てはまることに驚きつつ私はリポートを書き、それをサカナにして加藤氏からお話を伺う機会を得た。そのとき、氏が折にふれてうかべられた笑みの、あまりにもチャーミングだったことが忘れられない。それはまるで少年のようだった。

(大江健三郎他『冥誕　加藤周一追悼』かもがわ出版、二〇〇九年)

水に落ちたハリネズミはなぜあがかないのか

1

『霧のなかのハリネズミ』をはじめて見たのは一九八一年、字幕なしの原語版だった。以来、ハリネズミくんとともに何度霧の中をさまよったことだろう。詩なら、好きになれば暗唱することもできるが、映像詩はそうはいかない。だから、何度でも見たくなる。そして今では心身を委ねきって、ただただ素晴らしい十分間と余韻を味わう。

はじめて見たときは少し違った。お話の先行きも知らず、魔法のような霧の表現に、いったいこれはどうやって、と驚きながら見ているのだから当然だが、そんなことではない。霧の中で水音がして、水に落ちたハリネズミがもがいてばしゃばしゃやるけれど沈んでしまう。暗い。これは大変、どうなるのだろう、と思う間もなくあお向けに浮いてきて、水の流れに身をまかせる。ここが、ほんとうに不思議な気がしたのである。なにか、夢を見ているような。

いいの？　このままで？　何もしないで……？　画面からはロシア語が聞こえるが、

何を言っているのか分からない。しかしハリネズミはおだやかに流れていき、大ナマズのようなものが水中にあらわれ、いつの間にかその背にすくい上げられる。そして何事もなかったように、ごく自然に、そのまま運んでもらって、岸に飛び移り、スパシーバ、ありがとう、と私の知っているロシア語を口にすると、ニエット云々と返事があり、魚らしきものは渦をまいて潜ってしまう。

じつに意外で、虚をつかれた。水に落ちる前までと、このくだりは明らかに違って感じられたのだ。そこまでは、ただもうわくわくしながらハリネズミとともに霧の中を冒険し、ハリネズミの気持ちも手に取るように伝わってきた。言葉が分からなくてもまったく気にならなかったのに、ここでは何を言っているのか知りたかった。どうして水に落ちたハリネズミが、あんなにしずかでいられたのか。

そして次のラストシーン、ぼうっとなって霧の中の出来事を思い返しているハリネズミのそばにクマが来てすわり、あえぎながら話す。いったい、このクマは息せき切ってどこからやって来たのだろう(と誤解して)、何を怒って話しているのかと、その言葉の内容が知りたくて気持ちが落着かなかった。まさか、ハリネズミくんがノイチゴのジャムを持って行き、ネズの木を燃やしてサモワールを温め、子グマくんとお茶を飲みながら二人で星の数を数えようとしていたのだ、なんて思いも及ばなかった。後に、そういう子どもの日常的な交友のお話だと知って、ほんとうに驚いた。

2

この感覚は、日本の童話ではちょっと考えられないことである。まあ日本の尺度で言えば「大人の感覚」。その「大人」も、現実的な大人でなく、「詩的」なものが好きなタイプ。たとえば「ちょうちょ」という、同じロシアのマーヴリナの絵につけられたコヴァーリの詩などを読んでも、素晴らしいと思うと同時に、同じ様なことを感じる。これは大人の感覚だなあ、と。あるいは、スペインのヒメーネスの『プラテーロとわたし』なんかもそう。どれもむろん、日本でも児童文学扱いをされているが、日本では、戦前のいわゆる童心主義に対する批判や宮澤賢治作品への疑問が出て以来、童謡をはじめ、児童文学では、過度にふわふわした「詩的」なものはもちろん、自然との不思議な交感を語るものまで数を減らしてしまった。

水の流れに身をまかせるところも、日本の童話ではまず考えられない成り行きである。ましてアニメでは絶対に。「なせばなる！」の精神で危機を切り抜け、見事に成功するのが日本アニメの常道だから、主人公は、このハリネズミのような「なるようになる」がままになってはならないのだ。危機から脱出するためには、勇気を持って頑張らなくては。高度成長以来、たてまえ上は自助努力一辺倒だった日本では、一休宗純の「なるようになる、心配するな」や「ケセラセラ」や「レットイットビー」の思想は忘れられて久しかった。まして子どもに向かっては、何はなくとも愛と勇気。そしてむろん、私もその渦中で呪縛されていたと思う。

しかし、ハリネズミの落ちたのは、怖いけれどやすらぐところ、母なる自然の胎内、羊水の中だった。「なす」ことによる予定調和(オミゴト!)が快いウソを信じ込ませがちになるのに対し、「なる」ことによる予定調和(ヨカッタ!)は、僥倖の別名にすぎず、それと裏腹の不運を忘れさせない。水に落ちたハリネズミがそれで一生を終えたかもしれないように、ハリネズミのおかげで井戸の反響にいっとき心を奪われるミミズクも、深夜には、ハリネズミを捕食するかもしれない……、そう思わせる何かがここにはある。私は驚きとともに目覚め、これらすべてを受け入れたが、みなさんはどうだったのか。はじめから何の違和感もなかったのだろうか。

3

この箇所について、ノルシュテインさんに一度訊いてみたことがある。ラピュタ阿佐ヶ谷でのシンポジウムのときだった。答えはたしか、元の(コズロフ氏の)お話がそうなっていたのだ、というものだったと思う。そのときはいささか物足りない気もしたが、今ではすっかり納得している。なぜなら、元のお話は、ただノルシュテインを触発し、ノルシュテインの思い描く世界を現前させる機会を与えてくれるためにあったのだから。

私たちを包む、霧の息づかいを、大気の呼吸の奥深さを体感させるために。大地や森や木々の鼓動を豊かに響かせるために。広大なそのふところに抱かれたハリネズミのおののきと喜びはもちろん、ミミズクや古井戸や大きな枯葉や蝸牛《かたつむり》や蛾や蝙蝠《こうもり》や、白い馬や蛍や幻のゾウや、あのすてきな犬や口笛で呼ぶ人間や……、要するに、もろもろの「母なる自然の乳房」(シェイクスピア)を吸う連中に、真のいのちを与えるために。

霧の中をさまようことになる動機(お茶を飲みながら星を数えに子グマのところへ行く)がいささか「詩的」すぎることも、ハリネズミが水に落ちて悪あがきしないことも、ノルシュテインのこの意図を邪魔せず、むしろそれに奉仕するものだったからこそ、コズロフの原案をそのまま使ったのだろう。母なる自然の胎内の怖さとやすらぎをともに実感させてくれるのは、『霧のなかのハリネズミ』という作品まるごとであり、作品自体が、じつにこの、「母なる自然の胎内」なのだから。ラストシーンに関して、「あと十秒ほしかった。映画全体に対する応えとして、ミミズクが井戸に向かってホーッ、ホッホーと叫び、夜が深まっていく……」とノルシュテインが言うのも、それを感じさせるためだったに違いない。

このことは、絵本『きりのなかのはりねずみ』(こじまひろこ訳、福音館書店)と、映像詩『霧のなかのハリネズミ』とがまったく別物であることでも分かる。絵本はヤルブーソヴァさんの絵によってすぐれた絵本として成立しているけれど、やはり、お話あっての絵本であり、絵がお話に奉仕せざるをえない。「子グマくんと一緒はいいなと思いました」「白馬さん、霧のなかでどうしているかな……」という結末へと収束するお話に。それに対し、映像詩の方は、逆に、このお話が完全に映像に奉仕している。そして、いわゆる「詩的」なお話であることをはるかに超越し、大人・子どもの別なく、ひとしく心を奪い去る真の傑作となった。映像詩『霧のなかのハリネズミ』は、絶対に映像でなければ現出し得ない、そしてむろん、ノルシュテインでなければ生みだし得なかった、この世の巨《おお》きな縮図を私たちに与えてくれたのだ。日本語版絵本の帯に寄せたノルシュテインの次の一文に、心からうなずかずにはいられない。

「きりのなかのはりねずみが体験したものは、あこがれ、おどろき、おそれ、そして、よろこび……、そう、人生そのものなんだ」

「ヨージーック!」と「ハリネズミくーん!」

あるとき、『霧のなかのハリネズミ』の日本語吹替え版(『霧につつまれたハリネズミ』)を見終わったあと、ノルシュテインさんが言った。「あの、子グマの「ハリネズミくーん」と呼ぶ声がズレていたなあ。絵や前後の音楽の動きに合わせてあるのに」

怒ってはいず、むしろ少し笑みを浮かべながら、しかし残念そうに、手ぶりと声でどうあるべきだったかを演じてみせた。私は、遠くからのはずの子グマの声がなぜあんなにオンで大きいのかが気になっていた。そこで、帰ってからＬＤを調べてみた。たしかに、ノルシュテインが言ったとおりだ。原語では大樹から落ちてきた枯葉が奥へと遠ざかるのに合わせて、音楽尻に重なって「ヨージーック！」と流れるのに、「ハリネズミくーん」は出遅れている。この最初だけではない。二番目のおびえのフラッシュでは、激しいリズムの音楽の中で、ハリネズミがはっと振り返り立ち止まると音楽も止まり、そのアップで「ヨージーック！」の後半がかすかに聞こえ、再びフラッシュと音楽が激しくはじまる。要するにハリネズミは子グマの声が聞こえたから立ち止まったのだが、「ハリネズミくーん」は止まったアップから出て逆に次の音楽頭を喰ってしまい、意図を台無しにしている。恐怖でかたまったハリネズミに犬がハンケチ包みを押しつけて去った後の三番目も、それに対するハリネズミの応答のタイミングがまずい。そして最後の「ハリネズミくーん」は短かすぎて尻が足りない。水に浮かぶハリネズミの見た目で、草木の間を星空や白馬が流れていく美しい移動ショット一杯に、のびやかに流れなければならないのに、ショットの後半は無音になってしまっている。

私ならば激怒したと思う。ノルシュテインは、常々エイゼンシュテインに私淑していることを表明しているが、たとえば上に挙げた声の入れ方一つをとっても、それが単なるオマージュではなく、確実にその理論を実践していることが分かる。『25日・最初の日』『ケルジェネツの戦い』『話の話』だけでなく、こんなに柔軟で自然な作品でも、映像と音声音響音楽との、リズム感・流動感のモンタージュでは、エイゼンシュテインの理論がいまも応用可能で生きていることを、ノルシュテインは見事に証明してみせているのである。

交友の中から

モスクワではじめてノルシュテインさんにお会いしてから二十年が経った。『アオサギとツル』『霧のなかのハリネズミ』のカメラマンで、『外套』で再びコンビを組んだジューコフスキィ氏と二人で会ってくれたのである。もう『外套』をはじめていて、キャラクターをちょっと動かしてみせてもらった。いま見るアカーキィとはまるで別人だった。

一九九九年、そのジューコフスキィさんが亡くなられたと聞いた。『霧のなかのハリネズミ』の霧をどうやって表現したのか、という質問に応えて、ジューコフスキィさんがトレーシングペーパーを電灯にかざしながら生き生きと説明してくれた姿が忘れられない。一緒に手製のマルチプレーンカメラを作り、駆使し、新しい試みに次々と挑戦してきた盟友を失って、ノルシュテインさんがどれほど残念か、同じような経験をせざるを得なかった私にもよく分かる。

この二十年の間に、ノルシュテインさんは何度も来日し、私たちを驚かせ、喜ばせ、学ばせてくれた。今度は何をたずさえて来て見せてくれるだろうか、そんな期待にも応えてくれた。素晴らしい『おやすみなさい、子どもたち』につづき、今年は『冬の日』の芭蕉と竹斎。風狂の心の躍動がじかに伝わってきて、まさに舌を巻くしかない。天才はやはり天才が描くべきだ！

この間、『チェブラーシカ』がヒットし、今年はカチャーノフの他の傑作、『ミトン』『ママ』『手紙』が公開されることになり、アニメーターとしてのノルシュテインの仕事を意識して見る、という楽しみが増えた。また、ジブリ美術館での展覧会を記念して出版された画集『フラーニャと私』には、パリにいて私も偶然見たノルシュテイン・ヤルブーソヴァ展のカタログに倍するノルシュテインの文章が収められている。これは、ノルシュテインの発想と創造の秘密を知り、作品を理解するための必読の文献である。

初来日は一九八七年、広島アニメフェスティヴァルの審査委員長としてだった。私はフェスには参加しなかったが、東京の科学技術館で話し相手をつとめた。ノルシュテインさんは外的要因で『外套』が進まないことを語り、ソ連の現状に関する絶望的な発言で話はどんどん暗くなっていく。聞き手の私はどうしたらよいか分からなくなって、「西側に出たところで、今度は商業主義の壁で『話の話』や『外套』のような作品は絶対に作れませんよ。とにかく逆境に負けず頑張って下さい」と言うしかなかった。すると、笑って応えた。「その発言はロシアの小話みたいだな。いわく、屋上から人が飛び降りた。あわてて通報すると、「さわぐな。何も問題はない。まだ死者は出ていないのだから」。すぐに地上に墜落することは分かりきっているのにね」

ノルシュテインさんのユーモアはいつも素晴らしいけれど、これほどキツイ冗談はなかった。そしてまもなく、その言葉どおり、ソ連は地上に墜落して崩壊し、冗談ではなくなったが、その後にもっと大きな苦難が待ち受けていたことは、みなさんご存知のとおりである。

（ユーリー・ノルシュテイン『ユーリー・ノルシュテインの仕事』
ふゅーじょんぷろだくと、二〇〇三年）

「思い残し切符」

今年三月、三度目の『シャンハイムーン』を見に行ったとき、井上ひさしさんはガンと闘いながら沖縄を舞台に「木の上の軍隊」を執筆されている……そうこまつ座の渡辺さんからお聞きし、その強靭な作家魂、執念に、あらためて畏敬の念を抱きました。大丈夫だ、と思いました。ですから井上さんが亡くなられたことを知り、ショックを受けました。井上さんは私と一歳しか違わないのに。そして頭に浮かんだのは、「思い残し切符」という言葉です。

ひとりの悩み多いぶざまな青年宮沢賢治を見事に描いて共感させた『イーハトーボの劇列車』、そのなかで、不慮の事故であっけなく死んだ人などの「思い残し切符」を、突然あらわれた車掌が、その都度、賢治に手渡して去る。劇の終わりでは、様々に思いを残して死んだ現代の農民たちが、銀河鉄道的列車で旅立つ前、女車掌に「思い残すことば」を語る。そのなかに「賢治に扮した農民」もいて、「ひろばがあればなあ」と、賢治そっくりの言葉を口にし、女車掌が「ずっと先《せん》にも同じことを思い残して行った人がいたわ」と受ける。女車掌から「思い残し切符」をいっぱい預かったこの世の車掌は、舞台を立ち去ろうとして、突然客席の人々を発見する。そして、万感の思いをこめて、それらを私たち観客に向かって、力一杯ばら撒く。

おそらく賢治は宗教者として人類全体から託された「思い残し切符」をかかえたまま、みずからは思い残すことばかりの人生を歩んでしまったのでしょう。そしてそれらを、特定の選ばれた人ではなく、私たちみんなに向かって撒いて去ったのです。それをこういうかたちで私たちに知らしめた井上さんは、賢治を通じてのみならず、あらゆる人々の個々の「思い残し」を探り出そうと驚異的な努力をし、舞台の力を信じて、それらの「思い残し切符」を私たちに撒いたり手渡そうとしてきたのでした。そして最後に、沖縄で生き、死んだ人々のおそらくは重い重い「思い残し」を、しかしおそらくは受け取りやすいように「切符」にして、ひらりっと私たちに投げるはずだった。でもおそらくそれは、やはり、ずしんと私たちの心身にこたえたにちがいありません。

賢治だけでなく、あらゆる人間を、庶民も有名人も、悪人も学者も、作家も芸能人も、矛盾のかたまりのまま、ひとりひとりをまるごと愛そうとした井上さん。人間好きの井上さんは、「思い残し」がありすぎて、この世を去りがたいのではないか、劇場のわびしい喫煙コーナーでまたバッタリと出会えるのではあるまいか。いまもきっと、そのあたりをうろついていらっしゃるんじゃないかと思います。そしてまた、「この国」の行く末を案じておられると思います。

実際、またも、「の志を受けついで」の会をやらねばならないなんて……。結成以来六年も経たないのに、「九条の会」は九人のよびかけ人のうち、三人を失ったのです。これは、講演など、新たに加わった活動がどれほど大きな負担を強いたかを示すわけですが、裏返して考えれば、二〇〇四年の結成がいかに時宜に叶っていたか、ぎりぎりだったかを証明しているとも言えます。あの戦争を経験したが故に、その反省に立脚することこそが原点、と確信してきた人々(すなわち老人)がどんどんこの世から去っていく現在、加藤周一さんが提唱した「老人と学生の結託」のような、平和のための世代間の協同が進むことがいまどんなに必要かを痛感します。その点、井上ひさしさんの果たしている役割は限りなく大きかった。井上さんの芝居やTVドラマを楽しんだ、小説やエッセイを読んだ、だから井上さんの講演なら聞きたい、という人はほんとうに大勢いますから(『ムサシ』の観客席はいやになるくらい若者、とくに若い女性で占められていました)。そして井上さんは、座右の銘どおり、「難しいことをやさしく、やさしいことを深く、深いことを愉快に、愉快なことをまじめに書く」ことができた驚くべき作家ですから。

こまつ座結成の頃から、井上さんは、まさに見事に、まじめで愉快で深くてやさしくて難しいが〝面白くてためになる〟近代日本史評伝劇を次々と書き続け、私たちの蒙《もう》を啓《ひら》き、考えさせ、笑わせ楽しませ、共感させ感動させてくれました。そしてその根底にあるものは、「平和を護るとは、この日々の日常をまもるということだ」(講演での言葉)という観点でした。このような演劇活動を行なっている作家はおそらく世界にも稀なのではないかと思います(ある大きな国際賞の映画演劇部門の推薦人として諮問されたとき、私は迷わず井上ひさし氏を推しました)。さらに、それぞれの芝居が再演三演四演され、おそらくこれ以後もそうなると思うと(こんなことは実に稀です)、現役でありつづける井上さんを追悼することなどとてもできないことに気づきます。ご冥福は祈らずに、ただただ観て、読んで、ときに話しかけ、感謝しつづけたいと思います。

(『熱風』二〇一〇年五月号)

『キリクと魔女』の世界を語る

ドキドキでなくハラハラが大事

——去年の三月に初めてこの作品をご覧になったそうですね。

ええ。日仏学院がミッシェル・オスロ監督の作品の上映会を企画して、監督を日本に呼んだんです。そのときにオスロさんが、ひとりで講演するんじゃなく対談をしたいと言われて、その相手に僕を指名されたんです。僕は全然オスロさんを知らなくて作品も見ていないので、慌てて「ともかく作品を見せてください」ということで、『キリクと魔女』と『王子と王女』の二本をヴィデオで見ました。とくにこの『キリクと魔女』にはすっかり感心して、「光栄なことで、ぜひ当日はお相手させていただきます」ということで出かけたんです。

——高畑さんは、いま主流となっているアニメーションに対して〝異〟を唱えてらっしゃいますけど、そのことと『キリクと魔女』を興味深くご覧になったことが関係しあっていると思うのですが、そのあたりのことを詳しくお話しいただけますか。

日本の娯楽アニメーションは、アニメーションの表現をある意味では進化させて、非常に面白いもの、あるいは質の高いものを作ってきたと思います。それはすごいことなんだけど、同時に取り落としているものが随分あるんじゃないかということをずっと思っていて、自分としてはかなり前から、それとは少し違う方向でやろうとしてきたんです。

もっと具体的に言いますと、日本のアニメーションというのは、観客を主人公のすぐ近くにおいて、作品の中に連れ込んでしまう、連れ込んで、主人公と同じ体験を、非常にドキドキする、めくるめく体験をさせる。観客は主人公と一体化するか、そばにいるわけだから、主人公には危機を突破してなにがなんでも成功してもらわなければならない。いや、してほしくなるんですね。そして主人公は見事に成功して、よかったァ、というタイプが多いわけです。

映画は観客をその世界に巻き込む力をもっています。たとえば舞台だったら、観客が能動的に、舞台で演じられている世界に入っていかなくちゃいけない。同じ感情移入でも、想像力を働かせて、いわば「思いやる」必要があるんですね。ところが映画は、受け身で観客がその場に立ちあって体験したような気分にさせることができる。そしてそれがうまければうまいほどヒットしやすいわけです。ハリウッドは随分そういうことをやってるし、それが世界の娯楽映画の傾向ですね。日本の娯楽アニメーションは、世界のアニメーションの中でそれを成し遂げた初めての国だと言えるかもしれません。

主人公の設定の仕方も、できるだけ観客がすぐに乗り移れるものにする。主人公に「思い入れ」させるんです。乗り移れるということは、ある意味では主人公は平凡でいいわけです。必要なのは、対象として見つめるに値する豊かな個性じゃなくて、自分に近い感じのする人物です。そのくせ、その主人公はすごい体験をしたり大活躍をしなければならない。そうすると観客も一緒に大活躍した気分になれるからです。背景がすごくリアルになったり、空間が深くなって立体的になったりしてきたのも、じつはみんなそのためなんです。そういう、アニメーション向きでもなければ、アニメの得意技でもないと思われてきたことを、日本ではずっとやってきて成功を収めているわけです。

観客も主人公と同じところから見るわけですから、その世界はできるかぎりリアルでなければならない。その世界に観客が入り込んで、直接見たり触れたりしているつもりになれる必要がある。もし舞台と同じように、主人公込みの世界を客観的に見て楽しむのであれば、そして「思いや」ったりしてみずからその世界のほうに出向いていくならば、『キリク』がそうですけれど、様式的な絵だったり、風変わりな絵でもいい。でも、それでは「思い入れ」しにくいんです。だから日本では、ファンタジーでもリアルじゃなきゃいけない。

そして、巻き込まれた観客はほとんど受け身で、ものを考えなくて済む。考える暇もなく、どんどん打開してくれるわけですから、主人公が。どういうシチュエーションなのかもよく分からないまま主人公は、打開して、突破する。その突破する力はなんなのか。主人公が黙々と鍛え上げた力でしょうか。たいていはそんなものは描かれず、〝愛〟だったり〝勇気〟だったりですね。

シチュエーションを判断して、ここに一歩足を踏み入れるかどうか、自分は何をしなければいけないかを考えてやるということが、現実生活を生きるうえでは必要なことですよね。〝愛〟や〝勇気〟だけではどうにもならない。でも、日本のアニメは、主人公とともに物凄い危機的な状況に突っ込まれて、僕だったら一歩引くね、というはずのところを引かない。引かないでダーッと行って成功しちゃう。失敗して主人公が死んだというのは、まずない。〝愛〟や〝勇気〟の力はなぜかすごいらしいんです。ですから面白いし、ある意味で安心して見ておれるんです。安心して見ておれる一方で、シチュエーションが分からないからドキドキの度合いが激しい。ドキドキしっぱなし。だけど、ドキドキはしているけれどもハラハラがないんです。

――ドキドキとハラハラは違うんですか。

ハラハラというのはシチュエーションが分かっているとき、たとえば落とし穴があると観客が分かっているときに、そこに主人公が近づいてくのを見るとハラハラするでしょ。あ、あ、あ、そこに入っちゃダメだよ！　とか、主人公が不良グループに入って、あんなことしてでどうなっちゃうんだろう、とか。見ている自分のほうに判断力があってハラハラするわけです。ところがドキドキというのは、判断力がない。闇を進んでいったとき、どこからゲンコツが飛んでくるか分からなくてドキドキする。ところが日本アニメの場合は、そのゲンコツが飛んできたら見事にパーッとよけて、相手をガーンとやっつけて成功するようになっている。

そういうもので、テーマさえよかったら、みなさん好きですけれど、ほんとうにいいものなのかどうかという疑問を、僕はずっと持ってきたということなんです。そうじゃなくて、巻き込むんじゃなくて、ちょっと引いたところで、見つめられるものを作ろうと。日本のアニメーションがこういうクソリアルなものになる方向に自分も随分コミットしてきたわけですが、引いた視点を設定したのも早いと思います。『赤毛のアン』などの作り方にしても『じゃりン子チエ』なんかもそうですね。笑いを呼び起こすには、ちょっと引いていないと笑えない。さっき言った巻き込み式では笑えないですよね、ドキドキはあっても。ハラハラか笑いなんですよね、客観的に見ているときというのは。他人事だから笑えるわけでしょ。バナナの皮で滑ったとしても、それが自分の親だったら笑わない。失敗してほしくないと思っている人が失敗したときに笑いますか？　笑えないでしょ。我が事だと思っているから笑えない。それが総理大臣だったりすれば笑える。あるいは、あり得ないことがリアルにうまくいっても『カリオストロの城』みたいな描き方だと、「そんなバカな！」って思いながら笑って大いに楽しめる。ところが、『千と千尋の神隠し』を劇場で見たとき、あんなに奇想天外な面白いものがいっぱい出てくるのに、誰も笑ってませんでした。千尋に「思い入れ」して、みんな我が事だと思っているから。

見る側の思考する余地を残す

笑いもハラハラもちょっと距離をおかないといけない。距離をおくということはどういうことかというと、観客の想像力や思考する余地を残しておくということです。主体性を残すことです、見る側の。それを残さないで、どんどん巻き込んでいくというものが今は〝勝ち〟なんです。世界的にそうですね、ヒット映画というのは。

自分について言えば、『火垂るの墓』も、ああいう映画ではあるけれど、でも描き方としてはできるだけ淡々と客観的に描いたつもりです。一番いい例はタヌキの映画（『平成狸合戦ぽんぽこ』）で、タヌキがいろいろ妖怪を作り出すんだけど、そのとき僕は引いて、並べて見せるだけにしたんです。それは、主人公たちタヌキの試みが成功しないということを描いているわけだから。でも、意図的にそういう描き方をしたんですが、不満だった人も多かった。「あんなに繰り出すのなら、もっと巻き込んでくれ」ということなんです。見る側は、もっと翻弄してほしいのに翻弄してくれないからつまらないと思う。

でも、人を翻弄するより、むしろシチュエーションをきちんと受け取ってもらって、見る人に考えてもらうことが自分の意図であって、あの映画はそういう作り方をしているわけです。

ですからこの『キリクと魔女』も一見、日本の発達したアニメから見れば、絵が平板で、遅れているというか古いみたいに見る人がいるかもしれません。でも、この作品と観客の距離感から言えば当然の作り方であって、要するに主人公のキリクに付いていってドキドキさせることじゃなくて、キリクが成功するかどうかを観客も一緒に頭を働かせ、ハラハラもしながら見る。そのためには、どういうシチュエーションで、キリクは一体何をしようとしているかということを見る側が分からないとダメなんですね。この映画はそうなっているからハラハラする。だから子どもが、『キリク』を日本のアニメーションより怖く見ていたりするんです。なぜ怖いかというと、それはこちらからあの世界の方へ入り込んでいって、ハラハラして見ているからなんですね。いわば「思いや」って見ている。

魔女の家の下をキリクが行くシーンは、断面図のようなとても平面的な絵ですが、あすこでさえ怖がる。それは、上に魔女がいるし、変な生きものがいろいろ出てくるから、キリクは一体どうなるんだろうかと、ハラハラしながら観客は見られる。日本のアニメーションだと、ああは作らないで主人公と同じところにいるように思わせる主観的なシヨットがきっと中心になるはずです。そうすると観客はドキドキする。でもそれでは、その状況を全体としてつかむことはできない。ただ「思い入れ」て、どんどん付いていくしかない。

日本のアニメーションは、娯楽としては超一流になり、見終わって「よかった！」という快楽を与えるけれども、現実を生きていくうえでは、それはなんの力も持っていないと思うんですね。役に立っていないと思う。いま流行りの「癒し」とかいうものにしかならない。現実を生きていくときに、もしもドキドキしながら進んでいても、それでは結局足が前へ出なくなって進めなくなる。だって、次に何が出てくるか何も分かっていないわけだから。現実に生きていくためには、自分で考えなくちゃいけない。たとえばこの穴はどうなっているのだろうか、とか。もし分からなければキリクのように「どうして？」と聞いたり探求したりせざるを得ない。そして今度はどのようにやらなくちゃいけないかを考えて、そして行動する。それが現実を打開する方向ですよね。生きていく方法です。でも日本のアニメは、そのための、今風に言えばイメージトレーニングにならないんです。そう思わないですか？　主人公が、なんだか分からないけれど、ダーッとやったらみんな成功して「よかったね」となる。悪玉を倒すヒーローをあきるほど見ながら成長しても、正義のヒーローどころか、電車の中の傍若無人さえ注意できないですよね。現実世界では自分は勇気がないし、相手も世界も複雑怪奇ですから。だから、極端に言えばですが、なんの役にも立っていない。目指すものが正義であったり愛であっても、意味がない。何事も勇気があれば突破できるというのはウソですよね。そのウソを日本のアニメや『プロジェクトX』はやっているわけです。快いから。でも、そこから勇気は全然もらえてない。「癒し」だけです。

今、映画を見て「勇気をもらいました」といったようなことが流行っているけど、あれも滑稽ですよね。そんなものはもらえない。「元気をもらいました」というのはウソで、それは、自分が元気を出したり勇気を出したりするための刺激にはなったかもしれないけどね。元気も勇気も自分で出すものであって、もらうものではない。それを当たり前のように「勇気をもらいました」と使う。

――私もよく使います。

それは使いやすいから。新語を作る人はうまいもんです。

ところで今、現実世界は複雑怪奇なんて言いましたが、アニメの作品世界のほうもやたら複雑怪奇なものになっているんです。リアリティを実感させるための目くらましですね。それに対してこの『キリク』は見事に単純です。しかし、ファンタジーでもあるにもかかわらず、現実を生きていくうえでの、イメージトレーニングになるように作ってある。キリクは小さくて力もない。走るのが速いだけ。それでできることを探すんです。分からないことがあれば聞くし、「なぜ？　どうして？」というのがこの作品の惹句になっていますが、それだけじゃなくて、どうしていくかということをいつも考えている。そうやって一歩一歩やっているから、僕としては見終わったあと、非常にすっきりした映画だったんです。本当の喜びがあった。ところが、日本でいいといわれる映画を見てもすっきりしない。面白かったんだけど、どうしてあんなにうまくいったの？って思う。うまくいくことが見る人には快感なんだろう。快感だから、みんないいと言っているんだろうなと思いますが、それでは僕はすっきりしない、好きではないですね。それに対してこの『キリク』のような作り方というのは、物事を一つひとつ明らかにしていって、最終的に解決してみせるわけです。その作り方に感心しましたね。

原因を取り除けば「赦し」あえる

――出だしのシーンからしてそうでしたが、途中でキリクが「魔女は、なぜ意地悪なの？」と尋ねますよね。魔女とか悪者というのはなんの疑いもなく悪いものと思い込んでいましたから、そのキリクの発想の仕方にハッとしました。

それが、すごく大事なんですね。たとえば、アメリカがイラクを攻撃するとか、テロを撲滅するといったとき、テロはなぜ起こるかというその原因を解決しなければならないと、僕は思っていますし、実際そう思っている人が多いんじゃないでしょうか。なかなか解決しなかった北アイルランド紛争の場合もそうでしたけれど、ああいうアメリカに対するテロだけじゃなくて、イスラエルに対する自爆テロにしてもそうです。自爆テロですよ、特攻隊と同じという人がいますが、とにかく自分の身を殺してまでやっているわけでしょ。それを撲滅するというのは一体何か。その原因を取り除かないかぎり、死んでまでやろうとする人を阻止することはできない。そうすると「なぜ？　どうして？」と考えていくしか問題の解決はありえない。たとえブッシュがどう正義づらをしようと。原因を考えないでテロ撲滅をしようというのは滑稽だけど、それに追随する連中もいて、それが世界に苦しみを撒き散らしている。そのあたりのことに、この映画はピタリと照準を当てていると思いますね。

——ブッシュ大統領がなぜテロが起こるか、その原因を見ないで戦争を起こし、自分の気に入らない人たちを平気で殺していることに対して批判している人も大勢いますが、それに同調する人たちも、日本の総理大臣をはじめ日本人の中にもたくさんいます。そういう状況だからこそ、この映画の主人公のように「なぜ？」というところから始まっていくのがとても興味深いですね。

「なぜ？」って問い直して、原因が分かることが大事ですよね。そして、それが「赦し」につながっているところが、この映画のいいところだと思うんですね。テロをやっている人たちと和解する可能性がある。原因を取り除くことができれば、問題を解決できるし、お互いに「赦し」あえるんだということが、この映画では描かれているんだと思います。

――映画のラストのほうで、魔女の声が響きわたりますが、それが今でも耳に残っています。原因となっているものを取り除くのはとてもたいへんなことですが、そのことによってしか問題は解決しないんだな、前へ進んでいかないんだなということが、この映画を見ていて分かってきます。

そこまで行き着くことが大事ですよね。魔女本人にもキリクは聞いているわけですよね。「どうしてお前は意地悪なのか？」と。「意地悪」というふうに翻訳したのですが、翻訳するのが難しくて、「悪人」と訳してもいい言葉なんですよね。「意地悪」だとちょっと狭すぎるんだけど、ほかにピッタリした言葉がないんですよ。

――小さい体のキリクが言う言葉としては、「なぜ意地悪なのか？」というセリフがすっと入ってきましたけど。

キリクはお母さんとも、「意地悪な人というのは、いるものなんだよ」というやり取りをしていますよね。キリクが尋ねると、お母さんは「魔女だけじゃないし」と言う。すると「ほんとだね。ぼくがいのちを助けたのに、ぼくにやさしくしない男の子たちもいる」とキリクが言い、お母さんが「世の中には、こちらが何も意地悪をしないのに、いつでも意地悪をする人はいるんだよ。そのことは分かっていなければいけない、水はぬらすものとか、火は燃やすものとかと同じように」と話す。そうすると「そういうことは前もって覚悟しとかなきゃいけないんだね」とキリクが言うんですね。

そういうのってすごい現実主義でしょ。意地悪には原因があるということになって、それが魔女とつながっていくことになるんだけど、いずれにしろ「そういうことはあるんだ」ということを認めることを母親が子どもに教えているわけです。でも、日本は何もアニメだけじゃなく教育の現場においても理想主義ばっかり言っている。「個性を伸ばせ」と、教師がこの子は箸にも棒にもかからないと内心では思っていても、口ではきれいごとを言わなくちゃいけないことになっている。だけど、それはおかしいんですよ。教えるべきことはちゃんと教えないといけない。そのうえで、どう対処するか、どう自分を生かすかを一緒になって考えてやるべきだと、僕は思うんです。

物事を認識するということについては、幻想をもたずに現実を認識させなくちゃいけない。それをこのお母さんはちゃんとやっている。そして、子どものことを信頼している。映画の最初のシーンで、おなかの中で話せるんだったら、自分で出てこれるでしょ、と言っている。それも、幻想とか理想ではなく、話せるという現実をちゃんと踏まえて言っているんです。

お母さんは、お山の賢者だけがお前の質問に答えられるかもしれない、と言っておいて、キリクが「ぼく、行ける？」と聞くと、「ダメだね」と突き放す。夜行けば、とか、魔女に見つからないで行ける方法をいろいろキリクが思いつくたびに、それはこうこうだからムリだ、と理由をあげてぜんぶ否定してしまう。あそこもすごいと思ったんです。キリクをとことん考え抜かせるんですね。キリクの考える力が自分よりも上だと思い、それでダメなら仕方がないと覚悟しているんです。腹がすわっている。今、子育てにビクビクして子どもを生まなくなっている女性に、このお母さんを見てほしいですね。

それから村人たちというのは、自分たちの姿なんじゃないかと思うんですよね。さきほどのお話で言うと、ブッシュが正義だと言うと、それに付いていっちゃう人たち。それと同じなのが村人たちですよね。キリクが何か結果を出したら、みんなは賞賛する。だけど、そうでなくなったら途端に冷たく当たる。正確な情報というのは明晰な目をもっていてもつかむのは難しいですから、当然踊らされるわけです。そういう、しょっちゅう踊らされている我々自身を代表している。だからバカな村人たちとは、とても言えない。僕はそういうふうに思って見ましたね。そういうことで言うと、キリクも魔女も村人もお母さんも、みんな何か現代を生きていくうえでのヒント、役立つことを教えてくれていると思います。この映画は、日本のアニメに対してだけじゃなく、日本の現状、教育のあり方についても、いろんな問いを投げかけていると思いますね。

対人関係の中で物事を解決する

——高畑さんは、「とくに女性についての映画でもある」と『熱風』に書いていらっしゃいますね。

そう思います。お母さんもそうですが，魔女もそうです。魔女がなぜ魔女になったのか，それには男たちがからんでいるから，女性だけの問題ではないですけれど。この映画で，アフリカが舞台ということで，それは何か，見ていて思い当たるものはなかったですか？

——？　避妊手術ではなくて？

性器切除です。男たちに押さえ込まれてトゲを打ち込まれるということで，それをすぐ思い起こしました。女性に対する蔑視どころじゃない，考えられないようなひどいことが，今も女性に対しておこなわれているんですよね。

今，近代主義に対する反省という形で，不可知的なものの株が上がってきています。宮崎駿作品はその点をうまく生かしていて，ある意味では得をしていると思いますが，よく分からないもの，あるいは民俗学的なものに対して，それは大事にしなきゃならないものなんじゃないかと思われている。それに対して，この映画はある意味で近代合理主義的じゃないでしょうか。アフリカにたくさん残っている，この映画では「小鬼」「おまもり」と訳したのですが，ああいうものに霊力があると考えたり，迷信とかを大事にする，またイスラム教と結びついて何人も奥さんを持っている人がアフリカにはいるわけですから，そういうことを含めて考えると，この映画は啓蒙主義的な近代主義でないわけではない。そこを意地悪い人は批判してくるだろうなと思いますが、僕は、それがどうした、といいたいですね。僕は近代合理主義がダメにしたり取り落としたものがたくさんあると思っていますし、古来から伝わってきた知恵や、深層心理に働きかけるようなものは、どんなに大事かと思っている。しかし、これらは並行して考えないといけないものだと思いますね。

――この映画に出てくる「自由なる知性」という言葉も印象的でした。それが何なのか、私自身、ずっと自問自答しているのですが、今の時代、それがとても必要なものなのじゃないかと思います。

キリクが賢者に「おまもりがほしい」と言ったときに、「まっぱだかの無心(イノセンス)さの前では」と並べて、「いつも目を覚ましている知性、自由な知性の前では」魔女はどうしたらいいか分からないのだ、と賢者が応えている。僕はいつも読書感想文を例に挙げるんだけど、フランスのある町でおこなわれた子ども映画祭に行ったときに感じたことなのですが、子どもに求めるのは、何がどう描かれていたかを正確に把握しているかどうかで、それを先生はチェックするんです。日本のような「感動した」「泣けた」とかいう情操教育的感想ではなくて。日本ではそれが欠けているでしょう。

――そういう中に私自身もどっぷり浸かっていますが……。

「よかった」と言っていられるのは今だけで、何か大きな事件が起きたり、変動があったら、ますます頭で考えなくちゃいけなくなる。ほんとうに感じるためにも、行動するためにも、感動して泣いているだけじゃダメですよね。たとえば、もし自分がアフガニスタンで生きているとしたら。そうしたら何を働かせなければいけないかというと、まず頭、自由な知性が絶対に必要なはずです。反戦を訴える映画の多くが空爆や引揚げの悲惨さを描きますが、それに同情することはやさしいですよね。今はずっと恵まれているから。でも、そこまで追い込まれた原因を知るほうが今はもっと大事でしょう。なんで侵略戦争を仕掛けてしまったのか、なぜ食い止められなかったのか、そのあたりを並行してきちんと考えたり教えなければならないと思います。

――お話をうかがっていて、いろんなシーンがよみがえってきます。さきほども例に挙げたシーンですが、もっている呪縛を取り除くことは物凄い痛みを伴うことなんだけれど、その痛みを耐えて呪縛を取り除かないかぎり前へ進めないいんだなとか、あのシーンの意味をいろいろ考えるのですが……。

あのシーンで大事なのは、魔女が自分で呪縛を取り払ったのではなく、取り払ってくれる人がいたということです。そこが大事なんです。そこには対人関係があるんです。あなたの言い方だと、自分で解き放ったように聞こえるけれど、魔女は自分では解き放てない。解き放つ人が必要だったんです。ここで描かれているのは、対人関係の中で物事を解決しようという態度なんですね。

今、心のケアが必要だと、みんな言っていて、「心」に集中しているような感じがするのですが、それは対人関係の中での「心」でないといけない。個人の「心」だけではいけないんじゃないかという気がします。対人関係の中での心を育て、鍛えていく具体的・現実的な教育をしなければいけないのに、そうなっていない。

たとえば、引きこもりになったことをなじってもしょうがないとか、自分の赤ん坊を虐待する母親を夫は責めてはいけないとか言われていますが、それは不自然だと思う。僕は対人関係の中で物事を解決していくという意味からも、引きこもりや虐待する人に腹を立てるのは当然だと思う。子どもを虐待する母親はひでえヤツだと言っていいと思う。むろん言えないのは連帯責任があるからですが、あるいはひょっとしたら、自分にもその傾向が……、なんておびえている人が多いからかもしれませんが、一般論としてそれも言えないというのは、それこそ「心」を解放してはいけない、ということになりはしないでしょうか。

個別の具体的な事例をどう解決するかというのは、むろん難しいでしょうが、そしてうんと配慮が必要でしょうが、基本的に、そういうことに対する憤りはあっていいと思うんです。そして、そうなった人びとの困難な解決を問題にするよりは、そんなことにならないために、私たち親は、先生は、社会は、対人関係を思い切って実践・訓練できる場を、どう具体的に子どもたちに用意するかのほうを、もっと考えなければならないような気がします。昔と違って、世代を越えた付き合いはなくなったし、お手伝いもいないし、じゃれあったり喧嘩したり、ひそかに悪いことをともにしたりする友達もいないのでは、「なんでも打ち明けられる友達をもて」ときれいごとを言ってみても始まらないのではないか。

風潮として今、「心」という問題に集中しすぎているんじゃないでしょうか。それこそさっきの魔女ではありませんが、原因を取り除きもしないで「心のケア」が各学校でできるなんて考えるのは、僕は滑稽だと思います。心理学で人は救えない。もっと肉体も精神も込みにして人を鍛えていかないとダメだと思います。さっきの「もらえる」元気や勇気もそうですが、心も「ケア」可能なモノと見なされてしまっているんじゃないでしょうか。たとえアニメやゲームが病んだ心を「癒し」てくれても、その「癒し」で対人関係が打開されるはずは絶対ない、と思います。

日本語版の演出で工夫したこと

――ところで、さきほどお話にあった翻訳もそうですが、声優さんたちの演出にも苦心されたのではないかと思います。とくにお母さんの声の出し方が印象に残っているのですが。

日本語版作成にあたって僕がしたことは、原版を見て聞いて感心したわけですから、その表現を、そのまま日本語版に与えるように努力したということです。母親の声も、原版であぁいうふうに非常に抑えてしゃべっています。

――「キリクのうた」も、へんにきれいに歌い上げるのではなく、村人たちの素朴な歌声のままでしたね。

それは、村人が歌っているわけですからね。

――そうですが、もう少しきれいに歌い上げたものを挿入することがよくあると思いますが。

たとえば『ホーホケキョ　となりの山田くん』でも声優さんや僕らジブリの連中が歌っていますけどね。『キリク』では、原版どおり声優さんが歌っています。アフリカを知っていれば分かると思うんですけどね、TV番組の『世界ウルルン滞在記』などでも、青年がアフリカの村に入っていくとすぐに歌になって、踊りながら歓迎したりする。あれは即興の歌をつけて歌っているわけですね。それは、アフリカでは今でも生きている。現実にそういうことが今でもおこなわれているわけです。日本だったら、たとえば沖縄ではあるかもしれないけれども、それ以外ではもうそういうことはない。完全に失われているわけです。それがアフリカでは生きているし、それを踏まえて、あの映画でも即興で作った歌が登場するわけです。それを整然と歌うのではなく、そのときに、できたばっかりに歌っているという印象をちゃんと与えている。

あの歌の「キリクは大きくない。けれども勇敢だ」というのは、大きな男の子が走りながら叫んでいるんです、最初は。それがそのまま歌になっていく。そこにオスロさんの意図がはっきり表れていると思うのですが、セリフでしゃべったものが歌に高まっていくんです。現実に今もおこなわれている、生きている喜びを歌に高めていくという羨ましいような、素晴らしいものがあそこにあるんだと思いますね。水が流れてきたときの歌なんかも、僕は大好きですね。村の長老がハモるのも面白い。

――オスロさんは、ヨーロッパではなく、アフリカの声優を起用して歌わせたそうですね。

歌だけでなく、全部がそうなんです。声の出演は全部、フランスの植民地だった西アフリカの人たちです。録音したのはダカールで、セネガルの人はフランス語を話すわけですね。もとのフランス語版というのは、聞くに値するものです。なぜなら、パリのフランス語と全然違うから。Rの発音なんか全然違っていて、いかにもアフリカのフランス語だということが分かる。非常に感じが出ています。でも、吹き替えてしまうとそれは分からないわけですが、僕は吹き替えたほうを、ぜひ見てもらいたいですね、字幕版も作ってありますけど。なぜなら、セリフが多すぎて、字幕を読んでいると絵を見てられないし、感覚的なインパクトがなくて、内容を頭で理解するしかないんですね。字幕スーパーを尊ぶ風潮があって、もとの発音を聞くためにはそのほうがいいわけですけど、内容をつかまえるためには、吹き替えたほうが明らかに言葉の量も多いですし、アニメーションですから。僕もどっちがいいか最初は悩んでいたんだけど、見た人は吹き替えたことをみんな褒めてくれました。オスロ監督もね。だから、まず吹き替え版のほうを見てもらいたいと思っています。

――吹き替えてあることで、見る側が画面と対峙しますよね。

そうなんですよね。それがよかった。吹き替えの苦労で言うと、それはいろいろありました。まず、声優さんたちは非常によくやってくれましたね。キリクも魔女もお母さんも、そしてお山の賢者もみんなよくやってくれて、僕はありがたかったです。

翻訳には当然苦労があって、こちらは素人ですしね。一番悩んだのは二つあって、一つは根本的な問題として日本語とヨーロッパの言葉と語順が違っていること。日本でも話し言葉とか詩の場合、けっこう倒置法を使うわけですから、この作品で倒置法を使ってみたんです。たとえば魔女が「私はキリクを殺す」と言うとして、「私は殺す、キリクを」というふうにフランス語の語順どおり倒置法を使うことで、憎々しげに「キリクを」と言っているちょうどその顔が映っているときに「キリクを」とセリフが入る。そういう単純な例だけでなく、修飾語が後ろにつくということもしています。「キリクを」というような短いものではなくて、もっと長い、一つのセンテンスになるようなものだって後ろにつけてもいいと。それをやってみたんです。

次に、お母さんはお母さんらしく、子どもは子どもらしくということを、日本語では音声で表現するというより、言葉や言い回しを変えることで表現する言語でしょ。語尾も「ですよ」にするか「だよ」にするかとか、相手の呼び方だっていろいろ変わるわけです。でも向こうは変わらない言語ですね。そのうえ、元の映画が簡潔で、ちょっと変わった文章だったんです。たとえば、最初のセリフは「母さん、ぼくを生んで」ですが、「母さん」と訳したのは、フランス語で「メール」なんだけど、それは冠詞もつかない「母」という言葉なんです、むき出しの。日常の会話ではフランスでそうは言わない。「ママン」です。それを原語に忠実に訳せば、「母よ、ぼくを子ども化せよ」となる。そういうフランス語としてもふつうあり得ない言い方を、この映画はわざわざしているわけです。これを日本語でどう表すかという問題ですよね。

そのあとに出てくる「母さんのおなかの中で話す子は、自分ひとりで生まれるの」というのもたとえばこれを「お母さんのおなかの中でお話しできる子はね、自分ひとりで生まれてくるのよ」とか「生まれることができるでしょ」というふうに訳すこともできるわけです。そのほうが日本の母親としては自然かもしれない。でも原文は「ひとりで自分を子ども化する、自分を生む」という事実だけをぶっきらぼうに言っている。日本語ではそこに感情を入れないと落ち着きが悪いんですが、結局、原版にできるだけ近くして、「自分で生まれるの」という、一種の呪文のような、詩的な言葉でいいんだと決断したんです。本当は「ひとりで生まれる」で切りたいところですけど、最後に「の」をつけました。「の」をつけることでお母さんらしい感情をほんの少し。要するに、オスロさんの文章になんとか近づけるように努力したわけですけど、それが難しかったですね。

――そういうふうに考え抜かれたセリフを、声優さんたちが声に出して表現するわけですが、魔女役の浅野温子さんをはじめみなさん、その役の雰囲気を出していましたね。なかでもお母さんのキャラクターも含めて、それを表す淡々とした話し方が印象的でした。普通だったら、もっとやさしい声だったり、子どもに感情移入したりしそうなんですけど、最後まで態度も話し方も変わらないんですよね。

そうです。それは原版がそうだからです。それに僕も感心して、その感じを出そうということでやったわけです。でも、どうしてもだんだんと興奮してきちゃうんです、人間て。だから、感情が入りすぎたりする。それを抑制してもらわなければいけなかったので、声優さんもたいへんだったでしょうね。

――翻訳作業や吹き替えに、どのくらい時間をかけられたのですか。

吹き替えの仕事そのものは、すごくかかったんです、何回にも分けて一人ずつ録りましたから。僕のせいだけではないと思うのですが(笑)、お金もだいぶかかった分、満足のいくものになったと思っています。

なぜ、この作品にこれほど共感したかというと、最初の話に戻るけれど、たとえば評価してもらえなかったかもしれないけど、僕は十分に意義ある仕事だと思って『となりの山田くん』もやったんですね。『山田くん』だって、理想主義に呪縛されるんじゃなくて、ダメならダメで、まず自分なんてたいしたことないんだ、と認めるところから出発したほうがいいんじゃないか、そのぐらいリラックスしたほうが着実な一歩が踏み出せるよ、ということで共感してもらいたいと思ったわけです。理想ばかりかざしていても、現実がついていかない。そのギャップに立ちすくんでいる人たちが多すぎる。それが嫌だったんですね。そういうふうに、いろんな形で今の風潮に対して、それとは違うものを出していく必要があると思っているんです。その中で、この『キリク』は王道というか、単純なのに深くて、僕なんかがやっているよりずっと大事なところでドシっと押し出している。そこに感心したし、これは絶対日本の人びとに見てもらわなくては、と思ったんです。

――オスロさんは次の作品に取りかかっているようですし、高畑さんも親交のあるロシアのユーリー・ノルシュテインさんは『外套』を何年もかけて製作中ですが、ぜひ、高畑さんご自身の新作もできるだけ早く見たいと思います。何か企画は進んでいるのでしょうか。

　いくつかの企画に関して、やりかけては中断するということが続いていて……。ちょっと難しいことをやろうとしてるんです。自分にとっての課題も大きいけど、スタッフに対する課題も大きいものを考えているんです。そうすると、そう簡単ではないんですよね。そういう状況ですけど、僕も年ですから、そうは作れないので、できることなら、やりたいと思ってきたものをやりたいと考えています。

（『シネ・フロント』二〇〇三年七・八月号）

7　こんな映画をつくってきた

見習い時代に目撃し、学んだこと

私が東映動画スタジオに入社したのは一九五九年四月である。五十数人もの大量採用だった。スタジオは一挙に大所帯となり、若い男女であふれた。映画界は絶頂期、二年もしないうちに急降下して、超斜陽産業に転落するとは誰も思っていなかった。

技術職の仲間は各部署に配属されたが、私たち十人ほどの制作や演出助手候補要員は会議室をあてがわれ、そろばんを習い、あとは何もない日が続いた。スタジオの幹部は、本社の意向で絵描きでない人間を突然大量に送り込まれて困っているようだった。その後、いろんな部署に見習いに出た。与えられた仕事は、動画用紙やセルのタップ穴あけ、カット袋作り、使用済みセルの整理、作業日報の記入など。見通しは何もなかった。しかし、大きな不満はなかった。試雇期間とはいえ、社員採用である。今から思えばいいご身分だったし、勉強する絶好の機会だった。

すでに『少年猿飛佐助』の制作がはじまっていて、それがスタジオの中心だった。仕事をいろいろ見たり、撮影を手伝ったり、作画の残業につきあってちょっと真似事の動画をやってみたり、遅刻と居眠りの常習犯だったとはいえ、私は好奇心いっぱいに過ごせた。雑用係は下男と同じで、存在は無に等しいから、かえってどこにでも出没できる。私は技術課事務員や作画班の役に立たない見張り役をした後、最終段階の編集ダビング(音入れ作業)の走り使いを命ぜられた。十二月の末には封切られたから、『少年猿飛佐助』との付き合いは実質七カ月足らずだったが、その間に見習いとして目撃したり学んだりしたことはすべて新鮮で忘れられない。そのいくつかをここに記してみる。

◆試写室でラッシュ試写を見ていた。突然、真田幸村の馬のむながいからしりがいにかけての緋色の総飾りが膨張してあっという間に血のように流れだし、馬の体が真っ赤になってしまった。おそらくどこかで線が途切れて、総飾りと馬の体の面がつながったために塗り分けられなくなり、全体が一色になってしまったのだろう。塗っているうちにおかしいことに気づきそうなものだが、と思いながらも、ひどく不思議なものを見た興奮が残った。アニメーションの神秘を感じた。

◆「夜叉姫の踊り」という場面がある。途中から急速調で踊りだすと、背景がいわゆる「シュール」な形をなさないバックになる。演出の藪下泰司さんと大工原章さんは、踊り終わるまで普通に八角堂の前で踊るように設定してカットを割り、原画を描いた。セルが出来上がってから、それでは面白くない、妖術使いの狂乱の場として、もっと「シユール」なものにすべきだ、と主張したのは美術の小山礼司さんである。それを藪下さんが受け入れた。小山さんはアンフォルメルな背景を描き、それを寄ったり引いたり回転させたり、カメラワークをつけて撮影し、夜叉姫のセルと合成した。だから、夜叉姫はバックが変わらないのに、寄りになったりフルサイズになったり、画面内で突然サイズを変える。はじめから「シュール」にするつもりだったら、もっとちゃんと出来たろうな、と思いつつも、こういう変更を大胆に提案する小山さんという人に注目した。

◆私がダビンググルームに配属されたのはアドリヴのアフレコにかかるときだったので、すでに編集は終わり、『白蛇伝』も手がけた京都撮影所の「編集の神様」宮本信太郎さんの仕事ぶりを見ることはなかった。しかしその編集替えに驚いた。まず、仔鹿のエリが鷲にさらわれるところ。もとのコンテでは、蜂に追いかけられていくうちに、不気味な影が地面に落ち、その影が仔鹿をつつむ。はっと見上げる仔鹿。見た目で鷲が急降下して来る。仔鹿を襲い、足で掴《つか》んで舞い上がる、という予兆型。あくまでも仔鹿に寄り添ったところから描いていた。ところが宮本編集では、バサッバサッと羽ばたいて飛ぶ鷲の大写しフォローを追加作画させて、その前に入れた。観客が仔鹿よりも先に鷲を知り、「あっ、これが襲いに来るんだな」と緊張してサスペンスが強まる、という狙いである。鷲が仔鹿を沼に落とし、大山椒魚がそれを翻弄するところも同じ。藪下設計ははじめに不気味な波紋、次にちらり尾びれが見える、母鹿が走る、仔鹿に尾びれが近づく、母鹿が駆けつける、仔鹿を尾びれがなぶる、と予兆型で進めていくのに対し、編集されたものは、尾びれが見えた途端、先にドドーンと水中を遊泳する巨大な山椒魚を見せてしまう。「あっ、こいつに喰われちゃうんだ」と手に汗握らせようという魂胆。宮本さんからすれば、ジャリ向け娯楽映画の当然の骨法だったのだろう。

◆他にも追加カットがあった。修業に出かける佐助を慕ってついてくる仔鹿エリ。叱り、木刀を渡す。仕方なくエリが木刀をくわえて岩陰に去る。佐助は安心して道をたどる。そっと岩陰からエリが顔をのぞかせる、佐助が遠ざかる。涙を流しながら佐助を見送るエリ。この寄りのショットを追加した。たしかにそれを入れた方が哀感が出る。そして森康二さんがこの追加カットを作画した。このシーンの担当は大工原さんだったのに。おそらく「可愛いのは森ちゃんが得意だから」という理由だったのだろうが、原画で見るかぎり、立体の捉え方がまるでちがう。別の仔鹿になっている。元々仔鹿のキャラクターを設計したのは森さんで、森さんには、前後の大工原さんの仔鹿に合わせる気はまったくなかった。これには驚いた。ところが、彩色されてセルになり、フィルムになってはめこまれたのを見てまた驚いた。そんな差異はほとんど気にならない。色面のセルで見るのと原画で見るのとでは、線だけの原画の方が、かえって微妙な立体把握を感じ分けることができるのだ、あるいは逆に言えば、セルにすると微妙な差異は見えにくくなってしまう、ということをこのとき知った。しかしむろん、違いが拡大されることもある。それを思い知らされるのはもっと後になってからのことだ。

作画監督を立て、キャラクターの統一をはかるようになるのは、やっと『わんぱく王子の大蛇退治』からである。

◆そのあと、エリが帰ってきて戸を叩き、佐助の姉のおゆうさんが起きると、小猿のチロも目を覚ます。ひょいと身を起こして目をこすり、あくびをしてきょろきょろ、佐助の置き手紙に気づく。それを取って、おゆうさんに渡す、という場面がある。声を入れない前に見て、そのチロの一連の演技が大変印象に残った。無心で自然な名演技ではない。はい、ボクの出番だよ、というように、大向こうを意識しながら子役が与えられた役回りを段取り的にきびきびと動いてこなす感じ。しかしわざとらしいとかではなく、その芝居っ気がむしろ愛らしかったのである。いつかああいう感じが使えないかなあ、と思ったまま、今日まできてしまった。ただし、声優さんのアドリヴが入ったら、どういうことのない芝居に見えるようになったのだが。

◆クマやサルたち、お付きの動物たちが佐助の留守中に畑を耕し、種を蒔いてはカラスがほじくるというシーンがあった。私はうまくいかないのではないか、と危ぶんでいた。どう考えても、土を扱うこういう場面は動画ではむつかしすぎると思った。熊川正雄さんが手がけたが、結局完成しないうちにそのシーンはカットされることになってしまった。

私は『白蛇伝』の担当シーンや『こねこのスタジオ』などを見て森さんを尊敬していた。イモを喰うときのクマの表情や、水遊びをしていてリスが魚を摑み、すべるのを落とすまいとあわてるカットは、原画を見たとき、いかにも森さんらしく、うまいなあ、と感心した。しかし、フィルムになったらそれほどでもなく、声優さんのアドリヴもやりすぎで、アニメーションというのはむつかしいものだなあ、とつくづく思った。

制作主任の茂呂清一さんの似顔絵の山賊が切られて、首が一回転するカットもそうだった。この原画にはみんなが大笑いした。楽屋落ち、というだけではないバカバカしい面白さがはっきりあった。にもかかわらず、フィルムの中ではたいして目立たなかった。

◆佐助が修業から帰ってきて、おゆうさんと再会して抱き合うところを作画するとき、森さんは、カット袋の紙を床に拡げてその上に座ったり立ったり、自分の体を使って演技の研究をした。あまりそういうことをするアニメーターがいなかったので、大変新鮮だった。その佐助のクローズアップはまるでキャラクターがちがい、ふっくらと妙に可愛すぎる。おまけに頰がほんのり紅潮している。デルマトグラフの赤を指でのばしながら、森さんが一枚一枚セルの上から頰紅をさしたのである。その作業を見ながら、凝り性だった森さんの愛を感じた。

◆音関係のダビングには、東京撮影所の監督がよばれた。ダビングがはじまって、藪下さんが息子の結婚式に出席するために大阪へ行かれた。これにもびっくりした。会社は藪下さんの都合と関係なくスケジュールを立てたのだろうか。それにしても演出のくせに無責任な、とも思った。しかし今考えてみれば、東映本社が勝手に撮影所から人を連れてきては作品をひっかきまわすことに対する、藪下さんの一つの抗議のあらわれだったのではないだろうか。

◆母鹿が身代わりになって大山椒魚に食べられたあと、沼のほとりで仔鹿のエリが涙を流す。その見た目の沼面に「おかあちゃん……」とよぶ心の声をアフレコでかぶせることになった。エリの声優さんが何度も何度も、悲しそうに「おかあちゃん……」と言ってみるが、なにかおかしい。わざとらしく聞こえる。どうにもならない。結局本当の子どもがよばれ、素直に「おかあちゃーん」とハナマルキ味噌のCMのように言ってもらってオーケーとなった。これに立ち会って、大人が子どもの声を出すことのむつかしさというより、日本語という言語で感情を音声に託すことのむつかしさを感じさせられた。

◆はじめて見た音楽ダビングは面白かった。本物のオーケストラを使うなんて贅沢なものだなあ、と思った。ノコギリの歯をヴァイオリンの弓でひいて、夜叉姫の妖術の不気味な「ヒユーン、ユヨーン」という音を出すのが珍しかった。このときだったか、休憩時間になると、オーケストラのメンバーが、ティンパニをテーブルにしてポーカーをやりだすのには驚いた。印象的だったのは、作曲家の船村徹さんが、「映画館から出てきたら、すぐレコード屋に買いに走りたくなるような曲を書いてるんだ」とにこにこ言われたことである。

◆私たち新人が予告編に関与させてもらえたのも思い出す。教育映画部で『漫画映画のできるまで』を撮った島田太一監督が課長になってこられて、予告編用に新しくカットを撮影するから、事前に編集した状態でのタイムシートを作れ、と命じたのである。夜叉姫が佐助に追いつめられ、吊り橋の上で、火を発して吊り橋を燃え上がらせるあたりを私は担当した。手をさっと引く動きでボッと炎上するのが日本的というか、気に入った。大塚康生さんの火もうまかった。この夜叉姫を作画した大工原さんは、『白蛇伝』で法海和尚と空中で対決する白娘が玉をかざし、わずかな手の動きで足下から火炎をドオーッと発進させた。新鮮だった。

◆大塚さんの宙を飛びながら逃げる夜叉姫の骸骨については、すでに書いたことであるが、とにかくあれは失敗作ではない。描いているときから、見せてもらっては面白がった。渾身の力作で、リアルだった。そしてリアルに考えて描いたからこそ滑稽感が出たのである。恐がらせようとするならば、リアルではだめで、むしろ超自然的な理解を超えた動きでなければならない。落ちそうになってあわててバランスを回復したりする。おかしくて当然である。それがよかった。悪玉の末路は滑稽でなければ。それをここで学んだ。大塚班に配属されて、ここで大塚さんと出会えたことはほんとうに幸運だった。親切で、何でも教えてくれた。

◆『少年猿飛佐助』が終わったあと、ばらばらになっていて変更箇所も多かった絵コンテをあらためて作り直すことになり、私が完成フィルムにしたがって変更箇所を整理し、絵は新進気鋭のアニメーター諸氏にお願いした。それぞれの人が絵コンテとして描く絵は、あまりにもさまざまなので、これにも驚いた。永沢詢さんが一筆描きの落書きのようにすごくいい加減に描いて、これでいいのだ、と言ったのがマコちゃんらしくて面白かった。

以上、とりとめもなく、入社した年の暮れまでに見習いの新人が目にしたことを書いた。今から四十五年前の話である。

（松野本和弘編、なみきたかし構成・監修『「日本漫画映画の全貌――その誕生から「千と千尋の神隠し」そして…。」図録』「日本漫画映画の全貌」実行委員会、二〇〇四年）

『赤毛のアン』はユーモア小説

──劇場版『赤毛のアン──グリーンゲーブルズへの道』が公開されることになりました。これは制作当時、公開に至らなかった作品と伺っているのですが、そもそも、どういう経緯で出来上がったものなのですか。

ＴＶシリーズで評判になった名作ものを、総集編みたいにして劇場でもやりたいというのは『アルプスの少女ハイジ』でも『母をたずねて三千里』でもあった。僕はそういうのは大嫌いで、絶対やりたくない。劇場用に作っていないんだから、五十二話分をいくら刈り込んでもロクなものにはなりません。有名場面を綴り合わせてお茶を濁すしかない。せっかく丁寧に描いた日常の魅力をみんな取り落としてしまう。『赤毛のアン』も同じことです。だから、ホール上映用に、という話が中島順三プロデューサーを通じて来たけれど、無理ですよ、と。

でもそのとき、冒頭の、アンがグリーンゲーブルズに置いてもらえるところまでをまとめたらうまい具合に一本の映画になるな、と思いついたんです。長さもちょうどいいし、これは結構面白くなるぞ、と。そこで、『グリーンゲーブルズへの道』という題名にして、もし好評ならば、第二弾、第三弾も作れるじゃないですか、だから、その第一弾として作ってみたらどうでしょう、という提案をしてみました。

——それは高畑さんからの提案だったのですか。

ええ。注文主のほうは、テレビで有名になったものの全体を二時間足らずの総集編にしたら、その知名度である程度は人が見に来るだろうという見込みだったんでしょう。だから、これは僕が提案した、一つの詐欺(笑)。

——その作業にご苦労は。

まったくしていないですね。だって、テレビとほとんど変わっていないでしょう? 基本的にはいじらずに成り立つから提案したわけで。実はほとんど編集していないんです。

——確かにどこがテレビの一話目と二話目のつなぎだったのかなというのがわからないくらい、自然につながっていきますよね。それは、ほぼ切っていないということなんですはい。三話目の尻と四話目の頭をダブらせたところを切っただけ。同じ別れを描いてるんですが、視点をマシュウ側から、去っていくアンへと変えてあったんですね。それを片方に整理した。ともかくこれで一本作って、あわよくば評判になって次につながるかもしれない、と思ったけれど、全然だめだったみたい。広島でやった試写会風な上映会に行きましたが、なぜか広がらなかったようで。

——今回これを拝見して改めて原作を読み返すと、いかに原作の会話劇に忠実だったのかということを思い知らされます。それは、当初から演出方針としてあったのですか。

もちろん。面白いおしゃべりな女の子が主人公なんだもの、原作の台詞抜きには考えられませんよ。自分で加えた台詞もありますが、それも、アンだったらこんなふうに言うのではないかと真似て。

『ハイジ』や『三千里』など、我々がそれまで手がけてきた作品は、けなげな子どもが懸命に生きる、そのいじらしい姿を描くというものでしたよね。しかし、『赤毛のアン』はかなり違う。たとえば、マリラが孤児であった自分を引き取ってくれた恩人で、その恩人が自分のために服をつくってくれたのに、今流行りのちょうちん袖じゃないと言って不満な顔をする。『ハイジ』のように、安物のペロペロキャンディーをもらって無邪気に「わーい、嬉しい」と踊ったり、「私、こんなの欲しかったの」なんて言うのとは大違い。そういう子どもをいい子だと思う大人から見れば、アンは可愛げがない。

アンは、思春期に入り始めた子どもで、マリラとは実際の親子関係に近いわけですね。大人から見た理想像じゃない。それが、ちゃんと描かれているので、そこを読みとらないと話にならない。どういうことかというと、アンの言うことにはアンと同じような年ごろの女の子は「そうよそうよ！」とすっかり共感する。日常での自我意識。だけど、それだけじゃない。そのくらいの年齢の子どもを持つ親ならば、すっかりマリラの立場に立って読めるようにも書かれている、ということなんです。「何をばかなこと言っているの！　実用的なのがいいんだよ、服は」というのは、子を持った親ならみんな思い当たる言葉で、べつにアンをいじめているわけじゃない。ここで思わず笑いだす人も多いでしょう。

そうすると、今までのように、視点を主人公の側にだけ置いて描いていたらダメだということです。ユーモアがなくなってしまうから。実は『赤毛のアン』がユーモア小説だということにすぐ気がついたことが、図々しく言うと、僕の一番の功績ではないかと思っているんです。

アンも描いているけれども、その目から世界を見ているのではなくて、世界の中にいる、立場の違った人間が共存している姿をちゃんと平等に描いている。まあ、それ以前でもできるだけそうしてきたんですが、今回はさらにちょっと引いて人物や情況を客観的にとらえようと努力したわけです。

そのように描いておけば、見る人は、アンの立場にも立てるけれど、マリラの立場にも立てる。あるいは傍観者として人間模様を楽しむこともできる。いろいろな立場から見れば、同じものごとも違うふうに見えてくるわけですね。その面白さを、ゆとりを持ってユーモアとして受け取って、笑いながら見てもらいたい。子どもを持ったお母さんは、まさにマリラの立場になったり、自分が娘だったときのことも思い出しながら、二重に楽しめる。原作がそういう構造を持っている話なので、それを活かさない手はないわけですね。ですから、ナレーションも……。

——羽佐間道夫さん。男性ですね。

そう。客観的に実況放送的にしゃべる。それで見る人に画面との距離感をもたせてユーモアと、ときにはサスペンスを感じてもらう。感情移入は各人物に対してそれぞれの客が能動的にできるように作る。感情移入を拒むのではなく、感情移入を作り手が押しつけないようにしたんです。

——『赤毛のアン』は会話劇であるにもかかわらず、しゃべらないところの演出が素晴らしいなと思うんです。たとえば「喜びの白い道」を初めて通ってわくわくした後に、終わってしまった悲しみで胸がきゅんとして、じっと感じているさまなどを、表情でじっくり見せていますよね。

おしゃべりな子が、ただおしゃべりなだけだったらうるさいだけですよね。だから当然そこに感情の起伏や緩急があり、間合いがある。ああいうところを通ったときに胸いっぱいになる感受性を持っているからすてきな女の子なわけで、表出力もあるけれども、深く感受する能力もあるということですね。一々喜びにすることができる能力、それは大事なところです。スペンサー夫人のところで、グリーンゲーブルズに置いてもらえるかどうかで、一喜一憂するところなんかも、作画の櫻井美知代さんとかなり頑張ったつもりですが。

三善晃さんと毛利蔵人さんの音楽

――音楽がほんとうに素晴らしい。三善晃さんがつくられた主題歌もそうですけど、毛利蔵人さんのつくられた劇中曲もバロックが下敷きになっていますよね。

そうですね。バロック音楽はロマン派的なものと違って、感情そのものより情況にうまくつけられるんですよ。思い入れるというより、思いやれるんです。

――バロックって通奏低音があって、その上で音楽が変わっていきますが、アンの不安がずっとある中で、物語が変わっていくというところと合っているのかなと思ったんです。高畑さんは、音楽にはどこまでリクエストをされたんですか。

大してしていないです。主題歌をどうするかで迷っていたときに、プロデューサーの中島さんが、『翼は心につけて』という映画の主題歌がよかったと言うんですね。作曲したのは三善晃さん。僕は三善さんは現代音楽の一ファンとしてよく聞いていましたけど、まさか映画音楽をやる方だとは思っていなかったんです。驚いて、その主題歌をカセットに録音してもらって聞いたら、これが良かった。爽やかで若い人たちにアピールしそうな曲で、こんな歌もつくる人なんだ、じゃあ、ダメもとでお願いに行きましょうよ、ということで中島さんと一緒に行ってお願いしたら引き受けてくださったんですよ。詩は『ハイジ』のとき同様、詩人の岸田衿子さんにいくつも書いていただいた。主題歌のスケッチができて、三善さんのお宅に伺って、三善さんの弾くピアノで聞いたのですが、「うわ、こんなにいい歌を自分の映画の中で使うんだ」と感激して、すごく嬉しかったです。

当時、三善さんは桐朋学園の学長で激務な上に体調も少し悪かった。それで、残念ながら四曲の歌しか作曲していただけなかったんです(劇場版で全曲聴けます)。でも、毛利さんを「私の音楽をよくわかっているから、うまく引き継いでくれるはずだ」ということで紹介してくださって、バトンタッチされたんですね。そしてそのとおり、新進気鋭だった毛利さんが意欲的にやってくださった。バロックは情況を思いやれる力があると言いましたが、「きらめきの湖」のところでも、花が湖面に乗り出していて、まるで妖精が……というところで実際に妖精を飛ばしましたが、そこに入った八分の六拍子のシチリアーノなどもアンが感じているものをまるごと品よく感じさせてくれました。

日常を楽しむための能動性

――これは日常を楽しもうとする女の子の話でもありますよね。今の若い子には、日常に面白いことが溢れていないとか、誰か自分を楽しませてくれという感覚の人が多いように思うのですが、今公開すると、そんな人たちにとって、ズシンと来る作品になるのではないかという気もしたのですが。

それはわかりませんが、僕は日常が大好きで、一番大事だと思うんです。日常をどう楽しむか、ですね。楽しんでいれば、貧富にかかわりなく、自然は恵んでくれる。太陽も照るし、雨も降る。花も咲き、鳥も歌う。そういうものを享受して暮らさなかったらつまらないし、そこは大事だと思っています。でも、じゃあ、そういうものは見たから即楽しめるようになるかというと、それは違う気がしますね。本当の日常には、そこに自分の意欲や好奇心といった、一種の能動性が必要です。

――アンの台詞で僕がとっても感心したのは、これは原作も同じでしたが、「楽しもうと思えば」ではなくて「楽しもうと決心すれば、たいていいつでも楽しくできるものよ」というところ。日常を楽しむには決意が必要なのだという、高畑さんのおっしゃった能動性が感じられるんです。このあたりがアンの生きる力になっているんですね。だから、お皿を一つ洗うのでも楽しくなるということですよね。監督自身の日常を楽しむという感覚と、アンの日常を楽しんでいる感じは、何か共感するものがあったのですか。

あの言葉は、じつはリンドグレーンの『長くつ下のピッピ』にも同じようなのがあるんですね。『アン』の影響がはっきりあって。それでどっちも好きなんです。僕は享楽主義者なので、大雨が降ったあとなら長靴を履いて三宝寺池に、台風が通り過ぎたら多摩川へ遊びに行ったりする。

アンの女の子っぽい感受力を楽しく視覚化する場面を、もう少し入れられなかったかなということが、心残りでしたね。最初にやった妖精が飛ぶ場面のようなことを、別にアンは妖精そのものを見ているわけではないんでしょうけど、その気分というものが伝わるわけだから、もっともっとやっていくつもりだったんですね。じっと何かを見ていると、それが非常に美しく見えてくる。白い画面に、今アンが目にしている木なら木が一本あるだけで、あとは何もない。そういう普通ではない表現をいろいろやれるのではないかと思っていましたが、スケジュールの過酷さもあって、十分やらないうちに終わってしまった。

いい仕事をさせてもらった

――しかし、作り手も凄いメンバーですよね。

そうですね。美術監督の井岡雅宏、キャラクターデザイン・作画監督の近藤喜文、近ちゃん以下、みんな『赤毛のアン』を愛していたんですよ。手を抜けば少しはラクになったのに、誰もそんなこと考えないで、ほんとうにみんなよく頑張った。井岡さんは木々など自然の美しさだけじゃなく、室内でも面倒な壁紙もやってくれたし、近ちゃんなんか、アンが好きなあまり、最初描いたキャラクターは自分の好みのかわいい女の子になってしまった。いまの顔はかなり試行錯誤した結果なんです。この映画版の試写会に一緒に行って「ほんとうに面白かった」と言ってくれて嬉しかったんですけど、「でもあのアンの顔を見ると、やはりぎょっとする」と言ったんです(笑)。

あれは、僕が彼に必死であの顔にしてもらったわけです。つまり、骸骨のように痩せてて、目だけ大きくて、そばかすで、隣人のリンド夫人に「凄い子だねえ」と言われるような変な女の子の顔でなけりゃならない。それでいてどこか不思議な魅力もあり、骨格としては将来は美人になる顔でなくてはならないわけです。たいへんな注文ですよね(笑)。でもちゃんと、あのシリーズを見ていると、だんだん美人になっていくでしょう。

――はい、確かに魅力的になっていきますね。

色指定の保田道世さんも、僕が考えていたのと同じように、アンをリアリティを持った少女として見ていたんですね。最初のアンの服を、いちばん地味な木の色、雨にさらされた木のような色で塗ってきた。孤児院から来た女の子らしく、何度も洗濯して色が褪せたようなところを感じさせる色ですね。それを見て、わかっているなと思いましたね。

あのときは、みんな仲間だし、とくに豪華メンバーだとか全然思っていなかったけど、いまになってみると、みんな凄い人たちだったんだなということがわかる。ほんとうに恵まれていたと思います。

――声優さんたちも素晴らしいですよね。

アンの声を決めるときに、島本須美さんと山田栄子さんの二人が候補として残ったんです。それで大半の人は島本須美さんを推しました。島本さんがほんとうにきれいな声だったからです。原作にもアンはきれいな声だとあるし、当然島本さんですよね。しかし、僕が山田さんを選んだんです。

――なぜですか。

さっき話したユーモアと客観性に関係するんです。この作品にはユーモアが必要。澄んだ声でエロキューションも一流だと、すんなり身に合った台詞に聞こえてしまうのではないか。でもアンはある意味背伸びしてるんだし、子どもにしては言葉を飾りすぎるわけなんだから、それをちゃんと感じさせたい。そう考えると、山田さんの声のほうがいい。彼女には失礼だけど、まだ上手でもない。でも、その一所懸命さがいい方に働くに決まっている。一所懸命背伸びした物言いをしたり、子どものくせにあんなことを言ったりして……というようなことが醸し出すユーモアというのは、なかなか言葉の内容だけで伝えるのは無理なんです。ちょっとひっかかりがあって初めてユーモアが出てくるはずだと思ったんです。それから、マリラが大事でしたよね。北原文枝さんは、すばらしかったですね。しかも、北原さんと録音監督の浦上靖夫さんが山田さんを支えてくれたんです。

――マリラのピリッとした、早くアンを受け入れてくれればいいとこちらに思わせる感じ、迷っているところもいいですよね。根は悪い人じゃないというのが、ちらちら見える。

そういうのがユーモアも含めていいんですよ。今ドラマなんかを見ていると、家族がどうしてこんなに異常にベタベタしているのだろうと思わないですか。気を遣いすぎ。あんなことないですよね。もっとお互いに突き放しているほうがうまくいくはず。僕は、マリラのああいう感じはほんとうに好きですね。

――今回、三十年ぶりにこの作品が上映されるにあたって、改めて何を思われますか。

こういうときって、いつもそうなんですが、一旦びっくりする。そんなの興行的に無理なんじゃないか、よくやるなと思う。でも、それが次第に、やってもらえるのかという喜びに変わってきますよね。見たら面白いはずだというのは密かに思うし、何より一緒にやったスタッフ、中島プロデューサー以下録音の人まで、声優さんも、苦労したみんなが喜ぶんじゃないかと思って。

（インタビュアー・依田謙一。『熱風』二〇一〇年六月号）

TVシリーズ「世界名作劇場」のこと

やるに値するもの

『アルプスの少女ハイジ』は子供のときに読んでいて、好きだったんですけれど、それをアニメーションにする、TVシリーズにするということはすごく難しいんじゃないかなってまず思ったんですね。周りではスポ根が終わりかけていた時期で、メカものが台頭し始める時代でした。でも自分はそういうものはやりたくない。『アルプスの少女ハイジ』は非常に難しいけれど、やるに値するものだし、できればやりたい。ではどうすればアニメーションとして面白く、かつ特性を生かしたものになるか、それをかなり時間をかけて考えたうえでやり始めたんです。その段階で考えたことはいろいろあるけれど、まる一年観客に付き合ってもらうのだから、ただドラマティックに引っ張ろうとするんじゃなくて、日常的なことをしっかり描いて、登場人物やその生活環境をほんとうに身近に感じてもらえるようにしたい、というのが基礎にありました。

人間をまるごと描きたかった

『母をたずねて三千里』をやれと言われたときはがっくり。僕も子供のときに『クオレ』全体を読んでいるんですけど、「えっまさか、『母をたずねて三千里』やるの？」というような感じ。でも、やるとなったら逆にトコトンやろうと。

『三千里』は股旅ものにすることもできたわけです。たとえば、日本のアニメは子供が大人顔負けの能力を持っているものが多いのですが、『三千里』もそういうものにすれば、お母さんを捜すことをベースにしても、一宿一飯の恩義を返しながら、つまり、その能力で人助けをしながら、行った先々で貸借対照表が常にプラスになるようにできるから、見る人は明るく見ていられるし、お母さんが見つからなくてもそれほど辛くない。でも僕らは、ほんとうに何も持たない少年が人の世話になりながら恩義ばかり重なっていくという、借りばっかりが増えてくような話にしました。原作どおり、それをちゃんとやった方がいいんじゃないかと。

イタリアの敗戦の仕方は日本とは違いますけど、戦後イタリアのネオレアリズモ映画のように現実を見据えた作品が何本も作られました。僕らは大きな影響を受けたんです。代表的な作品を挙げれば『自転車泥棒』。そこにはほんとうに辛い体験をする子供が見事に描かれています。たしかに見ていてしんどいかもしれません。だけどね。今は快くて癒しになるような作品が流行るわけだけど、そんなものは現実を生きていく上ではほとんど役に立たない。世の中にはそうそう上手くいかないことがあるんだと分かっていた方が、挫折を味わったときにそれを乗り越える力が身につく。ネオレアリズモ作品も、今こそ見直されるべきだ、と強く思っています。

それから、人間の両面、要するに人間をまるごと描きたかったんですね。確かに悪役は主人公を虐《いじ》める徹底した悪役に描いた方が、子供は非常に強い義憤を覚える。主人公に同情しやすいでしょう。でも、悪人は悪人の事情があってこうなるんだという面も、きちんと描かないとダメなんじゃないかなと思うんです。

ペッピーノだってまあひどい男ですよ。彼は山師です。山師だけど同時に彼なりの義侠心もある。頭の中では自分に有利なことを考えたがってはいるけど、でもマルコに対してあのような態度を見せる。根は善人です。もっとひどい奴の場合でも、その裏にはこういう悩みや事情があることも描く。ネオレアリズモ作品もそうですけど、その方が真実だし、人生を生きていく上で役に立つ作品になると思うんです。そういう考えを、脚本を書いた深沢一夫さんと共有していたわけです。

でも『三千里』は辛かったですね。お母さんには全然会えないし。五十二話もやるのだから、お母さんに会えるのは終わりの方だろうし、途中見る必要ないなんて感じでね。視聴率的には股旅ものにすべきものなんでしょう。でもそれだったらやる必要ないと僕は思ったんです。あんなものをやるの？　と最初は言ったけど、でも子供のとき、本を読んで怖くてドキドキ興奮した覚えがあるので、「よかったね」だけじゃない辛い話というものも子供にとって意味があるのではないかと。二十世紀になって、子供の気持ちを生き生きと開放する文学が出てきたのは素晴らしかった。でも場合によっては、快楽主義、癒し、慰めしかもたらさないものになります。子供の心を開放すると言えば聞こえはいいけれど、子供を甘やかして終わる場合もある。アニメはもっとそう。主人公が愛と勇気で危機を打開する。どこで修行したんだろう？　愛と勇気だけで強くなれるの？　と僕は言いたい。

僕がやったものだけじゃなくて、こういうシリーズの持っている、日常的に付き合っていく中での様々なヒダヒダを描くこと。生活していく中には耐えなくちゃいけないこともあるし、輝くときもある。生きていく上ではいろいろあるんだっていうことを子供たちに知らせる意味で、こういうシリーズは存在し続けて欲しい気がします。

ユーモアの生まれかた

『赤毛のアン』をやれと言われたときもびっくりしたんです。『アン』はおしゃべりな少女の話で、それが大きな魅力ですよね。それを一体どうするつもりなの？　と思いました。アフレコなんですから、しゃべっているところはこちらの設計に合わせて声優さんはしゃべるわけで、声優さんが間合いを作ってやれるわけじゃないんです。長いセリフをどのくらいひと続きでしゃべるかとか、どのくらい呼吸をおくかなどを事前にこちらで全部計算しなきゃならない。むろん、表情や仕草もね。で、声優さんの方は、それに無理矢理合わせながら人物像の感じや気分を出さなければならない。どちらも大変なんです。

やるならそういうところを逃げないでやろうと思ったんですが、実際には、絵が全然間に合わなくて、ただ赤や青の線が引いてあるだけの設計フィルムに向かって声優さんに声を合わせてもらわなければならなくなってしまった。こんなひどい方法でもなんとかなるのがアニメの特性ですが、みなさん実に見事にやってくださった。だから山田さん北原さんはじめ、声優さんや録音監督の浦上靖夫さんに感謝せずにはいられないんです。

アンは思春期の少女ですよね。マリラという育ての親が非常に大事な役割を果たすわけですけど、アンの気持ちだけじゃなくて、マリラの気持ちが、親になっている僕とか世間の親たちにはとてもよく分かるわけです。そうするとアンの視点だけから描いたのではダメなわけで、両方のどちらに立って見ても、納得できるように作らないといけない。ちょうちん袖が欲しくて、せっかく服を作ってもらったのに喜ばないとか……、アンの気持ちに寄り添ったら、〝そういう少女の気持ちを分かってくれないマリラ〟ということになる。でも、それは分かってくれないのが当然なんですね。親にしてみたら

〝何バカなこと言ってるの、実用的なものが一番いいよ〟と言う。そんな両者をきちんと客観的に描く。

客観的に描くことでそこにユーモアが生まれてくる。もしもアンの立場だけに立ってしまったら思春期の子供は感情移入するかもしれないですけど、もうユーモアはないし、親になってから楽しむこともできないでしょうね。だからどちらからでも見られるように作りました。

主人公とまるごと付き合っていく

このシリーズでは、見る人が毎週その主人公に付き合っていくわけですから、主人公やそれを取り巻く人々だけじゃなくて、住んでいる環境やいろんなものに、まるで自分がそこに行ったことがあるような、知っている場所のような感じがしてくるように作るべきだと考えたんです。そういうことをちゃんとやれば、見ている子供たちはずっと付き合っているわけだから、たとえば日本の町だったら、どこを曲がってあの家の前を通ると必ず犬がわんわん吠えるとか、どこにポストがあるとか、いつの間にか地図で書けるくらいになるはずなんです。『ハイジ』だったら村があって、登って行くと途中にペーターの小屋があって、さらに林を抜ければハイジの小屋が見えてくるとかね。『三千里』のジェノヴァの町や『アン』もできるだけそうやったつもりです。毎週見ていくことによって、主人公とも親しくなっていくし、その主人公がいる場所もそこに現実に生きるわけじゃないけど、それに近い感じが持てるようにする必要があるだろうと。

毎日何をやっているのか、生活が分かってないとその人と付き合っている感じがしないと思うんです。事件で付き合っているんじゃなくて、生きていること全体に付き合っていく。主人公とまるごと付き合わなくちゃならない。普段、朝何を食べているかとか、生計を立てる方法とか。五十二話延々とやるわけだから、そういうことが大事で、そのこと自体が非常に新しいシリーズになりえたと思っているわけです。TVシリーズでしかできない、映画じゃ絶対不可能というものにね。映画にしてしまうと全部切り捨てて、刈り込んでしまわざるをえないものが出せるんです。ごく日常的なことを積み重ねていく。実はその中に強いサスペンスがあるんじゃないかと。

表現に関してですが、それまでの漫画映画だったら、たとえば殴り合いをしてコブが出ても、水をぶっかけられても、次の場面ではコブもなければ着物も濡れてなくて平気だった。つまりアニメだからということで許されることがたくさんあったわけですね。走るのだって考えられないようなスピードでビャーっと来る。その方がアニメらしいし、むしろ爽快感があるわけですから。

でもきちんと日常的なものに現実感を与えようとすればそうはいきません。見る人がその世界を信じ始めた途端にそれに誠実に応えていかなければならない。たとえば、屋根裏部屋に雪が降り込んできて、寝ているハイジの肩に積もる。どんなに寒かったろうかと見た子供が心配してくれるんですね。ただのお話じゃなくて、現実として受けとめるわけです。そういう気持ちを裏切らないように細部をきちんと描かなければならないし、ウソくさいドラマを作らないように心掛ける必要があります。むろん、すべてちゃんとやれたわけじゃないし、結構ひどい嘘をついたりしましたけど、でも子供がリアリティを持って受け止めてしまったら、勝手に裏切っちゃいけないことは学びました。

日本を舞台にしたい

それから僕が非常に強く願いつつ、しかし全然できなかったのは日本のものです。日本の作品をやりたかった。こちらはアルプスやカナダで生活したわけでもなんでもないのに、作品を作るに当たって細かい文化人類学的なことを真面目に調べたりしたわけです。そのくせ、日本については自分自身も含めてそういうことをまるでやってない。周りを見回すと日本の過去や生活そのものについても知らないことがいっぱいあるんです。農器具なんかは土地の資料館、民俗資料館みたいなところにたくさん置いてある。だけど一体どうやって使うのか、今の若い人は誰も知らない。僕くらいの世代は知っているんだけど、伝えていない。そんなことでいいんだろうか？　『ハイジ』でチーズをあぶって食べて美味しそうだと言ってくれるのは嬉しいけど、日本のことを何も知らないままではね。

結局僕らが作っているのは、一生懸命生活を描いたとしても結果はファンタジーとして受け取られてしまうんです。西洋への観光旅行と同じ。ヨーロッパには爆撃を受けなかったところは百年前の写真とほとんど同じにしか見えないような素晴らしい景色がいっぱいある。日本では十年後に行くとまるで変わっている。そういう日本に暮らしながら、憧れのヨーロッパでファンタジー心を癒すんですね。憧れだったら、それに学んで日本の美しい景観も破壊せずに守っていったらどうだろうかという発想につながるはずなんだけど、なかなかそうはならない。今は映像もそういう癒しの役割を負っていて、現実では満たされないから、甘美な世界を映像の中で味わおうということになってしまうんですね。

要するに日本をちゃんと調べて題材にした日常的な作品というものをやったらどうかなと。子供の心を開放して生き生きさせるような、二十世紀になってイギリスを中心に世界的に起こってきた児童文学を見習いながら、できるなら日本を舞台にして。そうすれば意味のある仕事になるし、それだけの積み重ねはしてきたんじゃないかと思ったんだけど、実現しないままこのシリーズは終わってしまった。

僕自身は『赤毛のアン』が終わった後、『じゃりン子チエ』以来ずっと日本を舞台にしたものしかやってない。これからやるとしてもはっきりそのつもりです。日本を舞台にしたい、それに意味があると思うんです。西洋が嫌いなんじゃないですよ。西洋に学ぶことは今もいっぱいある。

日本のものをやりたくなったもう一つの理由は、言語と仕草の問題です。言語が変われば話すときの仕草も変わります。アンはほんとうは英語をしゃべっているわけです。マルコはイタリア語、ハイジはドイツ語です。ところがそれを日本語でやらなくてはいけない。そうすると日本語でやる以上日本語をしゃべったときにおかしくないような芝居をつけるしかないんです。西洋人が西洋語をしゃべるときにつける大きなジェスチャーで日本語をしゃべったら、いやらしいだけなんですね。

それで、今度は作品を輸出してイタリア語や英語になったとき、なんで全然動かないんだ、ってなるわけね。この矛盾が僕は嫌なんですよ。言語と仕草について関心を持っている人間には耐えられないですね。西洋語でやるときは、アフレコじゃなくて、必ず先に声を録ってそれに合わせて絵を描きます。日本語みたいに事前に計算できないからです。この問題は根本矛盾であって解決しないことなんです。

『アン』は、結構よく作ったつもりです。でもやっぱり吹き替えたら、英語ならまだしも、イタリア語みたいに伸び縮みがある言語だと、ちょっと辛いだろうなと思うんですね。ただ、あの村の人たちはスコットランド出身の禁欲的なクリスチャンなので、あまり表情も変えずジェスチャーもせずにしゃべる人たちですから、そうおかしくないかもしれないけれど……。

一緒にやってくれた人たち

このシリーズでは、脚本であれ絵コンテであれ、作画や仕上げや撮影・録音であれ、多くの方々から大きな力を借りる必要がありました。けれども同時に、統一された一つの作品として打ち出していくためには、僕らメインスタッフが大幅に介入しても許されるという状態が必要なんです。両方とも必要なんですよ。〝信頼しているからその脚本通り、絵コンテの通り現場の演出をやります〟というんじゃない。こういう話にしましょうと発注するわけですから、それが自分たちの考えていたものと違っていれば、自分の考えているものに直させてもらう。でもそれはそこまでやってくれた力を大幅に借りているわけですからね。人の力をものすごく借りながら、尚かつメインスタッフがその主体性を失わないで、統一的な作品を作る。

だから一番大変だったのは、ずうずうしく言えば、むろんメインスタッフです。でも力を貸してくれた側も、その人たちの持っている力を惜しみなく出してくれたわけですね。それがなかったらメインスタッフだけが頑張ったってやっぱりダメなんです。もしも悪い状態のものばかり上がってきたら、それを全部直す時間なんてないですから。

素晴らしい美術をやってくれた井岡雅宏さんでさえ、このシリーズに携わった当初は、この程度でいいかな？　みたいな気持ちで入ったらしい。ところが宮崎駿さんや小田部羊一さんとかがどれだけ懸命にやっているかということを知って、これは全面的に力を出さないとダメだなって思って頑張ったと言っています。そういう力が働くんですよね。美術の下で背景を描いてくれた人も井岡さんを尊敬していたし、しかも作品を愛してくれて、そのために力を発揮しようという気持ちでやってくれるわけです。新しく発注した人なんかはそこまで考えてないけれど、だんだん集中してくる。それぞれみんなが頑張っていると自分だけ手を抜いて楽をしようなんていうことにならないんです。真面目に頑張り抜く人たちがやっていれば、そこに集まってきてくれる人も染まっていって、ほんとうに努力してくれるようになる。そういうものの成果だと思うんですね。

一言で言ってしまえば、心を一つにして、気持ちを一致させて頑張り抜いた。これは自分にとって素晴らしい経験でした。ほんとうにみんなに感謝しています。一緒にやってくれた人たちに恵まれたと。僕の担当した三本とも、メインスタッフはもちろん、力を貸してくれた人も、今思えばよくぞ集まったと驚いてしまうような錚々たるメンバーですよね。

スケジュールがどんどん遅れて一週間に一本ずつ作るのがほんとうに苦しかった。前日納品になってしまう。局からすれば放映の前の日に納入するなんていうのは許されざることなんですね。プロデューサーの中島順三さんなんかは局でひどいことを言われたに決まっている。だけど中島さんは頑張り抜いて局より現場を優先してくれた。最悪の制作条件になってしまったけれど、それでもみんなギリギリまで作品に集中してくれた。プロデューサーから録音まで、全員一致して作品のために頑張ってくれた、そういうアンサンブルで生まれた幸せな作品たちだと思います。

（ちばかおり『世界名作劇場シリーズ　メモリアルブック　アメリカ&ワールド編』（新紀元社、二〇〇九年）掲載のインタビュー）

8　伝えたい、このこと

戦争とアニメ映画

戦時中のアニメ

アニメーション映画は、単純で、動物などを使って寓意を込めることができます。

一九五七年、発足したばかりの東映動画では『ハヌマンの新しい冒険』という、タイのアメリカ大使館から発注された作品を作ります。そして翌年には、同じアメリカ大使館からの発注で『熊と子供たち』という露骨な反共映画が作られました。原画をやらなければならなかった大塚康生さんによれば、「ソ連をあらわす大きなクマが、中国とはっきりわかるおさげ髪の少女や、タイ、フィリピン、インドネシア、それにビルマをあらわす民族衣装を着た子供たちをつぎつぎと食ってしまう」という内容だったそうです。誰も知らないところで、日本の漫画映画もアメリカの「冷たい戦争」に協力していたわけです。

第二次大戦中、ナチスドイツでは、そういう動物を使った露骨な宣伝漫画映画を、周辺国向けに作ろうと努力したようです。そのいきさつや作品の一部が、十二年前でしたか、NHKで放映されました。たしか、充分な成果を上げる前に敗北を迎えてしまったのだったと思います。

フランスはどうかと言いますと、第二次大戦ではすぐに負けてしまいましたので、以後ドイツ占領下に置かれます。実写映画では、亡命せずにフランスにとどまった映画人たちが、『悪魔が夜来る』『天井桟敷の人々』など、たとえ自由を奪われていても、精神の自由だけは絶対に失わない、という心意気や誇りを示して、占領下のフランス人を励ましたことが有名です。タヴェルニエ監督の『レッセ・パッセ』では、当時の気骨ある映画人たちの姿が描かれています。

アニメはどうだったでしょうか。じつは、アメリカ製のカーツーンが入って来なくなったことで、かえって国産の道が拓けた、という面白い事実があります。ポール・グリモーは、戦後に名作『小さな兵士』や『やぶにらみの暴君』(現在の『王と鳥』)あるいは戦争や武器や新植民地主義を告発する短い作品を作った、フランスを代表するアニメーション作家ですが、この占領時代に短編アニメを数本作り、その間に実力をつけていったのです。むろん、内容は戦争とは何の関係もないものです。

アメリカでは、戦時中、ディズニーも、かなり露骨に日本をバカにした短編を何本か作ったはずです。日本ではむろん公開されていません。面白いのは、軍務についている者たちのためだけに、『プライヴェート・スナフー(Private Snafu(Situation Normal, All

F...d Up))』という滑稽アニメが、一九四二年から四五年まで、ワーナーやＭＧＭのスタッフでかなりの本数作られたことです。スナフーという名のダメな兵隊が主人公で、ヘマばかりやる、という内容で、「面白くてためになるアニメ」というのが狙いでした。それを反面教師にしろ、ということなのでしょう。チャック・ジョーンズなど、アメリカアニメを代表するような作り手がそれにたずさわっていて、いま見てもなかなか面白く出来ています。当時、あのフランク・キャプラが大佐で、軍の映画部の責任者でした。アメリカはここでも余裕を見せています。

で、日本。日本では戦時中、あの大藤賞の大藤信郎氏によるものをふくめ、何本かの戦争協力映画が作られたはずです。戦後米軍に没収されたか自主的に廃棄したか、とにかくいまそれらを見ることはできないと思います。

『桃太郎・海の神兵』

『桃太郎・海の神兵』も、アメリカに没収されたと思っていたのが松竹の倉庫で発見されて、話題になり、フィルムセンターに収められたものです。手塚治虫さんが子供の時見て感激し、アニメを志すきっかけになった、という点でも名高い作品です。これは一九四二年に作られた『桃太郎の海鷲』の続編で、どちらも海軍省の発注です。

戦意昂揚映画のはずでしたが、出来上がったのが一九四五年で、東京大空襲をはじめ、各地が空襲にさらされていた時期ですから、人々を励ますどころか、ろくに公開もされないまま終わってしまったのでした。

技術水準の高さ

内容についてはあとで触れますが、この作品の技術水準の高さには驚かされます。しかしじつは、アニメーターはほとんどがすでに徴兵され、ごく短期間で養成した新人たちがこの作品の作画を担当したのだそうです。監督は瀬尾光世氏ですが、新人を養成したのは、影絵シーンの演出と作画を担当した政岡憲三氏です。政岡さんは、一九四二年、名作『くもとちゅうりっぷ』を作った方で、日本漫画映画の父、と言われています。私は一度お会いしたことがあり、心から尊敬しています。アニメーション技術の理論面でも、それを具体化する方法論でも、政岡さんはじつにしっかりしたものをすでに確立しておられました。だから即席の新人養成もできたのだと思います。『桃太郎・海の神兵』は日本初の長編漫画映画です。しかし、そこでの経験や達成された技術は、戦後のどさくさもあって、私たちにストレートに受けつがれていったわけではありませんでした。もし、戦争がなかったら、日本のアニメーション映画はどのように発展していったのか、いろんなことを考えさせられます。

若者はどう見たか

一九八四年、これがフィルムセンターではじめて上映されたとき、多くの若いアニメファンが押しかけました。そのために、上映回数を増やしたくらいでした。そしてギャグのところでは無邪気に笑って見ていました。私は、ひょっとしたら、この青年たちは何もわかっていないんじゃないか、とぞっとして、あとでそういう青年たちと話し合う機会を作ってもらいました。やはり予想は的中しました。

舞台がインドネシアだということも、インドネシアがオランダの植民地だったことも知らない。大東亜共栄圏の実態も知らない。まあそれは仕方がないのかもしれません。しかし動物たちが動物ではなくて、アジアのどこかの人々だということは分かったのに、日本軍のために働かせたり、日本語を教えたりするシーンも、ミュージカルで「明るく楽しく」描いているからあまり気にならなかった、自分も楽しんだ、って言うのです。インドネシアの人が見たらどう思うだろう、などということは、誰も考えませんでした。それから、平和な情景や兵隊さんのやさしい心が描かれているのを見て、「こういう時代だからこそ、自分の描きたい平和とかを書きたくて作ったんじゃないか」と思ったそうです。ある大学生は「作り手のそんな気持ちが伝わってきたからこそ、この映画をどういう目的で作ったかとか、日本の侵略とかいうものを、自分はほとんど感じなかったのだと思う」と言いました。いろいろ話し合って事情が少し分かってからは、「心ある人がこういう映画を作らざるをえなかったとしたら、つらかったと思う」というような意見が出ました。どうも、あの戦争に、当時の人は賛成していなかったのだ、強制されて、心ならずも戦争に協力したんだ、と思い込んでいるらしいのです。そのときの青年たちは今ではもう四十数歳になっているはずです。

反戦アニメについて

ところで、戦争反対と平和を願う気持ちを子供たちにもってもらおう、という狙いで作られたアニメは、かなりの本数あります。これは日本のアニメーション映画の大きな特徴の一つです。私の『火垂るの墓』などもそういう一本と見なされているのかもしれません。その多くは、戦争末期の悲惨な体験を描きながら、もうあんなみじめな思いや経験はしたくない、させたくない、というかたちで反戦気分を共有させようとします。それは一定の成果を挙げていると思います。

しかし私は、『火垂るの墓』を作る前も、今も、真の意味で反戦ということで言うならば、こういう映画は真の「反戦」たりえない、というか、たいして有効ではない、と思い続けてきました。戦争がどんなに悲惨かは、過去のことを振り返るまでもなく、現在、日々のテレビのニュースでも目撃できます。しかし、どの戦争も、始めるときには悲惨なことになると覚悟して始めるのではありません。アメリカにとってのヴェトナム戦争のように。今度のイラク戦争だってそうです。

私たちみんなが知らなければならない最大の問題は、戦争を始めるときのことなのではないでしょうか。戦争をしないで済むように国際協力を発展させ、国際間の問題を平和的に解決するための知恵と努力を持続すること、それこそが真の「反戦」だと思います。

主人公を勝たせたい

話がそれるようですが、いまは「泣ける」映画しか大ヒットしません。悲しくて泣くのでも、可哀想で泣くのでもなく、みんな感動して泣きたがる。「泣けた」というのが映画への褒め言葉です。ですから、作り手は、主人公にうまくいってほしいとそれだけを観客が願うようにもっていければ、もうしめたものです。腕のいい作り手は、リアリティのある高い水準の映像の力で、巧みに観客を引きずり回したあげく、どうしてそんなにうまくいくのか分からないまま、上手に話を運んで大団円にもちこみます。すると、みんな何度も何度も泣いてくれます。ひたすら主人公を応援して、気持ちよく感動したがっているのですから。そんなうまくいくわけがない、ということなど考えたくもないらしいのです。目覚めた知性や理性はその「感動」の前には無力です。

もし日本が、テロ戦争とやらをふくめ、戦争に巻き込まれたならば、六十年前の戦時中同様、大半の人が日本という主人公に勝ってほしいとしか願わなくなるのではないかと心配です。そして気持ちよく感動しようとして、オリンピックでメダルを取るのを応援するように、日本が世界の中で勝つのを、普通の大国として振舞うのを、みんな応援するのではないか。

いま、戦争末期の悲惨さではなく、あの戦争の開戦時を思い出す必要があると思います。それまで懐疑的だった人々も大多数の知識人も、戦争が始まってしまった以上、あとは日本が勝つことを願うしかないじゃないか、とこぞって為政者に協力しはじめたことを忘れてはいけない。そして有名人をふくめ、ほとんどの人が知性や理性を眠らせてしまい、日本に勝ってほしいとしか願わなくなっていたのです。ウソの情報を与えられて、だまされていたんだ、あるいは反対できる雰囲気ではなかったんだ、と言い訳することもできますが、それは後の祭りですし、勝ちいくさの時の情報はおおむね正しかったでしょう。私は国民学校四年生で空襲に遭い、玉音放送を聞きました。開戦当時は小さかったですから、よく分かっているとは言いませんが、少なくとも太平洋戦争を始めた頃、大多数の人々は心から戦争を支持したのだと思っています。それまでの日中戦争もそうです。あの頃の戦勝旗行列・提灯行列は、決して強制されたからやったのではなくて、みんな喜んで参加したのです。つまり大々的に応援したのです。そして酔ったように感動したのです。そして戦争に反対した少数の人々は、すでに牢屋にぶち込まれていました。

歯止めがかからない

でも、戦争は映画ではないから、うまくいくかうまくいかないかは、それを応援する願望の強さによって決まるのではなく、冷厳な現実によって決まります。そして映画の巧みな作り手とちがい、無能な為政者は、うまくもっていってくれるどころか、ずるずると負け続け、やめることもできず、結局、国民を玉砕・原爆・空襲・引揚げ・抑留などの悲惨な現実に直面させたのでした。

やめることもできなくて、ずるずる。歯止めのかけようがなかったのです。別の意見をもっていて、方向転換を打ち出せたかもしれない少数派は牢屋の中でした。「大和魂」「撃ちてしやまむ」「一億火の玉だ」「本土決戦」「神風が吹く」。今からみればばかばかしいとしか思えませんが、ただただ日本に勝ってほしいという、みんなの中にあった単純な願望が、為政者のそんな非理性的な世迷《よま》い言《ごと》を支えていたのです。「非国民」というのも、特高が使うだけの言葉ではありませんでした。普通の人々が、「おまえ、それでも日本人か。日本が負けてもいいのか。日本が勝つことを望んでいないのか。卑怯者！」という意味で、弱音を吐く連中を「非国民」と決めつけたりしていたのです。「負けてもいいのか」と詰問されて、「負けてもいい、いや、はやく降伏した方がいいのだ」と勇気をもって言える人はほとんどいませんでした。

あの戦時中とこれからと、どこが違うでしょうか。むろん大きく違います。しかしいまみんな、理性を眠らせて、映画を見ながらうまくいくことだけを願い、それが満たされて、感動の涙を流しています。このような精神状態は、まったく戦時中の前半とよく似ているような気がするのです。で、現実は映画とちがうから、やめることもできなくて、ずるずると深みにはまる可能性がたいへん高いのではないでしょうか。八月のオリンピックの野球で、日本代表の負けがほぼ決定的になったとき、みんなの願望を代表して、アナウンサーは絶叫しました。「ここで絶対負けるわけにはいきません！」そしてその絶叫の直後、負けが決まりました。こういうアナウンスも、すごく日本的で、どこの外国でも同じ、というわけではありません。

この情けない私たちに歯止めをかけるすべはあるのでしょうか。知性や理性を眠らせないですむ方法はあるのでしょうか。

憲法第九条こそが歯止め

そのための根本理念が、憲法第九条なのではないかと私は思います。

あの高く掲げられた理想主義の旗。それと、これまでの日本の現実の歩みとのギャップはたしかにたいへん大きなものがあります。しかし、第九条があったからこそ、戦後の日本はアメリカに従属していたにもかかわらず戦争に巻き込まれないで済んだし、また、過去に侵略したアジアの国々との関係で過度の緊張が生まれなかったのだ、という事実を、しっかり認識し直すべきときだと思います。また、この理想と現実の相剋があるからこそ、多くの人々の知性は目覚め続けざるをえなかったし、ずるずるいかないための大きな歯止めになってきたのではないでしょうか。理想と現実の相剋を、理想を捨て去ることによって解決しようとすることほど愚かなことはありません。この大きな歯止めをはずせば、あとはただ最低の現実主義で悪い方へずるずるいく危険性がまことに高いと思います。歯止めをかける能力は、今のひどい、最低のアメリカよりも、日本国民はさらにもっと低いのではないか。民主主義、意見の違いを許す度量、あるいは人と違うことをする人間を認める度量、そのどれをとっても、歴史的に異分子を排除する、全員一致主義をとってきた日本の方が、アメリカよりずっと劣っているのではないでしょうか。集団主義をとってきた私たちは、残念ながら、歯止めがかからなくて、ずるずる行きやすい体質をもっているのです。若い人たちは違うと思いたいのですが、どうも全然変わっていないとしか思えません。

第九条がなくなったらどうなる可能性が高いのか、それを、憲法と現実との整合性を求め、現実に合わせるべきだと思っている人々にも、絶対に考えてもらいたいと思い、かなり生ぬるい意見を述べました。

ともかく、いまこそ憲法第九条を高く掲げ、その精神にのっとった外交と真の国際貢献・国際協力をすすめるべきときではないでしょうか。ありがとうございました。

（二〇〇四年十一月二十四日、映画人九条の会結成集会での記念講演。『シネ・フロント』同年十二月号所収）

後輩の皆さんへのお願い

もうすぐ二十一世紀を迎えます。皆さんはその頃、社会の中核を担っているわけです。ところで皆さんは、近づきつつある二十一世紀にどういうイメージをいだいているでしょうか。自分がいま勉強しているのは、きたるべきどういう社会に適応するためなのか、皆さんを待っているのはどんな社会なのか、あるいは皆さんはどんな社会を作っていかなければならないのか、考えてみたことがあるでしょうか。情報化、国際化、民主化、自由化、民族主義、新たな社会主義等々、様々な言葉がゴチャゴチャと頭の中を飛び交い、なかなかすっきりとは考えられないことでしょう。自分個人の進路を考えることで精一杯、あるいは勉強が忙しくてそんなどころではない、と言う人もいるでしょうね。しかしともかく、未来を思い描くことに関して、高度成長期以前のまだ貧しい頃に高校生だった私たちにくらべ、皆さんのほうがずっと難しいとおもいます。そしてそれは大人たちにとっても同じことです。たとえば日頃口にしている食品一つをとっても、今では世界全体のことが直接自分の暮らしにかかわっているのですから。

私にも未来を予測する能力などまったくありませんが、恐ろしいことを一つだけは言えます。それは環境破壊、資源エネルギーの枯渇、人口爆発等々、相互に絡まり合っている地球的な規模の深刻極まりない大問題を、手遅れにならないうちにすべて解決しないことには人類に未来はない、ということです。目の前にこれほど大きな困難が待ち受けていることを予告された時代は、人類が出現して以来一度もありませんでした。しかもこれらの大問題は、解決にむかっているどころか、現在も日々進行中でむしろ深刻化するばかりです。これはマスコミをつうじて皆さんもイヤになるほど聞かされてきたとおもいます。皆さんにしてみれば、勝手放題やってここまで荒らしておきながら、さあ、後を何とかするのはお前さんたちだよ、と言われているようで、きっと腹に据えかねることでしょう。しかしこれが厳しい現実なのです。申し訳ないけれど、皆さんにはこれに立ち向かって貰うしかありません。

環境保全回復、自然保護再生、新エネルギーの開発、途上国における人口抑制、どれをとっても難題だらけです。可能な限りその努力を続けなければならないのは勿論ですが、結局のところ行き着くのは、いわゆる先進国に住む私たちの、自然・資源・エネルギー蕩尽型の暮らし方の再検討ということにならざるをえないと思います。地球上のあらゆるものが有限で、ただそれらが様々に姿を変えながら循環しているだけだということが分かった以上、地球が与えてくれるこの有限の富を、循環可能なまま人類全体で分かちあう方向へもって行くのが最も賢明な道だからです。私たちがこんな無駄や浪費の多い暮らしをしていて良いはずはありません。楽ばかりしておいて、そのあとジョギングやエアロビクスで贅肉をとる、どうかしています。私たちは今、昔の王侯貴族も出来なかったことを皆でやろうとしているような気がします。金持ちだけの遊びだったゴルフを国民全員がやれば、山が丸坊主になるのは当然です。私たち、いや、皆さんは必ずや人生の途中で今の妙な(皆さんは妙だとは思ってないかもしれませんが)暮らし方を変えていくことになるでしょう。変えざるを得ないでしょう。

そんなのは勝手な意見だ、キレイごとだ、それにいまそんなことを考えるヒマはない、ほうっておいてくれ、勉強が忙しい、と言われるかもしれません。しかしもう少し考えてみて下さい。自分たちだけが今の奇妙にヌクヌクした暮らしを続けつつ、新たにそこへ参入しようとする人々を徹底的に排除することは可能でしょうか。不可能ですね。だいいち、日本などの先進国は工業製品を世界中に売りつけることで、広めることで、今の繁栄を得ているのです。途上国といわれる国々の土地を荒らしながら食糧や木材や様々な資源を手にいれて、今の繁栄を得ているのです。いわゆる発展途上国も、途上という言葉に端的に表されているように、国土と民衆を犠牲にしてまで必死に先進国並みになろうとしているのです。けれども、今からはっきり分かっていることは、ものすごい勢いで増え続けている人口を計算にいれなくても、地球上の全人類が私たちのような暮らし方をするようになるまえに、地球はパンクしてしまう、ということです。

そんなイヤな話は聞きたくない。いまそんなこと考えても無駄だ。成り行きにまかせるしかないじゃないか。だいいち、個人に何が出来るんだ。テレビで「これは一人ひとりが考えなければならない問題です」というのを聞くたびにアタマに来るぜ。イライラしはじめた皆さんの顔が目に浮かびます。そうです。皆が個人的になんとかするのを待っていたのでは絶対に変わらないでしょう。そしていままで人類が犯した愚行から考えれば、具体的にはなに一つ解決できないまま、ズルズルと破局への道をたどることになる可能性は高いのです。しかもその過程では、国家連合の、国家の、民族の、集団の、そして個人の利己主義がむきだしになって、また強権が発動されて、ついには破滅的な大戦争に突入したとしても少しも不思議はないと思います。たとえそうならなくても、成り行きにまかせていれば、私たちの大部分は結局追い詰められて否応なく今の暮らしを放棄させられることになるでしょう。

さてそこで、これを読んでいただきたいのです。

原点にかえる

手を動かす　木にのぼり、獲物をつかまえる。道具をつくり、道具をつかう。

足を動かす　はだしで土の上を歩く、走る、跳ぶ。

体を動かす　畑を耕し、井戸を掘り、汗を流す。
食べる　食べ物を自分でさがす、自分で作る、自分で料理をする。
住む家を作る　住む家を自分で作る、土の上に、木の上に。
身を守る　他の動物や外敵から身を守る。
五感をとぎすます　見る、聞く、かぐ、味わう、触れるなど五感をとぎすまし、野性を取りもどす。
隣人とつきあう　話し合う、協力する、競争する、グループを作る。

皆さんはこのうち、どれくらいのことが出来るでしょうか。きっとほんのわずかでしょうね。私もほとんどダメです。昔の人ならば、生活するために必ず身に付けなければならなかったこれらの能力を、私たちはいますっかり失っています。また、今の繁栄のおかげで、失っていてもなんとかなっています。

しかし、激動の二十一世紀を生き抜くにはどうでしょうか。

じつはこれは、「風の学校」で、まず人間生活の「原点にかえる」ことが重要であるとして挙げられた、「原点」の基本項目です。「風の学校」とは、長年農業の国際協力に献身してこられた中田正一氏が、海外協力や奉仕を志す若者たちを育てるために、一九八四年からはじめられたユニークな学校のことです。「風の学校」は、自分のことは自分でする「自活学習」によって現代の若者を「原点にかえら」せ、確かな生活技術を基礎に、その土地土地に相応《ふさわ》しい「適正技術」で国際協力を行える人間に育てることを目標にしています。（中田さんの著書『国際協力の新しい風』をぜひ読んでみて下さい。なお、中田正一氏は昨年惜しくも亡くなられましたが、「風の学校」は健在です。）

すでにお分かりのように、私の言いたいのは、皆さんが、たとえみずから能動的に暮らし方を変えようとしないでも（本当はそうするのがいちばん良い、と私は思いますが）結局はある程度「原点にかえら」ざるをえないだろうから、海外協力に出かけるか否かに関係なく、いまのうちに、ぜひともこれらの能力をみがいて身に付けてほしいし、また身に付ける必要があるということなのです。はっきり言いましょう。「原点にかえれ」る人は逆境にツヨいのです。ツブシがきくのです。世の中どうなっても生きていけると思えるから、しかも、自分が自然の一部だと思えるから、腰がすわってくるのです。卑怯なことをしなくて済み、人にもあたたかくなれるのです。大勢に押し流されたり、簡単に諦めたり、焦って絶望したりしないで済む可能性が高いのです。危機にあたり、比較的落ち着いて人生の、社会の、国の、世界の、賢明な進路選択を考えることが出来るはずなのです（もちろん、それがそう簡単なことだと言うわけではありませんが）。

個人ではどうしようもない、と言うまえに、じつは若い皆さんには身に付けておくべきことがちゃんと残されているのです。これは残念ながら今の学校では教えてくれません。援農活動に参加するなりして、なんとかして機会をつくり、自分で身に付けるしかありません。しかしこれは、まさに個人で出来ることであり、皆さんが将来、世界の人々とともに、賢明にそして着実に地球救済問題を解決していくためにも、またたとえそれに失敗したときでも、確実に役立つ能力となるでしょう。

私の父の世代は、明治生まれ農村育ちが大部分で、かなりの程度これらの能力を身に付けていました。人間として生きていく以上それは当然のことだったのです。特にどこかで学習するというのではなく、成長の過程で自然に学ぶべきものでしたし、否応なくその機会に恵まれていました。当時はまだそれほどに人の暮らしは厳しいものでした。そして勉強とか学問は、その上に身に付けるものだったのです。

戦後の食料難の時代、岡山一中の校長だった父は、他の人々同様道端に畑をつくり、さらに山の上に畑を借りて、すぐに立派な収穫をあげました。私も手伝わされました。下肥《しもごえ》も運びました。さつまいも、かぼちゃ、トマト、きゅうり、なす、すいか、ほうれんそう、たまねぎ、何でも作りました。草とりは嫌だったけれど、収穫はいつも楽しみでした。そのおかげで私たち兄弟は飢えずにすんだのだともいえるでしょう。私たちはにわとりも飼いました。毎日たまごを生んでくれました。ある時、人から頂いた雄鶏を食べずに、子供だった私が飼いつづけて、結局老衰死させてしまったことがあります。私は畑に埋葬しました。父は何もいいませんでした。しかし後年、やはり戴き物の山鳥を、年の暮れで忙しい肉屋さんにさばいてもらえなかったとき、父は見事に料理して帰省中の私たち新婚夫婦に食べさせてくれたのです。軟弱者の私たちは肉屋さんに断られて途方に暮れ、風呂敷に包んだ山鳥を抱えたまま町をウロウロしたあげくのことでした。父にそんなことが出来るとは思ってもみなかったので、なんだか感動して、自分を恥じました。

私の父に限らず、多くの人がこの時期にわか百姓となり、家族を養いました。それは同時に、「原点にかえる」ことで、敗戦の茫然自失から精神的に自分を立ち直らせる作業でもあったのだ、と私は思います。もっとも本人たちは、そんなことを考える余裕もなかったでしょうが。

話は変わりますが、『火垂るの墓』という映画を作ろうと思った動機の一つに、十四才の主人公、清太少年の気持ちや考え方が、現代の若者や子供と驚くほどよく似ている、ということがありました。清太と妹の節子は空襲で母を失い、遠縁のおばさんの家に置いてもらうことになります。しかし、それまで苦労らしい苦労をしたことのなかった清太は、おばさんのちょっとした意地悪に耐えることができません。歯を喰いしばってこんないやなおばさんに頭を下げるくらいなら、防空ごうで妹と暮らした方がいい、と考えます。清太の頼みの綱は、当時としてはかなりの額の貯金でした。しかし残念ながらお金で物は何も売ってもらえず、ましてコンビニエンスストアなどあるはずもなく、清太は栄養失調で妹を死なせ、結局自分も死んでしまいます。お読みになった方は御存知のとおり、『ガラスのうさぎ』の少女は親戚の人からもっとひどい仕打ちを受けても耐え忍びました。そして生き抜きました。それが当時の「少国民」のあるべき姿でした。今はちがいます。人間辛抱だ、というのは相撲の世界のことで、「むかつく」ような人間関係はできるだけ避けたい。避けてとおれる環境もあります。その中で暮らす現代の少年もまた、お金さえあればいったんは清太のように考えるに違いありません。けれども、現代の少年と清太の大きな違い、それは、母が病弱だったおかげで、清太にはおさんどん(炊事などの家事)の自信があったことです。その自信が清太を自活に踏み切らせ、結局それがアダとなったわけですが、清太の誤りはそこにあったのではなく、世間知らずで人付き合いを避け、お金の価値を信じていたところにあったのです。幸か不幸か、今の子供たちに家事全般をとりしきることなど思いもよらず、したがって彼らならば選択の余地もなく、意地悪なおばさんのもとに留まり、屈辱に耐え、卑屈に暮らしていくしかないことでしょう。そしてとりあえず命拾いするでしょう。しかしそれが何時までもつか。おそらく結局は浮浪児の群れに身を投ずるしかなかったでしょう。浮浪児たちは戦時中に発生したのではなく、隣組が解体し、誰もが自分のことしか考えなくなった戦後になってから、大人に見捨てられて街に姿を現したのです。

二十一世紀を担わねばならない皆さん、受験競争どころか、真の生存競争に打ち勝たねばならないかもしれない皆さん、どうか君たちの可能性を、ハイテク高度情報化社会の方向だけでなく、人間生活の「原点」の方向、自分のことは自分でする「百姓」的生活の方向にも拡げて下さい。好奇心をもって元気良く自分を試してみて下さい。鍛えてみて下さい。そこにはおもいがけず豊かな喜びが君たちを待っているかもしれませんよ。

私は自分のことは棚にあげて皆さんへのお願いを書きました。期待しています。

高畑勲(昭和二十九年卒)

(『烏城』第一四八号(一九九二年三月)、岡山県立岡山朝日高等学校)

9　監督、ある日の姿、ある日の考え

『竹取物語』とは何か

1　消えない疑問

竹の中から光り輝くかぐや姫が生まれ、すぐに成長して美しい娘に育ち、高貴な求婚者たちを次々と振ったあげく、満月の夜、迎えに来た使者とともに月へと去ってしまう。この「かぐや姫」のお話は子どものときに絵本などで読み聞かされ、みんなが知っている。とくに、生まれるときの不思議さ、月へ帰る場面の美しさ、そして月を見上げて悲しむかぐや姫の姿は、日本人全員の心に鮮明に焼き付いている。しかし、かぐや姫そのものは生きた人物としての印象がうすくて、ただ夢のようにはかなく寂しいお話だったという記憶しか残さず、あとは忘れてしまう。昔話としての「かぐや姫」には、姫が求婚を断ったとしか書いてないものや、求婚譚がすっかり抜けているものさえあることも、その原因の一つだろう。

だから、古文のテキストなどであらためて『竹取物語』を読むと、あれ、こんなお話だったのかと違和感を覚える人が多い。姫の課した難題に色男たちが右往左往して失敗する求婚譚が大きな分量を占め、しかも、ひどく現実的であることにまず驚く。夢幻的であるはずの「かぐや姫」とはまるで水と油。ずるく滑稽な求婚者には同情できない。かといって、求婚者たちにあまりにも冷淡で薄情なかぐや姫にもついていけない。ところがいざ月へ帰る段になると、かぐや姫がうって変わって烈しく嘆き悲しみ、翁との別れを惜しむことにこれまた驚く。作者の筆力によって、その場面は哀れを誘いはするものの、求婚者を拒否するくだりの印象があまりにも強くて、ロマンティックであることを期待して読んだのに、それが満たされず、多くの人が失望を味わう。要するに、どこにも誰にも感情移入できないのだ。

青春時代も終わり、何かの機会に古典としてあらためて『竹取物語』を読み直す。もはやこのファンタジーに同化できるとは思っていない。距離を置いて読むからなのか、自分が成長したからなのか、求婚譚の滑稽で人間くさい諷刺の面白さが分かって楽しめる。個々の貴公子たちが見事に描き分けられていることに感心し、『竹取物語』が童話ではなく、大人のための物語だったことにはじめて納得するのだ。

かぐや姫に対しても見方が変わる。ただ不思議なお姫さまとして見るのではなく、その凛とした態度に、現代人として強い共感を覚える人さえも出てくる。とくに女性は、出自の神秘的な得難い女だからといって、相手を見もしないで自分の所有物にしたがる平安の男たちは最低、当時は当然とされたそのような一方的な婚姻をけろりと拒否するかぐや姫は素敵、さすが月の女だ、などと思う。

ところが、そんなかぐや姫に共感すると、かえってその姫が、どうしてこの世に心を残し、月へ帰ることをあんなに嘆き悲しむのか、今度はそちらが分からなくなる。かぐや姫が、それまで全然しあわせそうには見えなかったから。身勝手な男どもや結婚を強要する翁を捨てて、どうして颯爽と地球を立ち去っていかないのか……。

どう読んでも、結局かぐや姫の言動の不可解さは解消されず、読後感はすっきりしない。いったい、かぐや姫は何のためにこの地上にやってきたのだろうか、そして何故月に帰らなければならなかったのか。

むろん、『竹取物語』にはその回答が用意されている。抜かりなく、二度にわたって。まず、かぐや姫が翁に打ち明ける。「わたしの身は、人間世界の人ではありません。月の都の者なのです。それなのに、月世界での約束(「昔の契り」)によって、この世界にやってきたのです。いまは、帰らねばならない時になったので、この月の十五日にわたしの生まれ本国から、迎えに人々がまいることでしょう。」

つぎに、月からの使者の翁への言葉として。「翁よ、お前がわずかばかりの功徳があったによって、この幼い姫は、お前の助けにもと思い、ほんのしばらくの間のつもりで、人間世界におろしてやったのだ。お前は長い年月、たくさんの黄金を与えられて、別人のように長者の身となった。」「かぐや姫は、罪を犯されたので、お前のような賤しいもののところに、しばらくの間、おいでになったのだ。その罪の償いの期限が終わったので、こうしてお迎えにやってきた。」

ここにあるのは「なぜ」に対する回答というよりは、単なる事実、いきさつの説明、種明かしにすぎない。これを読んで、疑問が解けただろうか。昔の契りだの、罪を犯しただの、償いだの、不可解さはむしろ深まる一方ではないか。かぐや姫が意志のない、ただ月世界の意向や運命《さだめ》に操られるだけの人物だったとはどうしても思えないのだが。翁ならずとも、これで納得できる人はおそらくいるまい。

あらためて問うてみる。かぐや姫は、ほんとうは、何のためにこの地上にやってきたのか、そして何故月に帰らなければならなかったのか。そして、いったい「かぐや姫」の物語の本質はどこにあるのか。かぐや姫とは何者なのか。

2　本筋と本質

『今昔物語』には「竹取の翁、女児を見つけて養ひ立つる語こと」(巻三十一の第三十三)という説話がある。ここでは、〈竹取の翁が竹から見つけた女児(すなわちかぐや姫)が短期間に成長し、絶世の美女となり、これを知った三人の貴公子が次々と求愛するけれども、女は不可能な難題をふっかけて失敗させ、ついには頂点に立つ天皇の后になることさえ拒んだあげく、満月の夜、迎えの一行とともに空へと帰ってしまった〉、という不思議な出来事を簡潔明快に語るのみで、女(児)には名も付けられず、何を考えて生きていたのか、別れに臨んでどんな気持ちだったかはまったく語られない。そして結びには、「この女がどういう素性の者かは結局分からなかった。また、翁の子になったのも、どういう訳があったのやら。何もかも訳の分からぬことばかりだと、世間の人は思った。あまりに希有なことなので、このように語り伝えられたのだということだ」と、説話らしい話者の言葉が付けられている。なお、こちらでは、懸想《けそう》する男たちは女の顔を見たうえで、その美しさに惚れ込むのであって、『竹取物語』のように、見もしないかぐや姫に憧れるのではない。

『今昔物語』は成立の時代がかなり遅く、この説話も『竹取物語』を参照して書かれたにちがいないという理由によって、『竹取物語』の原型とは見なされてはこなかった。しかしこの説話は、物語的な枝葉や心理描写を取り去って、『竹取物語』の本筋と本質を見事な簡潔さで捉えているのではないだろうか。

本筋とは、「人の心を捉えずにはおかない絶世の美女がこの世に一時滞在し、その美しさで人々(翁・求婚者たち・天皇)をさまざまに翻弄したあげく、結局超然としたまま月へ帰ってしまう」という不思議な出来事の紹介である。

本質とは、「人間はこの世ならぬ美しさを見れば、手に入れたいと強く望むが、この世ならぬが故に所詮それはかなわぬことであり、ただはかない憧れを残すのみだ」という感慨である。

この説話には、かぐや姫の気持ちはまったく描かれない。それは「説話」というものの性質上、一見当然なことのように思える。たしかに『今昔物語』では他の説話でも、いわゆる心理描写が非常に少ない。ましてや主人公に直接感情移入をさせようとはしない。『竹取物語』を参考にしながら書かれたのだとすれば、「説話」らしくするために、その中にあった「物語」的な枝葉や感情や心理描写を削ぎ落としたのだ、と考えることができるかもしれない。しかしはたして、それは「説話」的な簡潔さや描写の客観性を得るためだけだったのだろうか。それもあるかもしれないが、それだけではなかったのではないか。

むしろ、かぐや姫のことは人間の理解を超えた不可思議で不可解なことなのだから、あれこれその心を推し量ったところで徒労に終わるだけだ、という、先行する『竹取物語』に対する話者の批判が根底にあったと考えるべきなのではないだろうか。『今昔物語』はその話者の眼がきわめて現実的であることが大きな特徴である。

この説話の話者は、ただ『竹取物語』を簡略化しただけではなく、挿話を別のものと取り替え、天皇の扱いを大きく変えた。たとえば女が三人の求婚者に出す難題は、空に鳴る雷を捕らえること、三千年に一度しか咲かない優曇華の花を取ってくること、打たないのに鳴る鼓を持ってくること、であって、はじめから不可能事であることがはっきりしている空しさがある。そして女はなぜこんな難題を出すのだろうかと読者がいぶかしがるのを見透かしたように、天皇に「おれの后になろうと思って、他人には近づかなかったのにちがいない」とほくそ笑ませる。天皇の考えは読者を納得させる。しかしそれはたちまち裏切られる。女は后になることも拒否するのだ。そして空から迎えが来ると聞いた天皇は「これからすぐに空から人が迎えに来るなどということがあるはずはない。これは、ただおれの言うことを拒否するために言っているのだろう」と言う。しかしそれも当たっていなかった。

いかにも地上の支配者らしい推測を天皇にさせては、それがことごとくはずれるさまを描いてみせる。そして、心の交流がないまま空に帰ってしまった女を天皇に惜しませる。すなわち女の昇天後、天皇は「まことに、この女はただの人ではない者だったのだ」と思い、その後も、「この世のものに似ない素晴らしい容貌や有様を思い出してはやるせない気持ちがしたが、どうすることもできなかった」と結ぶ。天皇は、「絶大な権力者である天皇でさえも」というかたちで、じつは読者代表の役割を果たしていると言うことができよう。こういう趣向は『竹取物語』にはなく、話者の独創であり、それによって、話者は、女(かぐや姫)の心を推し量ることの不可能性を見事に浮き彫りにする。『今昔物語』の話者に、かぐや姫の心理描写をする能力がなかったのではない。むしろ積極的に、することが出来ないものなのだということを、このような語り口で話者は強調しているのである。

要するに、『今昔物語』の巻三十一第三十三の説話は、『竹取物語』を土台にしながら、その矛盾を取り除き、別のもので補強し、すっきりと筋を通して、その意味するところを明確に捉えることができるように一貫性を与えた。この話者は現実的であるだけでなく、現代人をも納得させるほどの合理主義者であった。しかもそれが同時に、「〈原〉竹取物語」を復元しようとする試みにもなっていることに驚かざるをえない。貴公子が三人というのも、いかにも原型らしいかたちをなしている。

私はこのきりりとひきしまった説話が好きである。すぐれた絵があれば、きわめて美しい短編映画がつくれると思う。

3　心に残る「もやもや」

かぐや姫は何のためにこの地上にやってきたのか、そして何故月に帰らなければならなかったのか、そんなことは分からなくて当然なのだ、いやむしろ、分からないことこそがかぐや姫の物語の本質なのだ、ということを、『今昔物語』の説話は、見事に、すっきりと教えてくれた。

では、このような、「何のために」「何故」という設問に対し、その答えを探ろうとするのは徒労にすぎないのだろうか。

『竹取物語』の作者の前にあったかもしれない「〈原〉竹取物語」は、おそらく『今昔物語』の説話ほど理路整然としたものではなく、もっと混沌としていたにちがいない。化生説話・求婚難題説話・昇天説話などをつぎはぎして構成したものであることは分かっているが、それを構成したのが『竹取物語』の作者自身だったのか、それ以前から原・説話が存在したのかどうかは明らかでない。しかしいずれにせよ、「〈原〉竹取物語」(乃至《ないし》作者の作ったプロット)もまた、その本質は『今昔物語』の説話が示すものと大差はなかったはずである。

『竹取物語』の作者はそういう「〈原〉竹取物語」から出発し、幻想的で謎めいていて、まざまざと光景が思い描ける面白い場面をつくった。それだけでなく、登場人物たちに血を通わせようと努力した。

まず作者がおこなったのは、五人の貴公子がかぐや姫に翻弄される求婚譚を大幅にふくらませることだった。姫を欺こうとして見破られたり、愚直すぎて失敗したりする貴公子たちの醜い姿、愚かな姿を滑稽に、また諷刺的に活写し、彼らの性格をきちんと描き分けた。それはまるで、貴公子たちの所業に対する諷刺こそがこの作品の主眼ではないかと感じられるほど、力が入っている。

もし作者の努力がそこにとどまっていたならば、かぐや姫は「何のために」月からやって来たのか、という問いに対する答えを見出せないわけではない。そもそも月からきた絶世の美女などというのは現実の女性ではありえず、かぐや姫は地上の人間(男たち)の愚かで醜い心を映し出すための鏡として来たのだ、すなわち、かぐや姫は作者が鏡として設定した抽象概念にすぎないのだ、ということになる。それが証拠に、求婚者たちは姫の姿を一度も見ていないではないか。かぐや姫は竹取の翁のでっちあげた架空の人物で、じつはこの世に存在してはいなかったのだとしても成り立ちうる話なのだ、と。

ところが作者ははるかその先まで筆をすすめた。作者はかぐや姫の心に迫り、随所でかぐや姫の心を描こうとしたのだ。それはすなわち、この説話の「本質」を積極的に裏切り、無機的な「鏡」たることを逸脱して、かぐや姫に人間としての血を通わせ、この不思議な姫の心中を知りたい読者の欲求に応えようとすることである。翁とのやりとり、皇子や貴族たちが持ってきたものに対する反応、御門との交流、いずれもが意志ある女性の言葉として語られる。しかもその間に、かぐや姫の人間化を深め、ついには月へと帰らなければならないことを姫は嘆き悲しむまでになり、八月十五夜を迎えるときには、愛別離苦を知る人間として、翁・嫗との別れを心から惜しむのである。この、やまとことばで「人物や心を描いた」ことこそ、『竹取物語』が「物語の出で来はじめの祖《おや》」だ、と『源氏物語』の「絵合」せの場面で位置づけられる大きな理由だったにちがいない。『竹取物語』は心を描くことによって、単なる説話の域を脱し、史上はじめての「物語」となりえたのである。

けれどもそれは、すでに述べたように、かえってかぐや姫の言動の矛盾や不可解さを露呈させ、読者を新たな混乱に巻き込むことになった。そのときどきに描き出されたかぐや姫の気持ちは、それぞれが人間的であり、納得の出来るものであるために、読者はかぐや姫を理解しようとせざるをえなくなる。とくに最後の悲嘆のおかげで、読者はかぐや姫に同情し、感情移入したくなり、あらためてそれ以前のかぐや姫の心を思い返し、読み直す。ところが、いかに理解しようとしても、結局それは果たせず、その手がかりさえ見つからない。なのにもはや、『今昔物語』の説話（や「〈原〉竹取物語」）のように、所詮理解不能なことなのだ、と割り切ってしまうことができない。割り切れぬまま読者は宙づりにされてしまう。

かぐや姫はいったい何のために地上にやって来たのだろうか、何を考えて生きていたのか、何をしたかったのか、そして何故月へ帰ることになったのか……。その肝心のところが何度思い返しても明らかにならない。かぐや姫の真意を推し量ろうとしても、その手がかりが得られない。にもかかわらず、読者はそれを分かりたい。

じつは、この、考えても考えても分からない、いつまでも心に残る根本的疑問の「もやもや」こそが、この物語を日本の人々の心に住みつかせ、忘れがたいものにしているのではないのか。たとえ明快な『今昔物語』の説話を読んだからといって、『竹取物語』によってかぐや姫の心の一端に触れてしまったからには、私たちの心の「もやもや」はいっこうに晴れない。徒労であろうがなかろうが、かぐや姫の心をちゃんと分かりたいという気持ちを消すことはできない。

『竹取物語』の永遠の魅力の源泉は、じつは、この、かぐや姫の不可解さを分かりたいと読者に思わせるところにこそあるのではないか。『竹取物語』を読むことによって惹き起こされるかぐや姫の謎が知りたいという気持ちは、徒労であるどころか、その気持ちそのものにこそ、意味があるのだと思う。

4　かぐや姫の心

まことに、『竹取物語』は奇妙な物語である。

月へ帰る日が近づいたとき、かぐや姫は「私の去ってしまうことを悲しむ方々のことを思うと切ない。」「月に帰るといっても嬉しい気持ちもない。」「みなさま方とお別れするのが悲しい。」「朝夕に慈しみ育ててくれた親の恩に報いることもなく去ることが心残りだ。」などと言って、はげしく嘆き悲しむ。この、きわめて人間的な感情の表出は感動的である。にもかかわらず、それまでに描かれてきたかぐや姫の、非情ともいえる性格とのくいちがいはあまりにも大きい。読者は半ばあっけにとられ、かぐや姫の悲しみがどうしてそんなに強いのか、あれほど翁の言うことを聞かなかった冷淡で親不孝者の姫が、そんなにも翁や嫗を愛していたのか、嘆く翁たちを気の毒に思い、名残を惜しむのか、不審に思わずにはいられない。

この問題に関し、月の人であるかぐや姫の、他人に関心がもてず、想像力の働かない冷え冷えとした心が、氷が溶けるように、次第に人間としての温かい思いやりの「心」を獲得していく姿なのである、という〝好意的〟な解釈がしばしばなされてきた。大いに説得力のありそうな解釈には違いない。けれどもたとえそれが作者の意図であったとしても、二つの点からして不審の念を完全には払拭する力をもたない。

一つは、少なくとも現代人からみれば、非情や冷酷や無関心もまた、きわめて人間的な心のありようであるとしか考えられないからである。しかも、かぐや姫は難題の出し方をふくめ、きわめてはっきりした意志をもって対応している。この「意志」が「心」でなくて何であろう。そういう心の動きを感じてしまう以上、それが温かいものに変わったとなれば、その原因や理由が知りたくなる。なぜ氷から温水へと変化したのか。そ、い、か、い、の、い、い、か、い、のための熱を与えたのは何だったのか、それが分からない。

〝好意的〟な解釈のもう一つの問題点は、では、成人するまでのかぐや姫はどうだったのか、という新たな疑問が生まれることである。子どもなのに、かぐや姫に人間的な愛らしさはなく、その美しさとは、ただただ冷たく輝く黄金のごときものだったのだろうか。それとも、「無心」という言葉があるように、無垢の愛らしさがあった、しかしそれは天与のものであって「心」の発動ではない、ということだろうか。

この二つの問題をさらに具体的に見てみよう。

まず、かぐや姫の冷淡さについて。

求婚譚の中で、かぐや姫の心はまことに人間的に動揺する。庫持《くらもち》の皇子《みこ》が「優曇華の花を持って上京なさった」と人々の騒ぐのを聞いたとき、「わたしはこの皇子に負けてしまうのだ」と、胸がつぶれる思いになるのである。真に迫った蓬萊山行きの物語に耳を傾けもせず、皇子の経験した(嘘の)艱難辛苦に同情しないからといって、それを非人間的というのはあたらない。もともと得がたいものを指定したはずなのに、それを持ってこられてしまった。そのために結婚しなければならなくなるかもしれない。かぐや姫はただただそのことだけを恐れ、自分が負けるのではないかと心配する。この挿話で重要なのは、姫の非情さではなくて、かぐや姫がもともと貴公子の心ばえを試そうとしていたのではなく、じつは、はなから結婚する気はなかったことが分かる点にある。ほかの公達に対しても同様であり、貴公子たちの嘘がばれるたびに、晴れ晴れと笑い(「笑ひ栄へて」「あな嬉しと喜びて」)、燕の子安貝を取り損ねた石上中納言が死んだときでさえ、「少し哀れと思」ったと語られるのみ。たしかに他人に関心をもたず、想像力が働かないらしい。思いやりがなく、薄情だとしか言いようがない。しかし、かぐや姫の態度は首尾一貫していて、まるで貴公子たちとの勝負を楽しんでいるかのような気配さえ感じられる。それが月の人であるためだ、と思おうとしても、では、なぜ、月の人はこんな手の込んだ意地悪な断り方をしなければならないのか、が分からない。結局、姫はやはり人間として見るしかなく、その姫がなぜ、それほどまでに心を閉ざしているのだろうか、それを知りたくなるのである。

　御門からの宮仕え要求を断るとき、「これまで多くの人たちが熱心に求愛なさったのに、それを無駄にしてしまったのですよ。それなのに、昨日今日、御門がおっしゃったからといって、それに従うのは世間に顔向けできません」と翁に言う。かぐや姫はちゃんと常識の分かる人物であることがこれで明らかになる。それなのに、「どうしても宮仕えに出すのなら、死ぬつもりです」などと、御門に対しては、ある意味で貴公子たちに対して以上に激越なのである。これを人間的な対応でないとすることはとうていできない。

　あらためて問おう。かぐや姫はなぜ、それほどまでに、結婚というものをしたくなかったのだろうか。この問題に関しては、姫には性器がなかったのだ、という俗説はさておくとして、さらに、いま一つ予想される〝好意的〟な解釈も検討しなければならない。かぐや姫は月に帰らなければならない身だったから、求婚を断りつづけたのだ、だから一見冷酷やわがままにみえたかもしれないけれど、ほんとうは翁や嫗の情愛はずっと感じていて、それに対する思いが月に帰る日の近づいたことによって、一挙にあふれ出るのだ、というものである。それが証拠に、月に帰るにあたって姫は、「宮仕えをいたさなかったのも、こういう煩わしい(罪によって一時この世界に送られてきた)身でございますので、さぞ納得のいかないこととおぼし召されたでしょうが、云々」と御門に書き送る。

これは一応説得力がある。しかしこの解釈では、すでに問題にしたごとく、貴公子たちに対しては、なぜあんなに意地が悪かったのかが解明されない。しかもこの「情状酌量」が成り立つためには、求婚される時点でかぐや姫がすでに月に帰る運命を知っていなければならない。ところがそうだとすると、今度は姫が大嘘つきのしらばっくれ、ということになる。翁から婿選びを勧められたとき、かぐや姫は、その翁の言葉によってはじめて、自分が「変化《へんげ》の人」、すなわち、不思議な生まれの者であることを知ったのだ、と言うのだから(「お言葉をお聞きするまで、自分が変化のものである身の上とも気づきませず、云々」)。この嘘も、翁や嫗を悲しませまいとする配慮だったのか。

もし月から来たことを知っていて、月の人は人間と結婚してはならないというようなツマラナイ掟があったとすれば、他ならぬ育ての親には、素直にそれを打ち明けるのではないだろうか。ましてや月へ帰らねばならぬことを知っていたのならば、翁の婿選びの提案があった時点で打ち明け、そのときが来るまで親子水入らずで仲むつまじく暮らしましょう、と語ってもおかしくないはずである。当時の高貴な女性で結婚しなかった人はいくらもいるのだから。

むろん、それでは物語がいっぺんにつまらないものになってしまう。やはり翁への言葉に偽りはなく、かぐや姫は、何も知らないまま、ただ求婚者を拒否するために難題を出すのだ。そして姫が月との交信によって自分が何者であるかを知るのは、おそらく御門のむりじいをかわして「きと影になっ」(ふっと実体が消え)た後にちがいなかろう。先に引用した、月に帰るにあたって御門へ書き送った手紙は、みずからがそのことを知った後の弁解の言葉にすぎない。

ともかく、求婚譚におけるかぐや姫の心については、あと出しの解釈や弁解ではなくて、やはり、一個の人間として、絶対に結婚したくなかったのはなぜか、そして、なぜ、あれほど攻撃的なのか、それこそが知りたい大問題なのである。それにしても、やはりここでも気になってくるのは、かぐや姫の地上への一時滞在がいったい何をするためだったのか、もし月での「罪を償う」ためだとしたら、何もしないでただ「居る」だけで償えたのか、という謎である。

つぎに、成人するまでのかぐや姫について。

翁が竹から取り出したかぐや姫は裸の赤ん坊ではなく、昔話の「小さ子」、すなわちごく小さいけれど、すでに可愛い「人」だったらしいが(「三寸ばかりなる人、いとうつくしうて居たり」)、直後に「ちご」とも書かれていて、幼な子だったことは間違いない。

そして、はぐくみ慈しむ間もあらばこそ、たった三カ月であっという間に娘になってしまう。その間、姫がいかなる子どもであったのかは描かれないまま、髪上げの後も、「几帳《きちょう》の中で人にも見せず、大事に育てた」と語られるだけである。「翁の気分がすぐれず苦しいことがあっても、この娘を見れば苦しみもなくなり」「腹立たしいことがあっても心が慰んだ」というが、その理由は、文字通りこの世のものとは思えない容貌の美しさで（「かたちけうらなること、世になく」）、「家の中に満ちあふれ」た光のおかげだとしか語られない。そこに、比喩的な「光」、すなわち娘の明るさ快活さや愛らしさの光、人間的な優しさ思いやりの光がどれくらい大きかったのかは、残念ながら一切不明である。けれども、とくに幼児期は、もっとも汚れなく可愛い命そのもの、まさに比喩的な「光」を満ちあふれさせる無心の存在だから、姫に無垢の愛らしさがあったことは当然だろう。ただ、「お育て申し上げる」のに三カ月しかかからなかったのでは、その光を浴びるひまもなかったかもしれないが。

　もし幼児期のかぐや姫が天与のものとしての無心さをもっていたとすると、いったいどの時点でかぐや姫は「無心」からもう一つの「心のない」状態、すなわち「非情な心」の持ち主になったのだろうか。むろん、考えられるのは、髪上げまたは命名式以後、ということになるが、そこで自動的に（たとえば初潮によって）スイッチが入ったということでは、やはり理解を超えてしまう。

　結局、無心の段階からなぜ心が冷えたのか、そこにはやはり理由や原因があるはずだ、と考えるべきで、さらには、そもそもあの冷淡な態度は単なる冷酷や非情にすぎないのかどうか、それをこそ、考えなければならないのではないだろうか。

5　親子の情愛とわがまま

かぐや姫は別れに際し、慈しんでくれた親の恩を語り、去らせたくない翁は育ての苦労を云々する。このようなことは一般論としては当然だが、いったい、姫と翁のあいだに、親子らしい心温まる情愛が交わされたのかどうか、それをそのときどきに姫は情愛と感じていたのかどうか、これもまた検討に値する事柄である。

月へ帰る定めと聞いたとき、そんなことは許せない、と泣きさわぐ竹取の翁の気持ち、姫への執着心はじつによく分かる。理不尽すぎる理由で姫を手放すことを受け入れられるはずがない。病気で愛娘が余命いくばくもない、と宣告されたときの親の気持ちである。姫は誕生以来その「光」によって翁の肉体的な苦しみをやわらげ、心を慰めてくれた。たとえ姫が手に負えないわがまま娘になったとしても、翁にとっては姫の「存在」そのものが心の支えなのだから、それを失うことは耐えられないのである。

けれどもいったい、かぐや姫ははたして真の意味で翁の「愛娘」だったのか。翁はかぐや姫にそれまで何をしてくれたのか。

竹取の翁は姫に結婚を迫るとき、「こんな大きさになるまでお養い申し上げた私の気持ちは並大抵のものではありません。」と言い、月から迎えがくることを聞いたときも、「菜種ほどの大きさでいらっしゃったのを、私の背丈と立ち並ぶまでにお育て申し上げましたわが子」などと恩着せがましい。しかしじつは、かぐや姫は三カ月で美しく聡明な少女となり、竹からは黄金も出て金持ちになったのだから、翁や媼はほとんど子育ての苦労をしなくてすんだはずである。苦労があったとすれば、むしろ、光輝く姫をどう保護するか、盗賊や人さらいから守り、好奇の目から守るための算段だったのではないか。

かぐや姫成人以後の翁の苦労は、姫のいわば持参金によってとはいえ、屋敷を構え、盛大な命名式をおこなって、世間的にみればこれ以上はないと考えられる結婚相手を見つけてやったこと、にもかかわらず姫が自分の言うことを聞いてくれず、その求婚者たちをすべて断ったことに尽きる。かぐや姫が、公達の妻たりうる上流の行儀作法や、即興で和歌を詠み難題を出せるほどの教養を身につけたのは、翁の苦労というより、姫自身のたぐいまれな能力によるところが大きいはずだし、そうでなくても優秀な乳母かなんぞを金で雇って教育を任せるしかなかっただろう。

かぐや姫の命名式は派手で、人々を招いて酒宴や歌舞遊楽を三日にわたり繰り広げたという。その直後から噂が立ち、公達や世の男たちが姫を一目見ようと押しかけたところをみると、翁は命名式の際、客に姫の姿をかいま見させたのだろうか。召使いさえほとんど見ることがなかったと書かれている以上、見せなかったと考えるべきだろう。おそらく誰も光り輝く姫の姿を見ないまま、男たちはただ噂だけでその美貌に憧れ、それを見ようと集まるのである。翁はかぐや姫にあなたは「変化の人」だと打ち明けただけでなく、男たちに対しても、姫の出自の不思議さを最大限活用して、この世ならぬ得難い女性への憧れをかきたてたにちがいない。この、「この世ならぬ得難さ」こそが男たちを引きつけた。だからこそ、かぐや姫は、しっぺ返しとして「この世ならず得難いもの」を男たちに要求するのではないか。

ともあれ、翁はまんまと、とびきりの貴公子五人に求婚させることに成功する。高貴な身分の男に嫁がせることは、翁自身の出世でもあるとはいえ、主観的には翁のかぐや姫に対する愛情だと言えないわけではない。

命名・成人式を盛大におこなったのも、集まった求婚者の中から姫に相手を選ばせようとすることも、かぐや姫の行く末を思ってしたことである。そして姫はそれを断りきれず、気が進まぬながら婿選びに臨む。翁の温情に応えたのである。けれどもかぐや姫は素直に翁の言うことを聞いたわけではなく、求婚者の「心ばえ」を知るためと称しながら、彼らに実現不可能な難題をふっかけ、さらに後には御門さえ拒否する。すでに見たとおり、はじめから、あらゆる結婚を拒絶するつもりだったのだから。

ここにいたり、姫はもはや翁の手に負えない困った子、わがまま娘になっている。親を喜ばせることが一番の親孝行だとすれば、よい縁談を冷たくはねつけるほど親不孝なことはない。にもかかわらずこの親不孝者に対する翁の愛情は失せず、その驚くべき「わがまま」を許した。いや、許さざるをえなかった。御門の要求に対しては、「宮仕えをするくらいなら殺してほしい」「消え失せます、死にます」とまで言うのだから。むろん、これが翁の最大の苦労・心痛である。

かぐや姫の側からすれば、結婚などする気もないのに、まったく意に染まない縁談を押しつけられるのは、ありがた迷惑にすぎず、だからこそ拒否したわけである。けれども、翁が社会通念にしたがい、いそいそと縁談を仲介してくれたのも、それを次々と拒否するというわがままを許してくれたことも、それが翁の善意や愛情であることを姫は理解していた。ありがたい親の恩と受け止めていた。そうでなければ、別れのとき、あのように悲しむことはなかったはずだから。「あなたのためを思って」と、したくもないお見合い話を次々と持ち込んでくる親や恩着せがましい伯母さんを毛嫌いしたけれど、いざ死別するとなると、その恩情がいまさらながら身にしみて感じられるというのは、現代娘にだってあることだろう。

『竹取物語』からかろうじて読み取れる翁の苦労、慈しみ、そしてかぐや姫のそれに対する恩義とは、このようなものだった。そしてこのように解釈すれば、一応お話の辻褄は合っているようにも思える。しかしそれならば、別れに際してあんなに嘆き悲しむのではなくて、翁に詫びと感謝とねぎらいの気持ちを伝えるだけで充分なのではないか。

かぐや姫が泣いて訴えたところを信ずるとすれば、わたしがいなくなって翁が嘆き悲しむことを思うと、ほんとうにつらい、帰りたくもない月へは帰らず、できることならばこの世にとどまりたい、翁・嫗とともにいて、親の恩に報いたい、ということになる。もしそれが実現可能であったならば、すなわち、月に帰らなくてもよくなったら、いったいどういうことが姫を待ち受けているだろうか。

翁と嫗の老後の面倒を見ながら、次第に和んできていた御門の后になるしかないだろう。月へ帰らねばならないことが御門への求愛拒否の唯一の理由になってしまったいま、そうなって少しもおかしくない。

じつにつまらないハッピーエンドである。

6　隠された物語へ

こんな仮定は何の意味もなさそうに見えるだろうか。しかしじつは、ここにこそ重大な問題がひそんでいるのではないか。すばらしいハッピーエンドが待ち受けていたはずなのに、それが実現しないのを「悲劇」というならば、この物語はとうてい人の心をうつような、まともな悲劇にはなりそうもない。そのことをこの仮定が証明しているのである。御門を毅然として拒んだような女が、その御門の第何夫人となってもしあわせかどうか。姫はしきりに親子の情愛を強調するが、それさえも、いままで以上に深まりそうにも思えない。こう仮定してみて見えてくるものはそれだけではない。これまでのかぐや姫の地上生活がしあわせにはほど遠いもので、名残惜しくもなんともないようなものだったこともまた、浮かび上がってくる。そんなものを捨てざるをえないことが、どうして悲劇的と言えるだろうか。心を描いたはずの『竹取物語』が、人々を揺り動かすほどの感銘を与えないのは、そのためではないのか。

じつは、姫の別れの言葉は、別れることが決定的になったからこそ言えるものであって、できることなら、あんな拒否などせずに、「親の恩に報い」たかったのだが、という社会通念的な孝心を、翁に対する慰めのために強調しているにすぎないのではないか。それはかぐや姫の心の底からの言葉ではないのではないか。

いったい、かぐや姫にとってほんとうに喜ばしいことを、心から楽しめることを、翁や媼は何かしてくれただろうか。かぐや姫もまた、この世に来て、何かを楽しんだだろうか。月へ帰らなければならなくなったとき、あれほど悲嘆に暮れたのは、翁に対する義理人情のためなどではなく、それ以外に、何かもっと大きなわけがあったのではないか。得たかった何かを得られなかったとか、失ったとか。あの嘆き悲しみようは尋常ではない。言葉では、親の恩に報いたかった、などと言いながら、じつは、この世でほんとうのしあわせを得たかったのに、得られたはずなのに、という悲痛な心の叫び、深い悔恨の情をそこに込めていて、それが得られないまま月へ帰らなくてはならなくなってしまった身の不幸をこそ、嘆き悲しんでいるのではないのか。愛別離苦の深い悲しみを知ったかのようなかぐや姫。けれども、そこに至るまでの物語の中では、地上に心を残すほどの執着を何かにみせることはまったくなかった。しかしじつは、その裏に、隠された悲しい物語があったのではないのか。

　かぐや姫は自分が月から来た人間であり、月に帰らなければならないことを翁に打ち明ける段になって、「前々からお話ししようと思っていましたが、きっとご心配なさるだろうと考え、いままで過ごしてきたのです」と語っている。「前々から」とはいつからのことなのか。いったいいつ、月からのはじめての便りが、連絡があったのだろうか。

　かぐや姫が「変化の人」らしい振る舞いを見せるのは、御門に抱きすくめられたとき、「ぱっと影(光)になって」消えてしまうときがはじめてである。それはかぐや姫自身の力によるものだったのか、姫の意図しない月からの力だったのか。ともかくこれ以後、月と姫との交信が生まれ、ずっと続いたことは間違いない。月を眺めては悲嘆に暮れるようになってから、「このあいだも、縁近くへ出て、せめて今年いっぱいの猶予をお願い申したのですが、どうにも許されないので、云々」と翁に語っているのだから。

　けれどもおそらく、御門に対してと同様、危機にあたり、姫の身を瞬時に救うなど、そのような月からの力が姫に及ぶことはそれまでにもあったのではないか、便りや連絡というかたちではなく、無意識のうちに。かぐや姫は、それが度重なることによって、自分が人と違うことを自覚しはじめ、あるとき、ついに自分の出自や運命をはっきりと悟ったのではないだろうか。そんなことはどこにも書かれていない。けれども、隠された物語がもしあったとするならば、このあたりのことにも関係するにちがいない。

かぐや姫が月の人、すなわち、異世界の人であるならば、当時の都人とはまったく違う価値観、世界観をもっていて不思議はない。たとえば、かぐや姫を現代女性だと仮定してみるとどうだろうか。翁のすることなすこと、少女時代から室内に籠もりきりの女性の暮らし(深窓の麗人)、不自然な眉抜き(と眉描き)やお歯黒、女性を「所有」することしか考えていない一方的な男の求婚とその結果、相手だけが頼りの結婚生活、待つ女、すべて堪えがたいことばかりではないだろうか。さらに、現代女性ならば、ほんとうはこうありたい、こうもしたい、という意志があるにちがいない。当時の社会通念に反したあのかぐや姫の毅然たる男性拒否も、「自由恋愛」を信ずる現代女性ならば、むしろ当然ではないか。この人こそはと思える相手にみずから出会えることを欲したはずである。

しかし、かぐや姫は現代女性ではない。自分が何者か分からないまま無心に育つ。そしてほんとうに無心に生き生きと自由に育てば、自意識が生まれた後、あらゆる因習や社会通念が圧迫にならざるをえない。たった三カ月というかぐや姫の成長の速さは、じつは、そのことを説得的に表現するためだったのではないか。三カ月では、因習や社会通念に慣らされたり、諦めや我慢を覚えるひまがないから。ただし、「三カ月」というのは、発見のときの「三寸」が「たいへん小さい」という意味であったのと同様、「短期間」ということの表現なのだろうが。

　かぐや姫は竹林のある山野で自然児として育ち、突然都に連れてこられて貴族の婦女子の暮らしを強いられる。姫はそれに抗わなかったはずはない。以前のように仲間と自由にのびのび野山を駆け回りたい。髪上げや裳着だけでなく、不自然な眉抜きもお歯黒も、蔀戸《しとみど》や御簾《みす》や几帳で二重三重に囲われた部屋も、かぐや姫には窮屈で耐えられなかったはずである。それを家出など、さまざまな「わがまま」によって押し返したり、また押さえ込まれたりするたびに、自分がこの世の者ではなく、どこか異世界からきた者であることを自覚するようになるのではないか。何かのきっかけで、天真爛漫だった子ども心が完全に冷え、心を閉ざして内に籠もり、しかもひどく攻撃的になることなど、現代の子ども心理にいくらでも例を見出すことができる。かぐや姫もまた、そんな子どもの一人だった可能性はないだろうか(注)。

　むろん、そのあたりはまったく原作に描かれてはいない。けれども、それが積み重なった末、あの、最高権力者に抱きすくめられて「ぱっと影になって」消えてしまう事件が起こる。それはかぐや姫の上げた最後の悲鳴だったのではないか。

ひょっとしたら、あの、姿を消したときこそ、月に帰らねばならないことが決まった瞬間だったのではあるまいか。

かぐや姫には居場所がなかった。月の都にも、この世界にも。「わたしは、もともと月の都の者で、父母があります」「あの国の父母のことも覚えてはおりません」「月の都の人たちは、たいへん清らかに美しく、年をとることもございません。心配ごともありません。そんないいところへ帰るのに、うれしくもございません」と、かぐや姫は翁に月の世界について語る。生老病死をまぬがれないこの世に対し、月は不老不死の国。それはすばらしい国かもしれない。けれどもひょっとすると、ただの死の国かもしれない。そんなところへ帰らなければならない、すなわち、この地上を去らねばならないのがほんとうに悲しくつらいことなのだとすると、かぐや姫にとって、本来、この地上がよほど意味あるもの、かけがえのないものでなければならないだろう。にもかかわらず、結局そこに居場所を見つけることができなかった。そしてこのあたりにこそ、隠された物語がひそんでいるにちがいない。

月から迎えにやってきた天人に、かぐや姫は「ちょっと待ってください。その羽衣を着せられた人は、これまでの心とはすっかり変わってしまうといいます」と、しばしの猶予を求めるが、それでもついに、天人が天の羽衣をさっと姫にお着せすると、翁の悲嘆を痛々しくて見ていられないと思っていたことも消え失せてしまった。この羽衣を着た人は、もの思い(人間的な感情)がなくなるので、飛ぶ車に乗って、百人ほどの天人をひきつれ、天に昇っていった……。

この場面が、真の悲劇として感じられるかどうか。私たちは、心に湧き起こった「もやもや」、すなわち、『竹取物語』の裏に隠されたまことの物語を探り当てるための地平に、いま、立ったばかりである。

注　かぐや姫の物語、とくに少女の非情さに関しては、「受け入れる性」「生む性」たる母性と対極にある、「拒む性」たる処女性の特質としてアテーナーとともに論じられることがある(本田和子『少女浮遊』)。ユング派心理学的アプローチにもまた、この物語との重ね合わせが見出せる(岩宮恵子『生きにくい子どもたち』)。太宰治の短編「カチカチ山」(『御伽草子』)の兎は、その点での典型例だろう。

(未発表。映画『かぐや姫の物語』企画書の一部、二〇〇九年七月二十日)

ゴキブリ体操

先日、後期高齢者二年目に入りました。この歳になりますと、さすがに健康のことが気にかかります。眼がどう、足がどう、血圧が、不眠が、階段の昇り降りが、夜中トイレに。からだだけでなく、こころのほうも、健忘だ、ぼけだ、偏屈だ、ぴんぴんころりよ、おころりよ、じいやはぽっくり、ねんねしな……。

ああいやだいやだ。愁訴であれ自慢であれ、老人がみずからの健康について語るほど恥ずかしいことはない。先日も、あるところから、「私の健康法」という連載コラムに登場しないか、というありがたいお話を頂いたがお断りした。書くこともなければ書きたくもない。ただ、健康であることがどれほどありがたいか、それは長い人生で痛感してきた。仕事も災害時も、精神的に踏ん張れるかどうか、かなり健康に左右されるだろう。だから人々が健康に留意するのは当然だ。

一銭もかからない乾布(又は冷水)摩擦、徒手体操などなど、父の時代から健康法はいろいろあったし、まむし酒、朝鮮人参、鯉の生き血など、値段の張る滋養強壮飲料もあった。しかし現在ほど健康と名のつく商品が出回ったことはないだろう。世間ではお金のかかる健康器具や健康食品、ドリンク剤やサプリなどがはやりすたりを繰り返しつつ、コレステロールだポリフェノールだコラーゲンだグルコサミンだコンドロイチンだ、フィットネスだエアロビクスだ、と聞いたこともなかったカタカナが氾濫し、老人やおばさんだけでなく、若者の間でも健康ブームが起きていると聞く。公園ではジョギングやウオーキングの人がせかせか気ぜわしく、のんびりの散歩組を蹴ちらかす。

生存の漠たる不安を、汗を流すことで埋め合わす。それは分かる。部屋に閉じこもって深夜パソコンやゲーム機に向かっているのは心身ともにまったく不健康だが、病は気から、ストレスこそ万病の元と分かっている以上、過度の健康不安こそ不健康だし、人の不安につけこんで商売繁盛をたくらむのはなお不健康。

こういう社会的な現象や傾向から超然とし、揶揄し、しかもなお、自分はひそかに健康を誇っていたい。けれどもなかなかそうはいかない。ここに挙げた多くのことに私は無縁だし、キライなつもりだったが、ふとふり返ると、人にすすめられて「ブルーベリーアイ」を一日一錠、膝痛以来ムダと知りつつ「ほっとスムーズ」を三錠毎日欠かさず呑んでいる。膀胱がん手術以来一日一回愛飲していたどくだみ茶が製造中止になったことを嘆く。相変わらず深夜パソコンに向かっているけれど、肺気腫・慢性気管支炎による息切れ呼吸困難の恐怖から、五十六年間毎日四十本吸い続けていた煙草を一昨年やめた。そのときお世話になったK先生から最近、ヘリコバクター・ピロリ退治をすすめられ、強力な抗生物質を、途中体調を崩してまで一週間服用し続けた。さらに以後、「LG21」なるヨーグルトを毎日食している。

そんなわけで、とても人様の健康志向をとやかく言える資格はない。私はおおむね健康で、幸運にも健康に気などつかわないで済んできたために、自前の日課も健康法もなく、不規則不摂生な暮らしを続けてきたが、だからこそ、危ないのはこれからなのだ。

私は現在作品制作中で、こんなじじいに仕事をさせてくれるありがたさを噛みしめながらも、申し訳ないことに、享楽主義で遊び盛りの老人の声がささやく。「アニメーションの仕事は坐業なんだから車椅子に乗ってからでも遅くないのではないか。足腰の丈夫な間は、散歩したり、旅行したり、残り少ない時間を豊かに使うべきでは」と。それをこっそり妻に漏らしたところ、「なにを不謹慎な。車椅子の耄碌じじい、ボケ老人に仕事なんか来ませんっ！」とニベもない。まったくそれはそのとおりなのだが。

これからの長丁場、長時間の坐業で足腰が弱ることは火を見るよりも明らかなのである。仕事完遂のためだけでなく、仕事が終わったあかつきに元気よく遊ぶためには、今こそ人並み以上の健康志向に走るべき時を迎えているのだ。私は日頃、運動らしきものをまったくしないできた。好きな散歩もこのところほとんどできていない。健康ではあっても体力は全然ない。即刻宗旨替えをしてなまけものであることをやめ、「このヤサシイ運動を一日に十五分間三セットやればカンタンに健康を維持できますよ」と誘惑してくれるテレビの健康インストラクターを信じ、せっせと勤勉な健康増進家にならなければ。

だが果たして、そんなことでうまくいくものかどうか。思い出さずにいられないのが、アニメ業界で血気盛んだった有名演出家のことだ。

昔々、東京杉並の善福寺川のほとりに、建て増し建て増しで、さながらゴタゴタ荘といった風情のビルがありました。そこでは、若者たちが日夜、ラーメンをすすりながら、TVアニメを懸命に描いていました。演出家は、過去、三十数パーセントという驚異的な視聴率をあげた『巨人の星』を手がけたN氏です。N氏は当時、毎昼休み、ゴタゴタ荘に隣接するA団地の運動場を何周か走るのを日課にしていました。そして深呼吸の伸びをしながら仕事場に戻ってくると、大きな声で「ああ、運動するとほんとうに気分がすっきりするなあ」とみんなに語りました。しかしまわりの若者たちは誰も感化されず、不健康な生活を続け、N氏とともに走る人はいませんでした。そしてそのN氏がお気の毒にも四十八歳の若さで亡くなったとき、N氏と仕事をした人は哀悼の意を表しながら、深く悟らずにはいなかったのです。頑張って運動なんかして健康に気をつかっても、必ずしもそれで長寿や健康が手に入るわけではないんだ、ということを(大塚康生氏からの不正確な聞き書き）。

病気のデパートと言われる人がしぶとく生き延び業績を上げ、健康法を実践していた頑健な人が突然倒れる。諸行無常。いやいや、心を入れ替えた私が参考にすべきは、日々黙々とトレーニングに励むあの名優たちの感動的な姿だ。先日もテレビで、八十二歳の矍鑠《かくしゃく》たる名優、奈良岡朋子さんの見事な柔軟体操に舌を巻いた。だがまてよ、いまさら長年鍛え抜かれた身体の真似ができるわけがない。生兵法は怪我のもと、年寄りの冷や水、すぐにぎっくり腰を引き起こすふやけきった筋肉をいまさらむち打つべきではなかろう。テレビ体操でさえ「無理はなさらないでください」と言っているではないか。いや心配ご無用、どうせやり抜く気力がないから安心だ。気力はおそらく、仕事への意欲に比例するだろう。

九十九歳の新藤兼人監督が、遺言と定めた『一枚のハガキ』（大傑作、必見！）に取り掛かってから、マネージャーを務めるお孫さん（映画監督の新藤風氏）にゴキブリ体操をやらされている姿をテレビで見て、じつにほほえましかった。まじめに仰向けになり、手足をばたばたなさるのだ。そして「もう一回」という風さんの掛け声に「もうヤメた」とおっしゃったときには思わず笑ってしまった。もし制作途中で監督が体調をくずし、中止にでも追い込まれたら、出資者、全スタッフにとっても大変なことになる。白寿監督の健康維持は必須条件だったと思う。新藤監督がお元気で、作品が無事完成し、傑作になってほんとうによかった。さて、監督のツメの垢を頂いて煎じて飲み、ゴキブリ体操でもはじめようか。

（付録）

健康について書けと言われ、困惑し、まずうかんだのは、じつは、健康ボールのことです。思い出してしまった以上、吹聴したくなりました。申し訳ありませんが、お付き合い頂ければさいわいです。

戦後、米軍の影響かどうか、猫も杓子も野球をやったものです。むろん、私もやりました。グローブもバットもボールもなにもない。進駐軍の柔らかくて大きな「グラヴ」がほんとうにうらやましかった。彼らはジープで校庭に乗り付け、保革油のにおいをまき散らしながら、チューインガムを噛み噛みソフトボールで遊びました。私たちも学校では素手でソフトをやらされたのですが、みんなやりたかったのは野球、まずは軟式野球です。そのとき欲しかった軟球の名称が「健康ボール」。

当時の軟球は、試合中、「割れたうち、大きい方を取ったらアウト」というルールがあったくらい割れやすかったのですが、耐久性を飛躍的に高め、公式認定ボールになったのがこの健康ボールで、開発した長瀬ゴム工業株式会社が一手に製造を引き受けていました(日経トレンディネット「尼崎太郎の科学大好き！」による)。私たちが使ったのは、昭和二十五年からの疑似縫い目とディンプルのあるおなじみのタイプではなく、初代の菊型模様です。でこぼこの菊花筋模様がすり減ってツルツルになるまで使い込みました。

井上ひさしの小説『下駄の上の卵』は、その菊型健康ボールを山形の少年たちがお金を集め、東京下町まで買いに行ってとんでもないことになるタマゲタ大冒険物語で、面白いこと請け合い。調べてみたら、なんと、この墨田区の長瀬ゴム工業は、社名に「健康」を取り込み、各種ゴムボールを製造するナガセケンコー株式会社として、いまなお矍鑠たる現役でした。

つくづく健康は長寿の秘訣なんだなあ、と感服した次第です。

(『熱風』二〇一二年一月号)

アニメ映画とフランス

近代絵画をはじめ、フランス文化一般の恩恵に浴してきたのは当然だが、学生時代、もしポール・グリモーの『やぶにらみの暴君』(現『王と鳥』)に出会わなかったら、私はアニメーション映画の道に進むことはなかった。子供向けという枠を超えた世界初の長編アニメ芸術を生みだしたという点で、私にとってやはりフランスは特別な国である。

私は仏文科を卒業したけれども、仕事にフランス語は必要なかった。プレヴェールの詩や唄を口ずさんだり少しずつ訳したりしてはいたものの、それ以外は、たまに辞書を引き引き文章を読んでいただけである。そんな私を再びフランス語にぐっと近づけたのは、やはりアニメーションをめぐってだった。その一つが『木を植えた男』のアニメ作家、フレデリック・バック氏への心酔である。バック氏は一九八八年広島アニメ映画祭大賞受賞の際に初来日され、対談をして頂いた。それをきっかけに、私は『木を植えた男を読む』という本を書き、その中でジャン・ジオノの原作を翻訳してしまった。映画のナレーションはジオノの原文そのままであるにもかかわらず、日本語訳がかなりいい加減になっているのが残念だったからだ。

作品だけでなく、全身全霊で自然環境問題に取り組む姿勢に深い感銘を受け、その後、バック氏とは年に数回の文通をすることになる。カナダの山荘を訪れて一緒に木を植えたこともある。敬愛の念からはじめた文通だが、じつはこれが大変で、辞書などをひっくり返しつつ、何日もかけてやっとの思いで書いて出すと、あっという間にバック氏から心のこもったお便りが届く。仕事にかまけて返信が遅れてしまうと、いきおい長文の手紙を書かざるをえなくなる。するとまた長文のご返事。そういえば、バック氏はアルザス出身で、ケベック州の奥様とは、文通で知り合って結婚なさったのだった。

私にとってバック氏との文通は特別で、フランス語が上達したわけではない。プレヴェールの『ことばたち』全訳や、ミッシェル・オスロ氏の優れたアニメ映画『キリクと魔女』の脚本や絵本など、私のやった翻訳はすべて辞書のおかげである。私の学生時代にくらべ、仏和辞典は格段に良くなった。これは、もとになるフランス語の辞典が優れていることをも意味している。それにくらべると、和仏の方は日本語辞典の問題点をそのままひきずっているような気がするけれども。

なぜこんな無理をしてまで、また素人のくせにフランス語に係わろうとするのか。それはフランスの文化や暮らしに接して、学ぶべきことと紹介したいものが一杯あることを知ったからである。最近のアニメ映画でも、日本のアニメにはない面白さをもった傑作が生まれている。

私がはじめてフランスの地を踏んだのは一九九二年、すでに五十六歳になっていた。パリ近郊のコルベイユ・エッソンヌ市で行われた「子供のための映画の祭り・日本年」に参加するためだった。子供たちが運営に参加するこの小さな地方映画祭の素晴らしさがフランスに対する私の第一印象を決めた。フランスの底力を感じた。さまざまな点で大いに啓発され、また感動的でもあった。それは、帰ってきてから詳しい報告書を雑誌に載せてもらったほどである。尊敬するグリモー氏にお会いできたのも嬉しかった。

海外へ出ることは、その国や人々を知るというだけでなく、同時に自国について考える大きな機会であることは常々実感してきた。フランスでの経験もまた、私にとって、日本の文化現象を考えるとき、一つの物差しとして働いてくれる。たとえば「では感想を発表します」という通訳者の言葉に続いて、子供が一人ひとり小さなメモを見ながら話しはじめる。ところがそれは全然「感想」ではない。どの子も何を感じたかではなく、作品の中に何が語られていたか、どういう人物が何をしてどうなったか、というような「事実関係」を報告していく。日本では「心」を重視して、読書感想文を書かせるが、ここでは内容や事実をどれくらい正確に把握したかをまず問うている。私は彼我の教育のあり方の違いにカルチャー・ショックを覚えた。

以来、日本のアニメ映画の認知度の高まりとともに、しばしばフランスを訪れる機会が生まれた。フランスは日本アニメ受容と理解の先進国である。ほとんどが映画祭や自作の公開時などに招かれてのことなので、もてなし上手の相手の反応に喜んでいるだけだと何も持って帰れない。質問に答え討論するのはもちろん、見学やアニメ作家との交流をしたり、絵巻物の面白さを具体的に伝えたりもする。できるだけ旅行して、街や村や教会などを見て歩く。パリ以外のさまざまな地方から呼ばれた場合は特に喜んで参加してきた。得るものは大きかった。親切を受け、大事な知り合いもできた。

ただ、旅行は片言でなんとかなるが、仕事や交流では通訳してくれる人がいなければどうにもならない。最近は、日本に留学しているアニメ研究家のN君が通訳を務めてくれるので、安心してインタビューその他に臨むことができる。なお、N君の先生は、近年亡くなられたジャン・ジャック・オリガス氏である。オリガス氏はほんとうに素晴らしい方で、アニメ映画にも関心を寄せて下さった。文化交流に大きな貢献をなさっておられた先生を失ったことが残念でならない。

（『ふらんす』二〇〇五年六月号）

老人向き

ちょっと触ってみないか、と、iPadなる魔法のエレキ板を差し出された。普段パソコンを使い、インターネットを楽しんでいるジジイが、この評判の新製品にどう反応するか、見てみたいという。しかし使い勝手の似ているらしいiPhoneはもちろん、携帯電話さえ持たない老人の手に負えるはずもなく、結局いくつか操作してくれるのをヨコから見たり、手渡されて触ってみて、フンフンナルホド、コウナルノネ、ホォースゴイ！　などと、ともかく面白がってみた。

まずオシャレだ。マウスもコードもキイボードも一切なし。長方形の鏡みたいな本体だけ。操作はもっぱら手や指のタッチと動きだけでやる。タテに向けてもヨコに向けても使えて、フチなし画面から映像が溢れ落ちそう。小説は縦書きで頁がぴたりと画面におさまり、めくるような手つきをすればアラフシギ、サラリとめくれる。なるほど、これまでよりは格段に書物らしい。こういう製品の普及が、電子書籍化をぐっと前進させてしまう可能性だってあるかも。インターネットで送られてくるもの（あるいは自分で取り込んだもの）を見たり聴いたり読んだり整理したり、その他いろいろ楽しむための装置としてならば、通常のパソコンよりずっと手軽、持ち運べるし、デザインがよく、タッチ操作も細かすぎず、指から腕まで使うので生理的に無理が少ない。どこか魔法っぽい楽しさがある。

あれっ、いつの間にかベタ褒めしているぞ。ヘンだ。私自身には必要がなく、欲しくもないし買う気もないのに。何か本質的な意味で新しいことが出来るわけでもなく、ただの遊び道具としての進化にすぎないのに。だから、触らせてもらったときには、結局ひどく冷淡に、いくら面白くても、こんな玩具そのものには何の関心もない、関心は他にある、という態度をとったのに。

特徴を描写しているうちに、なぜ褒めてしまったのか。それはおそらく、こういうものが出現する必然性を無意識に感じていたからだと思う。そしてそこへオシャレなiPadがカッコヨク登場したからだろう。

パソコンを使いはじめたきっかけが、文章を書いて編集するワープロ機能だったので、パソコンは自分にとって書いたり描いたり作ったりするための堅実な「仕事道具」のはずだった。ところがふと気づくと、いままではそれよりも、インターネットを享受するために使っている時間の方が長いくらいになっている。まわりでもそんな感じだ。ということは、そういうために特化した機種が現れてもおかしくない時期に来ていた、iPad出現の機は熟していたのだ、と言えるのかもしれない。

しかし問題は一日に二十四時間しかないことだ。いまや手に入れられる情報は驚くべき量があるが、とてもそれらに付き合ってはいられない。時間がない。なのに、イモヅル式にずるずるとサイトを渡り歩いているうちに、あるいはゲームに熱中しているうちに、思わぬ時間を過ごしてしまったことに気がつく。そんな経験をパソコン利用者のほとんどがしているらしい。個々人がこの「麻薬性」とどう闘い、自己管理をちゃんとやれるか、自分を失わず、真に自分自身の時間と言えるものを保持できるか、それがこれからの最大の問題であって、iPadの機能を既成のパソコンと比較してどうかとか、そんなことは単なる枝葉末節にすぎないのではないか。

昔の人は、年にたった一度しか咲かない桜に対してさえ、冗談めかしてではあれ、「世の中にたえて桜のなかりせば春の心はのどけからまし」などと言ってのんびりしたがっていたのだ。それを思うと、一年中咲き誇る満艦飾の造花に囲まれたあげく、私たちの取り落としてしまったゆとりの方をこそ、心配すべきだろう。足腰も頭もしっかりしているはずの若者が、エレキ製の「麻薬」に取り憑かれて時間を無駄にし、ときにとじこもったりすることは社会にとってゆゆしき問題だ。しかし、老人はどうだろう。ひょっとするとちがうのでは。

私は常々、大型テレビやインターネットなどは、現代の老人にとって素晴らしい福音だ、見事に老人向きの遊び道具たりうる、と主張してきた。老人には比較的時間があるが、飽きやすい、足腰は弱っている、お金もそれほどはない。だから、現代のエレキ機器によくなじむ。大自然に分け入るかわりに自然番組を大型テレビで満喫しながら、死ぬまでに一度は行ってみたいなあ、と叫ぶだけで済ます。心ときめかせながらYouTubeで昔の歌や映画を探し、アップしてくれている奇特な人に感謝しつつ若かりし日の思い出にどっぷりとひたる。安上がりだ。また、自分の関心事を入力して検索すれば、素晴らしい個人のブログがいくらでも見つかって、共感したり反発したり、勉強したり、自分に見合ったさまざまな知的刺戟を簡単に得ることができる。

こう考えると、まだパソコンをいじったことのない老人をこの道に誘い込むために、iPadはひょっとすると、大きな役割を果たすのではないか、そんな気がしてきたが、どうだろうか。それがよいことかどうか皆目見当はつかないが。

（なお、キーボード打ち込みによるパソコンが、さまざまな身体障害をかかえる人々にとって大きな武器、価値ある道具になっているが、その点からすれば、iPadはほとんど無価値な道具かもしれない。）

（『熱風』二〇一〇年七月号）

ホトトギスの謎

芭蕉の七部集の第一歌仙『冬の日』に、野水の「あはれさの謎にもとけじ郭公《ほととぎす》」という句がある。その下敷きになっているのは、「あしひきの山隠れなるほととぎす聞く人もなき音をのみぞ泣く」と和漢朗詠集に詠まれた王昭君の数奇な運命であるらしい。

現在、ほととぎすは、漢字仮名まじり文に直されている和歌や枕草子などでも、『冬の日』の場合同様、その多くが郭公の字を宛てられている。そして、古典文学ではルビなしで「郭公」と書いてあっても、何の疑問ももたずにそれを「ほととぎす」と読み、「かっこう」と鳴く鳥ではなく、「てっぺんかけたか」とか「特許許可局」と鳴く鳥と解釈することになっている。姿もよく似ていて同じホトトギス科に属する鳥であるとはいえ、鳴き声はまるで違うのになぜ「郭公」と書くのだろうか。いつからそう書かれるようになったのだろうか。これは大いなる謎である。

「郭公」を「ほととぎす」と読ませることに関して、『広辞苑(第四版)』の「ほととぎす」の項には一切記述がない。「ほととぎす」は、例の「てっぺんかけたか」と鳴く鳥のことを指し、杜鵑・霍公鳥・時鳥・子規・不如帰・杜宇・沓手鳥・蜀魂などの字を宛てることが示されているが、その中に郭公の文字はない。念のため「かっこう」を引くと、やっと、(古来、和歌などで「郭公」を「ほととぎす」とよむ)との注を見出すことができる。「かっこう」の項での言及である以上、この書き方だと、「郭公」と書いて「ほととぎす」と読む鳥は、カッコウと鳴く鳥を指しているようにも思えるが、そうでないことは、上に指摘したとおり、古典文学の常識である。新古今集の巻一夏歌の「ほととぎす」を詠んだ和歌の前には、「待客聞郭公」というような漢文まがいが添えられているが、これも「カッコウを聞く」ではなくて、「客を待ちて、ホトトギスを聞く」と読む。

『岩波古語辞典(初版)』にはちゃんとした説明があるのではないかと思い、「ほととぎす」の項を調べてみたところ、こちらにも「ほととぎす」のあて字の中に「郭公」がない。では「くわくこう」の方にあるのかと思いきや、この項目自体がないことに驚かされた。「くわくこう(かっこう)」と読む「郭公」なる語彙は、古語辞典が扱う時代には存在しなかったのか。

昔は、カッコウを閑古鳥とか箱鳥とか呼子鳥とか呼んでいるから、ひょっとするとこの鳥を「くわくこう」とは呼ばなかったのかもしれないと心配になってきたが、同じ古語辞典の「閑古鳥」の注に、「かんこどり」は「カッコウドリ」の訛りとあるのを見出した。ということは、訛りの元の「カッコウドリ」という言葉は昔からあったことになるし、万葉集第十七巻以後の漢文序詞に多出する「ほととぎす」と訓読すべき漢語、霍公鳥は音読みすれば「カッコウチョウ」である。ところがこの辞典には「郭公」という語彙も「くわくこう(かっこう)」も項目として存在しないのだ。カッコウは郭公や霍公という字をホトトギスに貸し与えてどこへ姿をくらましてしまったのだろうか。

ついでに、『岩波国語辞典(第二版)』をひもとくと、「かっこう(郭公)」の項の末尾に、▽誤って「ほととぎす」と呼ぶことがある、とあり、「ほととぎす」の項の末尾には、▽「郭公」を「ほととぎす」と読むのは誤り。「郭公」はカッコウで別の鳥、とある。快刀乱麻を断つがごとき明快さであるが、現代語としては正しくても、現実に「郭公」と書いて「ほととぎす」と読ませている古典理解には全く役に立たない。結局のところ、三つの辞書を動員しても、「岩波じゃこの謎解けじほととぎす」だった。

辞典があやしげなのは、もともと、昔の人(や中国の人)がカッコウとホトトギスをきちんと区別していなかったらしいことを反映しているのかもしれない。少なくとも平安貴族たちは実際にほととぎすの声を聞くことがないまま、「ほととぎす」という、おさまりのよい五文字のこの鳥に情感を担わせて作歌したのではないか、という疑いをぬぐいえない。歌枕に足を運ぶことがないまま歌に取り入れたように。ともかく、日本古典文学では、「ほととぎす」の鳴き声ばかりがもてはやされて、カッコウと鳴く「かっこう」は「郭公」という文字以外、ほとんど出番がなかった。

なお、英語でホトトギスをカッコウと厳密に区別するときは、eurasian little cuckoo というらしいが、日本詩歌の英訳や仏訳では、「ほととぎす」はすべて「カッコウ」(cuckoo, coucou)と訳されている。しかし、ホトトギスが夏を告げる鳥であると同時に望郷の念を呼び起こしたり、鳴き声にまつわる悲しい民話に彩られているのに対し、カッコウは西欧では、春や初夏の訪れを告げる単純に明るい鳥であり、あまり「あわれさ」とは結びつかないのではないだろうか。

「郭公《ほととぎす》」の「謎」といえば、含意としての「程時過《ほどときすぎ》て」である。だが、どうやらそれだけではなく、「郭公の謎」は意外に深いらしいのである。

（未発表、二〇〇九年）

お国自慢

現代日本では、五十年間で何もかも変えてしまう。どの街へ行っても、ほんの一部を除けば、昔の町の面影も佇まいもありはしない。空襲、戦後復興、高度成長と、ただ変化し続けるしかなかったことは分かっているが、ではさて、今の姿はそれを喜べる美しさに達したと言えるのだろうか。

岡山へ帰ってもそれは同じこと、町になつかしさはまるで感じない。禁酒会館などほんの少数の「点」以外、残っているのは地形と道路網だけである。もちろん回りを取り巻く山々や、再建されたお城と後楽園は健在だ。操山はじめ美しい松の山はすっかり雑木の藪《やぶ》になってしまったが、それも当然、生活上木を必要としなくなって放置されたのが丁度この五十年で、森林の遷移を実感するに充分な時間だった。おかげで瀬戸内でははげ山を目にすることもなくなった。

お城の天守閣はたとえコンクリートでもあるのとないのとでは大違いだ。新幹線が旭川を渡るときあれを目にすると、ああ帰ってきた、と嬉しくなる。川に面したあの幅広五角形の落ち着きは個性的で、他の再建天守閣には見られない風格がある。後楽園も明らかに私たちの子どもの頃より整備されて美しくなった。伏流水汲み上げによる水の流れも素晴らしい。回遊式庭園ではやはり日本随一、誇らしく人を案内できる。

じつは少年時代、岡山の「ひねもすのたりのたり」的なまぬるい風土が気に入らず、余所《よそ》の景色に憧れていた。瀬戸内海の鈍く銀色に光る漣《さざなみ》よりは黒潮や日本海の厳しい荒波が、老年期のなだらかで低い岡や山よりは高く峻険な信州の山岳が、晴の国といいながらいつも水蒸気にかすんでいる空よりは、風雲急を告げるが如き雲行きや突き抜けるように青く深い空が、そして箱庭のようにおだやかな回遊式庭園よりは峨々たる巌を模した枯山水が、精神的な意味で上だと思っていた。

人は手近にないものに憧れるのだろう。五十年生きてきて、いまでは自分がその「ひねもすのたりのたり」人間の典型であることを自覚せざるをえず、やはり岡山こそ我がふるさとと、と思わずにはいられない。

（岡山朝日高校卒業五十周年記念誌、朝日二九会、二〇〇四年）

禁煙レポート

素晴らしき哉、喫煙

くつろぎの空間に、立ちのぼる紫煙。いつまでも結論の出ない議場に、もうもうとたちこめる煙。待ちくたびれて、山になった吸殻。ふるえる手で、あるいは手で囲って、火を点ける。顔を寄せて、火を貸してもらう。ゆったりと、くゆらせる。いらいらと、もみ消す。

心理状態、人間関係、時間の経過などなど、煙草は映画の中で、じつにさまざまなことを黙って表現してくれる、強力で優れた小道具でした。誰もが、一つや二つ、印象に残った煙草の場面を覚えているのではないかと思います。

私もまた、自作のアニメーション映画の中で、ゴーシュ、タエ子の父、トシオ、山田たかしなど、少なくとも四人の人物に煙草を吸わせました。特に、『おもひでぽろぽろ』のパイナップルのくだりや、『ホーホケキョ　となりの山田くん』のラストで一家の主が吸うところなどは、愛煙家は「いやあ、うまそうに吸ってたなあ」と褒めてくれます。

そうなのです。私はいらいらしているのではなく、うまそうに吸うところを示したかったのです。ところが非喫煙者のアニメーターは、煙草をうまそうに吸うとはいかなることか、全然判っていない。ただ吸って吐きゃあいいんだろう、とひどく冷淡です。それはそうでしょう、この大いなる快楽を知らないのですから。そこで私は、みずから煙草に火を点け、何度も吸ってみせて、その仕草、そのタイミングを観察してもらいました。いやまことに、この解説つき実演、私の迫真の「演技指導」がなかったならば、あの名場面(?)は生まれなかったのであります。

ポケットから煙草の箱を取り出す。
箱をあけ、煙草を一本抜き出す。
口にくわえ、マッチかライターを取り出し、点火する。
火を煙草の先に正しく近づけるべく、顔をかしがせる。
息を吸って着火させ、煙草を口からはなす。
口にふくんでいた煙を、あらためて肺まで吸い込む。
ゆっくりとした呼気にのせて、おもむろに煙を吐き出す。
薄い煙の流れが帯になって自分から遠ざかってゆくのを目で追う。
そして、しあわせにひたる。

ふたたび煙草を口にくわえ……

要するに、喫煙とは、こういった一連の行為と動作の総体であり、その日常習慣であり儀式であり、それがもたらしてくれる精神的快楽なのであって、単にニコチンを吸飲することだけを意味するのでないことは当然です。煙草に火を点けるときのあの集中した顔(このときだけはどんな馬鹿でも聡明に見える)にはじまり、煙を肺に吸い込むときの腹式呼吸、ゆっくりと吐き出す深呼吸まで、この喫煙時の仕草と無意識の呼吸法は、日常の多くの局面で、精神の緊張をほぐし、気持ちを落ち着かせ、心を整えてくれます。浅くなった呼吸を深くし、キレることを防ぎます。

煙草は私にとって、長い人生の、最も頼りになる伴侶でした。対人関係や仕事で緊張し、一時的にでもそれから逃避したいという衝動を抑えられないダメな私を、なんとか励まし、支えてくれた最大の友が、他ならぬ喫煙です。口が裂けても煙草の悪口は言いたくありません。五十六年間(五十四年は公称、成人以後)毎日四十本吸い続けた喫煙を、私が後悔することは、これからも決してないと思います。

喫煙は、たしかに健康上、いろいろと問題はあろうかと思います。他人に与える実害と不快感も無視できません。そのせいで、ここ二、三十年ほどの間、喫煙の効用が説かれることはついぞなく、その害ばかりが強調されるようになりました。アメリカでは、大失敗の禁酒法と違い、禁煙運動は大成功、上流社会や知識人層に、もはや喫煙者は(表面的には)皆無と言ってよく、喫煙者は自己抑制の出来ない依存症患者・無能力者と見なされます。ピクサーのジョン・ラセター監督の子どもたちが二馬力を訪れたとき、尊敬すべき宮崎駿監督が平然と煙草を吸うのを見て、激しいショックを受けたと聞きます。

日本でも、健康志向が強まり、間接喫煙の害が喧伝され、孫や子が生まれたことなどをきっかけに煙草をやめる人が続出しています。喫煙は社会から嫌悪排斥され、公共の場所での喫煙はもちろん、個人的にも追い詰められ、快適に喫煙できる場所は日に日に減り続けて、いまではほとんどなきに等しいありさま。風通しの良いオープンスペースさえ分け与えてもらえず、タコ部屋のごとき喫煙所に詰め込まれ、四六時中唸りをあげる空気清浄機のそばで、やっと吸わせて頂いている今日この頃です。

私は、他の人々が禁煙なさることに反対したことはむろんありません。健康上、「君子、危うきに近寄らず」と「君子、危うきに近寄らせず」を直ちに実行なさる意志の強さと博愛主義に、いつも尊敬の眼差しを向け、その克己心に敬意を表してまいりました。けれども、私自身は過去、一度も禁煙を試みたことはありませんでした。

こんなご時世なのに、なぜ禁煙しないのか。ご時世に対する抵抗？　いえいえ。単純に、やめたくなかったからです。喫煙行為には、害だけでなく、はっきりと大きな効用があります（前述した以外に、ボケにくい、というアメリカの統計結果もあるはず）。自分にとって効用の方が害を上回ると思っているうちは、何事であれ、やめる気になるはずはありません。害には目をつむります。喫煙はその典型例です。それに、もし喫煙が原因の疾患、たとえば肺癌に冒される危険性があるとしても、この歳になって今さらやめても危険性の軽減はほとんど見込めず、もはや手遅れだろう、というあきらめもあります。

禁煙しようとしなかったもう一つの理由、それは、自分の意志の弱さをよく知っていて、快楽に負けやすい意志薄弱な自分には、どうせムリだと考えていたからでもあります。飛行機の中でのように、音楽でも聴きながらただボーッと過ごしたり居眠りしたりする生活ならば、禁煙も可能かもしれないけれど、仕事をしなければならないとすると、頭が働かなくなり、イライラし続け、仕事にならず、結局煙草に火をつけてしまう……、そんなみじめな自分の姿が目に見えるようでした。ところが――

只今禁煙実施中

じつに不思議なことではありますが、私は十一月十日から自力によって禁煙を開始し、問題なく日々が過ぎ、一本も吸わないまま今日現在に至っております。煙草やライターは今までどおり身近に置いてありますし、口にくわえてみても、すぐそばで喫煙されても煙を吹きつけられても、まったく平気です。動揺はありません。それでいて、今なお

「喫煙(!)の素晴らしい効用」を人に説くこともできます。喫煙擁護派のまま、非喫煙者をやっています。ですから、これ以後死ぬまで、ほんとうに禁煙を全うできるのかどうかについては、まったく自信がありません。しかしともかく、煙草を吸わないでも、ごく平静でいられるのです。自分でも拍子抜けするくらいです。

むろん、喫煙によって形成されていた私の生活習慣のリズムは、禁煙によって完全に崩れました。今までは適時、要所で煙草を吸ってきたわけですから、日常の節目節目で、今も頻繁に、一服しよう、という衝動が生じ、自分が一服している甘美なイメージが無意識にぱっとひらめきます。さあやるぞ、と一服、行き詰まって一服二服三服、一段落してホッと一服、うまいもの食べて一服飲んで一服、美しい景色の中で一服……。なのに、その心地よい「一服」ができない、いや、みずからしない、のですから、生活のリズムは乱れざるをえません。七時間の睡眠時間を差し引いて、一日二箱四十本を割り振ってみると、平均二十五分に一回は喫煙の快楽を味わっていたことになります。これは驚くべき頻度であり、飴をなめるなどでは、到底代替不可能なことです。

煙草を一服する時間は、おそらく、無為・無駄・無意味であるが故に、大きな意味のある時間でした。日常という時間の帯に細かく微妙に織り込まれていたこの快楽の時間、この甘美な刻々が禁煙によってすっかり抜け落ちて、時間の帯は虫に喰われたようにスカスカになる。スカスカの時間は耐え難いので、結局その虫喰い穴をただ前のめりに潰してしまうしかない。要するに日常から、無意味だが甘美な時間を追放してしまうのです。たとえば、煙草を吸いながらちびちび啜《すす》っていたコーヒーなんか、今ではあっという間に飲み干してしまいます。間がもたない。そして、次の、何か意味がある(とされる)有益な時間へと移行してしまわざるをえません。ああ、なんと味気ない人生でしょう！　この歳になって、こんなにムダのない、効率的で勤勉な生活をすることになろうとは。いやはや、思ってもいませんでした。

むろん、現代生活には、それでも埋めることのできない多くの空白時間があります。その最大のものが、パソコンが作業してくれているときの「間」でしょう。他のことをしたり考えたりするには短すぎ、ただじっと待っているには長すぎる、あの空虚な間あい。こういった間を潰すために、どれほど喫煙が有効か、未喫煙者にはお分かりにならないかもしれません。そういう喫煙の効用を、私は今ではすべて失いました。

こんなわけで、一見落ち着いているように見えても、じつは精神的にはかなりのダメージを受け続けているのではないか。無意識のうちに、恐るべき喪失感に心を蝕まれているのではないか。それが心配です。すでに「心のケア」なるものを必要とする身なのかもしれず、もしそうならば、その治療は、言うまでもなく、薬用としてのタバコの服用によるほかないでしょう。ともかく、禁煙状態にふさわしい生活のリズム、すなわち、「煙草のない楽しいくらし」の美しいあり方を私が発見し、身につけるまでには、まだまだ時間がかかりそうです。

いずれにせよ、禁断症状との狂おしい戦い、七転八倒の苦しみといった、人生を揺るがす事件にも見世物にもならず、どうやら大方のご期待を大いに裏切って、現在、至極ツマラナイ禁煙生活を送ることができていることは確かです。

では、どうしてそんなことになったのか、その蔭には、素晴らしく温かい友情が秘められているのですが、まずは、そのいきさつからお話しいたしましょう。

禁煙への遠い道

今年九月、八月に健康診断をして頂いた日本テレビ麴町診療所の久保田有紀子先生から、診断の結果、このまま喫煙を続けていると、五年か十年後には激しい息切れによって呼吸困難に陥る可能性が非常に高いが、今やめればそのようなことにならなくて済む。だからこの際、是非とも禁煙するべきである、との懇切なご忠告を、再三にわたって頂きました。そして、最近ある薬が開発され、それを飲んでいると、喫煙していてもいつの間にか煙草がおいしくなくなってやめられる、そんな妙薬があるという耳寄りな話も教えて下さり、最寄りの呼吸器内科医を紹介する、ともおっしゃって下さいました。長年にわたるヘビースモーカーの私といたしましては、はっきりとした決断はつかないままでしたが、呼吸困難はいかにも苦しそうで怖いので、やはり紹介状を頂いて、専門医に相談に行ってみるべきだとは思い、その旨メールでご返事申し上げたところ、久保田先生は早速、町内のY内科をご紹介下さったうえ、持参すべき胸部断層写真と検診結果をお送り下さいました。

じつは私、最近、咳と痰がますますひどくなり(慢性気管支炎?・)、音楽会で演奏中、咳をこらえるのが難しかったり、自分だけでなく、他人をも不快にさせることが多くなって、それを気に病んでおりました。ですから、このうえ肺にも問題があるのならば、やはり喫煙をなんとかすべきなのかもしれない、と思わないわけにもいかず、十月に入ったらY内科を訪れるつもりでした。

十月になっても、つい忙しさにかまけて、Y内科に足を運ばぬまま日が過ぎていたある日のこと、宮崎駿氏と鈴木敏夫氏から突然呼び出しがかかり、一室に連れ込まれ、禁煙のための行動を起こすことを強く勧告されたのです。こと喫煙に関しては、強固な団結を誇ってきた私たち三人でしたが、お二人の、「同志を裏切っても構わぬ、お前の健康が第一だ」との友情あふれる忠告には、木石ならぬ身、さすがの私も心を動かされずにはいられなかったのでした。さらにこのうるわしい友情に、「このまま吸っていたら、早晩、鼻にチューブをつけ、ヒーヒー喉を鳴らして生きることになるんだぞ、どこへも行けなくなるんだぞ、あっはっはっは、それでもいいのか」とか、「日本テレビの氏家会長もご心配なさっているのだぞ」という脅しや圧力までが加わるに及んでは、もはやこれまで、と観念せざるをえず、遂に、二〇〇九年十月二十九日、七十四歳の誕生日を吉日と定め、予約を入れ、Y内科の門をくぐることを決断いたしたのであります。

屠所に曳かれる羊のごとく——呼吸器内科にて

十月二十九日当日は、社命が発せられ、敵前逃亡を防ぐためか、お目付役として西村義明氏が私の家まで派遣されました。家から病院は近く、私は自転車で行きたかったのですが、折角のありがたいご厚意を無にしてはならないと思い、従容として西村氏に車で拉致され、Y内科まで連行されるがままになりました。

待合室で呼び出しを待ちながら、例の妙薬について思いをめぐらせました。煙草をやめないまま、薬を服用しているだけで煙草嫌いになれる、そんなうまい話がありうるだろうか。吸っていて煙草がまずくなるような薬ならば、おそらく途中で、煙草ではなく、薬の方を飲まなくなるのではないか。成功させるには薬を強制的に飲ませなければならず、薬を強制的に飲ませるためには、他の依存症同様、入院(煙草からの隔離)が必要なのではないか。あるいは、もし薬で煙草がまずくなってやめたとしても、薬の投与期間が終わってしまえば、風邪を引いたあとと同様に、また煙草がおいしくなって喫煙を再開することになるのではないか。こんな疑問が頭の中を去来しました。

ともかく、Y先生にお会いしたら、まず、健康診断結果を専門医として分析してもらったうえ、自分の喉の症状も話し、これからどうすべきかについて相談に乗って頂こう、と思って心を落ち着けました。(ほんとうは心を落ち着けるために喫煙したかったのですが、もちろん病院内は禁煙でした。)

そうこうするうちに、アンケート用紙が手渡され、そこに必要事項を書き込むよう指示されました。喫煙歴、本数、さまざまな症状。ここまではアンケートとして意味が分かったのですが、それ以後の質問項目に、たとえば、「喫煙は良くないことだとわかっていながら」というような文言がちりばめられており、大いに違和感を覚えたため、答えにくくなってしまい、今思い出そうとしても、どんな質問事項だったのか、それにどう回答したのか、思い出せないありさまです。私としては、喫煙が今後の自分にとって、どう「良くないのか」それをはっきりさせるために相談に来たつもりなので、「喫煙は良くないこと」を当然の前提にしたアンケートには、まともに答えようがなかったのです。

やっと順番が来て、Y先生に対面しました。先生は、私が(久保田先生の指示によって)薬による禁煙をしに来たのだと思っていらっしゃるようで、パックされた薬を示し、さっさと禁煙に至る手順についてお話をされようとします。私はあわてて、持参した胸部断層写真や健康診断結果を見て頂きたいと訴えました。しかし先生は、久保田先生からの要請ですでにお分かりらしく、写真とデータは一瞥しただけでした。けれども、私の様子をご覧になり、貴重なお時間を割いて、あらためて、私の肺気腫的症状や肺活量一秒率の低さをめぐり、図示までして懇切丁寧に解説して下さいました。

曰く、遺伝的に喫煙が問題にならない人もいる。しかしお前は喫煙の悪影響によって、すでに呼吸量が大いに低下している。肺気腫的症状よりも、その結果としての、この肺活量の一秒率というものの低さが問題なのである。その低下の傾斜角度は鋭く、このまま喫煙を続けていれば、呼吸量はこのように急激に低下し、ゼロに至る。ゼロとは、すなわち死だ。その時点で死ぬということですよ。では今から禁煙をすればどうか。非喫煙者であっても、二十代をピークに呼吸量は低下し続けるのだから、禁煙したからといって、傾斜が上向くわけでも横這いになるわけでもない。禁煙以後の呼吸量低下の傾斜角度が非喫煙者と平行になるにすぎない。しかしそれでも、喫煙を続けた場合より何年かは寿命が延びるはずだ、と。

大変ドライで分かりやすいご説明でした。どっちみち、喫煙によってすでに負ってしまったハンデはもはや取り返し不能なんだ、と感慨にふける間もなく、「さてそこで、さきほどのアンケートですが」と、先生は一項目ずつを確認しつつそれを点数に換算して集計されました。すると、私には自分が喫煙という「病気」に罹っているという自覚がなく、当然ながら、「禁煙治療」に対する覚悟がまったくできていないことが明らかになったのです。そして、この結果では、健康保険の適用はできない、お気の毒だが、自費でやって頂くしかない、約六倍の金額になる、厚生労働省がそう定めているのだ、とのご託宣が下りました。

おそらくY先生は、私と久保田先生の間で「禁煙治療」開始についてすでに合意があり、先生自身はそれを実行するだけ、と考えていらっしゃったのでしょう。ですから私の態度を、なんて往生際の悪いやつだ、とお思いになったのでしょうが、私としましては、すでに書きましたように、覚悟を決めて薬による「禁煙治療」なるものをしようとして病院を訪ねたのではありませんでした。まずは先生にご相談しようと思い、そのために、偽らざる気持ちを正直にアンケートに反映させたのでした。

私は大変理不尽な思いがし、裏切られた気持ちになりました。第一に、私の肺がどれほど深刻な状態であるかの説明を受けてから、その結果を熟慮したうえでアンケートに答えさせて頂きたかったと思いました。次に、もしアンケートの結果(すなわち依存症の自覚と「禁煙治療」なるものへの熱意・真剣さの度合い)によって、保険適用か自費かが決まることを事前に知っていたならば、おそらくアンケートへの答え方が違っていただろうと思いました。また、アルコールその他の依存症患者が依存症を自覚し、いかに口先で依存症脱却を願っても、それがほんとうの脱却意志を保証するものでないことは周知の事実なのだから、禁煙の覚悟の程度をこんなアンケートで計るのはムリではないか、とも思いました。

私は図々しく言ってみました。「先生、もし私が保険適用を受けようと思えば、先生のところは今日限りということにして、別の内科であらためてアンケートに〝適切に〟答えれば、それが可能だ、ということになりますよね」。お若いY先生は苦笑しながら、「ま、そういうことにはなりますが……」と言葉をお濁しになりました。けれども私の頭には、久保田先生・宮崎駿・鈴木敏夫・氏家会長など、私の健康を真剣に心配して下さっている方々のお顔が浮かび、ここで卑怯未練な態度は取れない、とにかく一旦は観念してここへ来たのだからと、遅すぎた「覚悟」を今決めて、エイヤっとばかり、「自費で構いません。お願いします！」と叫んでいたのでした。

するとY先生は、おもむろに、この「治療」の成功率がいかに低いかを説明なさいます。三カ月の治療終了時点で約四五％、すなわち半数以下、一年後では約二二％、なんと五人中四人が脱落し、一人しか成功しないのだそうです。しかも失敗した場合、一年後でなければ再度の挑戦は許可されません。これほど成功率が低いということは、この薬による「治療」効果がかなり疑わしいことを示しており、そういう怪しげな治療に保険を適用することを厚生労働省が渋るのは理解できるな、と私は思いました。（久保田先生がお持ちの統計によれば、成功率は公称六割、実際にもそれぐらいであるとのことですが。）

「でも、自費でやるのならば、失敗したらまたすぐ再挑戦できるのでしょう？」とお尋ねしましたところ、「いや、それは同じで、一年後でなければできません。何故なら、この薬を連続使用して害がないかどうか、まだ確かめられていないからです」とのこと。そういえば、見せて頂いた薬の服用説明書にも、いろんな副作用のことが書いてありました。「治療」のために飲まなければならない薬は、副作用があり、連続使用の禁じられているようなコワいシロモノなのです。なるほど、ニコチンは猛毒(『広辞苑』などによる)らしいが、毒をもって毒を制するというわけか。うーむ、これは「ヤク」に頼って禁煙をするということなんだな。と、だんだん不愉快になってきました。

そんな私の気持ちを知ってか知らずか、先生はどんどん「禁煙治療」のスケジュールを決めていかれます。「今日が二十九日だから、一週間後の十一月四日から禁煙を開始することになります。では、この禁煙宣言書に署名して下さい」と差し出された「禁煙宣言書」には、

私はニコチン依存症であることを認識し、喫煙の害ならびに禁煙の効果を十分に理解した上で、十一月四日より、禁煙することを宣言します。

と書いてありました。私は、自分がいまだに「喫煙の害ならびに禁煙の効果を十分に理解し」ているとは言えないなあ、と思いつつ患者氏名の欄に署名しながら、今日から

一週間後は四日じゃなくて五日なんだがな、と先生の計算間違いをご指摘申し上げるべきかどうか迷っているうちに、先生はてきぱきと担当医の欄に署名して下さいます。私は、自分が「患者」となっていることにどうも馴染めませんでしたが、多くの学会で、喫煙が〝喫煙病〟(ニコチン依存症＋喫煙関連疾患)という病気、そして喫煙者はその〝患者〟だとされていることを後で知りました。そして、宣言書のいちばん下には、

私は、禁煙が成功するよう温かく支援することを約束します。

という支援者の署名欄があります。いったい誰に「支援者」になってもらうのか。禁煙が成功するための支援はおそらく、絶対に「温かい」ものではなく、こっそり匿《かく》していた煙草を情け容赦なく捨て、ライターや灰皿を隠し、「また吸ってる！」となじり、「タバコのにおいがする！」とあばくなど、とことん「意地悪な」ものにしかなりようがありません。あとは日々励ましたり、何かご褒美を与えるしかないから、結局この役は、気の毒な妻以外、なり手はいないだろうな、と思いました。

なお、Y先生が厚生労働省に対して一番怒っておられたのは、喫煙総本数が一定基準を上回ることが保険適用の条件になっているので、この「禁煙治療」が最も力を注ぐべき、喫煙歴の浅い若年層の禁煙のためには役立たないことについてでした。まことにも

っともなご意見です。

診察料を支払ってY内科を出るころには、ニコチン欠乏のためか、すっかり頭が混濁していて、西村氏を相手に、「禁煙開始が一週間先なんて、決断を鈍らせるだけだ、鉄は熱いうちに打てと言うではないか、医者に行った日からどうして禁煙させないんだ」などと悪態をつきながら、駐車場で(言うまでもなく、薬ではなく煙草を)早速一服に及び、いや、スパスパと吸っているうちに薬局へ寄ることは見事に忘れ、自宅まで帰ってきてしまいました。ほんとうは、この当日から薬を飲みはじめ、一週間後には完全に禁煙するというスケジュールなのに。

帰宅し、妻に以上の顚末を説明したうえ、「温かい支援者」になってくれるよう懇願いたしましたが、仕事を一緒にしている人の方がつきあい時間が長いのだから、西村氏にお願いしてみたら、とにべもなく断られました。では西村氏はどうかといえば、彼はまさに喫煙病患者の一人なのですから、適格者とは言い難く、署名欄はいまだに空白のままです。

どうしても薬が飲めない

さて、そんなわけで、誕生日は吉日とはならず、薬は、気を利かせた妻が後日(処方箋有効期限内に)、薬局で購入してきましたが、服用開始の決断がつかないままずるずると日が経ち、Y先生に禁煙を約束した四日が来てしまいました。この日、会社から帰宅すると、まずいことに、久保田先生からメールが届いているではありませんか。Y先生が久保田先生に誠実にご報告下さったことが記されていて、自費になったことをご心配頂いたうえ、禁煙成功に向けて、温かく励まして下さっています。

これはマズイことになった、どうしよう、と宿題をやっていない小学生のようにうろたえ、こういうときには一服するしかなく、煙草を吸いながら善後策を考えたのですが、面目ないのでご返事できず、しかもちゃっかり、返事がないのはうまくいっていない証拠であろう、と優しい先生はご推測下さるに違いないなどと、甘ったれた気持ちにもなり、いったい何日を薬服用開始の「吉日」に選ぶべきか、喫煙しつつ思い悩んでいるうちに、さらに日々が過ぎていきました。

病院へ行ったにもかかわらず、その後禁煙していないことは、宮崎・鈴木の両氏にも、すぐにバレましたが、両氏は決して責めたりはなさらず、まァそんなもんだろう、と「温かく」あきらめて下さったようでした。私の禁煙騒動は、同じ喫煙病患者である両氏にとって、ご自身を「見つめ直す」いい機会になったやもしれませんが。

薬服用開始の「吉日」選びができないまま悩み過ごしているうちに、次第に、こういう禁煙の仕方は、ひどく人間の尊厳を傷つける屈辱的なものではないか、という気がしてきました。喫煙をただ「害」としか見ないあの「宣言書」に署名すると、人生の大切な伴侶だった煙草を貶《おとし》め、喫煙の素晴らしい効用を否定してしまうことになる。これは、長年煙草とともに歩んだ自分自身への裏切りではないか。首尾よく禁煙に成功したとしても、この後ろめたさは消えないだろう。

反対に、禁煙に成功せず、吸い続けることになったら、もっと悲惨だ。あの「宣言書」を書いた以上、もはや愛煙家ではなく、単なる「禁煙に失敗した男」にすぎない。喫煙はのびやかな快楽ではなくなり、悪いことと知りながら、「ヤク」に頼ってやめようとしても結局やめられなかった、後ろめたい、こそこそした行為になってしまうだろう。中には何度禁煙に失敗しても、あっけらかんとしていられる人もいるだろうが、多くの人はおそらく、自分の意志の弱さに自信を失ってみじめになり、敗残者意識に苛まれて、ますます喫煙に頼ろうとする、精神が暗くなる……、要するに、悪循環を起こすのではないか。また、まわりの人は、「温かく」見守るのではなく、彼の意志の弱さにあきれ、愛想をつかさざるをえまい。この禁煙法では五分の四が失敗しているのだから、これは深刻な問題だ。

ともかく、何が何でも煙草を悪者扱いしなければ済まず、禁煙できない人間を落伍者にしてしまう、こういう禁煙方法は、どこか異常なのではないか。間違っているのではないか。ヒューマニズムに反するではないか。ぐずぐずと治療開始を引き延ばしているうちに、私はすっかりこの禁煙方法が嫌いになってしまったのでした。

たしかにこれは図々しい開き直りで、ただの屁理屈にしか聞こえないかもしれません。しかし、「盗人にも三分の理」ということわざもあります。私は、どうせ禁煙をするならば、喫煙者の尊厳を踏みにじらない禁煙、名誉ある禁煙をしたい、と思いはじめたのです。喫煙を楽しんできた人生を否定しないで、煙草の名誉も守りたいのです。

私は今まで一度だって禁煙を試みたことがありません。禁煙したいのに出来ない、出来なかった、失敗した、というケースとは違います。私がニコチン依存症かどうかも、じつのところ、まだ分からないことなのではないか。私は試みに、ある日、煙草を吸うのをやめてみました。夕方まで、大丈夫でした。なんとなく、これはそんなに苦しいことでもないかもしれない、という感触を得ました。そしてその後、吸い続けていたのですが、十一月十日、再び朝から禁煙してみました。一日が過ぎました。次の日もできました。そしてとうとう現在に至っているわけです。（第一回目用の薬パックは未使用のまま、記念品となりました。）

私が新しい宣言書を書くとすれば以下のようなものになるでしょう。

私は、喫煙が病気であることも、自分がその患者であることも認めません。

私は喫煙病を治療するために「禁煙治療」なるものをするのではなく、肺気腫・呼吸困難・慢性気管支炎等々を治療し鎮静化し予防するために役立つことと信じて、大好きな煙草を自主的に控えることを宣言します。

私が禁煙に成功した(かどうかは、まだ分かりませんが)ことを噂で聞きつけられた久保田先生は、十九日に、「祝禁煙」というメールを寄せて下さいました。まことに、現在こうして、煙草のにおい・ヤニ・空気清浄機や換気扇の騒音から解放され、心安らかに「禁煙状態」を続けていられるのは、ひとえに、久保田先生のおかげです。そして、氏家会長、宮崎・鈴木の両氏の温かいご支援のたまものです。皆様に心からお礼を申し上げ、深く感謝いたしたいと思います。また、こういう禁煙方法に至った原動力は、明らかに、まずY先生、そして厚生労働省が与えてくれました。ありがとうございました。

(二〇〇九年十一月三十日)

なお、二〇〇九年十二月十五日現在、まだ私の禁煙は続いております。

(『熱風』二〇一〇年一月号)

あとがきにかえて

いま私は『かぐや姫の物語』をつくり終えてほっとしています。長い道のりでした。現場制作に入ってから三年、はっきりと企画が動き出してから五年、最終作『ホーホケキョ　となりの山田くん』が公開されてから十四年、そして、私がアニメーション業界に籍を置いて以来五十四年の歳月が流れました。しかしいずれもアッという間でした。

『となりの山田くん』のあと、通常のセルアニメに戻る気はなく、『山田くん』で端緒をつかんだ新しい表現をさらに発展させることができないなら、私はアニメーション映画が作れなくてもいい、作れれば作るけれど、作れなければそれはそれで仕方がない、そう考えていました。そして、いくつか、新表現を絶対に必要とする面白い企画を準備しかけては挫折する、ということを繰り返しました。スタッフの中心になって協力してもらいたい作画家の田辺修君が乗り気でないとか、私自身の気力が続かなかったとか、理由は様々ですが、ともかく本職では長いブランクがありました。

そのおかげといってはなんですが、その間に、かなりの量、文字による仕事ができました。そしてそのいくつかは書物にしていただけました。幸運でした。それ以外にも、折りにふれて雑文を書いたり、様々なテーマに関しインタビューを受けたり、あるいは人前でお話をしたりすることもありました。

このとりとめもない文集は、そのなかから、岩波書店の清水野亜さんが書物一冊分を選んで編集してくださったものです。お世話になりました。ありがとうございました。

また、『かぐや姫の物語』という超大作を作らせてもらったこともふくめ、私のわがままを許し、私に様々な仕事の機会を与えてくださったスタジオジブリの皆さん、とくに常に中心を担ってきた宮崎駿氏と鈴木敏夫氏、そして出版部の田居因さんに、心からの感謝と敬意を表します。

おわりに、『かぐや姫の物語』のチラシ用に書いた一文を再録させていただきたいと思います。チラシやポスターの「姫の犯した罪と罰」というセンセーショナルな惹句が私にはつらくて、それが原作『竹取物語』に根拠をもつものであることを明らかにしておきたかったのです。

半世紀を経て

昔々、五十五年足らず前、東映動画という会社で、当時の大監督、内田吐夢さんを立てて、『竹取物語』の漫画映画化が計画されました。結局実現はしませんでしたが、監督の意向もあって、社員全員からその脚色プロット案を募る、という画期的な試みがなされたのです。選ばれた案のいくつかは謄写印刷のブックレットになりました。

私は応募しませんでした。事前に演出・企画志望の新人たちがまず企画案を提出させられたのですが、そのときすでに、私の案はボツになっていたからです。私は、物語自体を脚色するのではなく、この奇妙な物語を成り立たせるための前提として冒頭に置くべきプロローグ、すなわち、月世界を出発するかぐや姫と父王との会話シーンを書いたのです。

原作の『竹取物語』で、かぐや姫は、月に帰らなければならなくなったことを翁に打ち明けたとき、「私は〝昔の契り〟によって、この地にやって来たのです」と語ります。そして迎えに来た月の使者は、「かぐや姫は、罪を犯されたので、この地に下ろし、お前のような賤しいもののところに、しばらくの間おいてやったのだ。その罪の償いの期限が終わったので、こうして迎えにきた」と翁に言います。

いったい、かぐや姫が月で犯した罪とはどんな罪で、〝昔の契り〟、すなわち「月世界での約束事」とは、いかなるものだったのか。そしてこの地に下ろされたのがその罰ならば、それがなぜ解けたのか。なぜそれをかぐや姫は喜ばないのか。そもそも清浄無垢なはずの月世界で、いかなる罪がありうるのか。要するに、かぐや姫はいったいなぜ、何のためにこの地上にやって来たのか。

これらの謎が解ければ、原作を読むかぎりでは不可解としか思えないかぐや姫の心の変化が一挙に納得できるものとなる。そしてその糸口はつかめた！　とそのとき私の心は躍ったのですが、半世紀を経て今回取り上げるまで、この〝昔の契り〟コンセプトは、長年埃をかぶったままでした。

私にはいまも、月での父王とかぐや姫のシーンがありありと見えています。父王は姫の罪と罰について重大なことを語り聞かせています。かぐや姫はうわの空で、父王の言葉も耳に入らず、目を輝かせながら、これから下ろされる地球に見入るばかりです……。(*)しかし、私はこのシーンを冒頭につけることはしませんでした。『竹取物語』には描かれていない「かぐや姫のほんとうの物語」を探り当てさえすれば、プロローグなどなくていい。物語の基本の筋書きはまったく変えないまま、笑いも涙もある面白い映画に仕立てられる。そしてかぐや姫を、感情移入さえ可能な人物として、人の心に残すことができるはずだ。私はそんな大それた野心を抱いて、『かぐや姫の物語』に取りかかりました。

このような物語に、いわゆる今日性があるのかどうか、じつのところ、私にはまったくわかりません。しかし少なくとも、このアニメーション映画が見るに値するものとなることは断言できます。なぜなら、ここに結集してくれたスタッフの才能と力量、その成し遂げた表現、それらは明らかに今日のひとつの到達点を示しているからです。それをこそ見て頂きたい。それが私の切なる願いです。

（＊）月の王のことばは、以下のごときものでした。

お前は、かの禁断の星から帰りし者の、穢れた記憶を呼び覚まし、苦しめるという罪を犯した。そのうえお前はその穢れた星になぜか、憧れを抱いている。これも罪だ。だから、罰としてお前を下ろそう、お前が行きたがっているあの穢れた星へと。

これ、そのように嬉しそうな顔をするでない。お前はあの星ばかり見つめて、私の話などうわの空だが、これは恐ろしい罰なのだ。お前はかの地で穢れにまみれ、苦しみながら過ごさねばならぬのだぞ。

だが、お前がその穢れに耐えきれず、もうこの星にはいたくないと心で叫んだならば、そのとき、お前の罪は許される。お前自身があの星の穢れを認めたのだから。そして迎えが遣わされ、この清らかな月へとお前は引き上げられよう。

二〇一三年十一月

高畑　勲

高畑さんの黒い革靴のたくさんの足跡

片渕須直

　私は、アニメーションに関しては晩生《おくて》な方だったと思います。高校二年生まではそれが自分の人生にとって決定的なものになるだろうなどとは予感もしていなかった。けれど、その翌年には大塚康生さんのお仕事をきっかけに唐突に自分の進む道としてアニメーションを意識するようになっていました。この世界についての知識を広げ始めようとし始めたとき、視界に飛び込んできたのが高畑さんの作品でした。私の祖父は映画館を営んでおり、東映動画の長編は途中までのほとんどを封切り時に観ていたのですが、どうしたことか『太陽の王子 ホルスの大冒険』だけ機会を逃していて、大学生になって名画座のオールナイト「大塚康生特集」で初見を体験することになりました。高畑さんのその時期までの監督作品は、大学四年間の前半ですべて目を通しました。

　作品のすばらしさを感じながらも、それ以上に思ってしまったのは、いったいどういった経路をたどればこうした作品群を生み出し得るのか、その道筋がまったくわからない、ということでした。その当時の自分が携えていないものがあまりにもたくさん含まれていました。愕然とするほどに。どこからどう挑んでゆけばよいのか、でもその登り口すら見当がつかない。

その高畑さんに、大学四年生の時期に演出助手としてついて、合作映画『ＮＥＭＯ』のストーリーを構想し、その奥に秘めさせる理屈を展開してゆく様を目の前で見たこと。その成り行きを自分なりにメモしたものを提出したとき、「少しだけ、わかりかけてきましたね」といわれたこと。本来私の仕事である『名探偵ホームズ』の劇場版を作る作業に、音響のところで高畑さんにつきあっていただいて、一晩徹夜となったときに高畑さんがずっと雑談を仕掛けてきて下さって、その話題の一つ一つが旺盛な知識欲から得られたものであることを悟らされたこと。仕事の上での直接の関わりはそれだけでしたが、そんな中から高畑さんの道筋の尻尾《しっぽ》を、ほんのわずかにではあっても感じることができたように思います。

その上で、その当時の高畑さんが「生活の中の魅力的な部分を理想化して描く」などと端的に言語化されていたところにも、自分なりに踏み込んでみようとも思っていったのです。

『ＮＥＭＯ』はあまりにも大作で、若い二十代のスタッフたちにとっては、あまり初期の作業に深入りすることもできず、身を持て余してしまったように感じられてもいたのですが、何人かで集まって自主制作で作品作りでもしようか、とこっそり相談をしていたことがありました。その内緒の相談の場に、どう聞きつけられてしまったのか、高畑さんが入って来られた。

「いや、どういうことをしているのかな、と思って」

と、微笑んで、あるいはニヤニヤしておられたのですが、私たちが口ごもっているのを見て、去って行かれた。

それから三十年以上経って、とある会合で顔を合わせた高畑さんに話しかけられました。

「あれ、やるんですか？」

あれ、というのがなんなのかは、問い返すまでもなくよくわかりました。高畑さんはまたしてもどこで聞きつけたのか、それは企画中の『この世界の片隅に』のことでした。この時も三十年前と同じ、道の先の方から振り返ったような、ニヤニヤした微笑み顔でした。この時も、こちら側は制作費をまるで集められない状況の中にいましたので、自信をもったことがいえず、口ごもってしまったのですが。

高畑さんが亡くなって、思い出さなければならないことがたくさんになって、自分の中での高畑さんの存在感はかえっていや増していきました。喪失感を味わうどころか、あんなこともいわれた、こんなふうに咎められた、こんな顔をしておられた、などと思い出すごとに存在感が膨らんでゆく一方なのです。
　時に、作ったものに対して批判も受けました。けれど、『マイマイ新子と千年の魔法』を初めて観終わった高畑さんは、たまたまその劇場ロビーにいた私の肩を、思いっきり手荒く、無言で、どやしつけて来られた。それは、私の誇りです。私の『この世界の片隅に』を繰り返し観て下さっていたらしい、ということも人づてに聞くことができました。例え批評する糸口を見つけようとしてのことだったとしても、でも、それも私の誇りです。

　ところが、スタジオジブリの「高畑勲　お別れの会」で、式の合間に流された、高畑さんの子ども時代からの写真で構成された映像を見てから、変わりました。このアルバムの写真の小学生が、高校生が、大学生が、ちょっとした運命の気の迷いから、ジャック・プレヴェールだとか『やぶにらみの暴君』などという、高畑さんがアニメーションの道に進むきっかけになったものに出くわさなかったとしたら、いったいどうだったんだろう、という考えが心の中で広がってしまったのです。そのとたん、私は、すべてが幻のように思えてくる不可思議な感覚の中に落ちてしまいました。喪失感どころではなく、不意に訪れたまったくの落とし穴のような空虚感でした。

もしそうだったら、高畑さんが様々に考えて展開した作品や、それに携わった人々がいなければ、間違いなく自分はアニメーションなどというものには関係していないだろうし、今の自分のたくさんの知人たちとも出会わない人生だったはず。

高畑さんがすべてを作り出した、などと責任を押し付けるつもりはありません。けれど、今、私がアニメーションを気に入っていられるその多くの点は、明らかに高畑さんに由来しています。その豊穣さを感じるがゆえに、それがない世界の空虚さを思ってしまったのです。

今はそうしたアンバランスな気分は遠のいています。自分の住んでいる領域は、逃れようにも逃れられないほど高畑さんの足跡でいっぱいです。それを豊かな世界なのだと感じたい。

（アニメーション監督）

＊『世界』二〇一八年七月号の同名エッセイに加筆の上、本文庫の解説として掲載した。

本書は二〇一三年十二月、岩波書店より刊行された。

アニメーション、折りにふれて

2019年7月2日　第1刷発行

著　者　高《たか》畑《はた》　勲《いさお》

発行者　岡本　厚

発行所　株式会社　岩波書店
〒101-8002 東京都千代田区一ツ橋2-5-5

案内 03-5210-4000　営業部 03-5210-4111
現代文庫編集部 03-5210-4136
https://www.iwanami.co.jp/

印刷・精興社　製本・中永製本

ISBN 978-4-00-602309-6　　Printed in Japan

岩波現代文庫の発足に際して

新しい世紀が目前に迫っている。しかし二〇世紀は、戦争、貧困、差別と抑圧、民族間の憎悪等に対して本質的な解決策を見いだすことができなかったばかりか、文明の名による自然破壊は人類の存続を脅かすまでに拡大した。一方、第二次大戦後より半世紀余の間、ひたすら追い求めてきた物質的豊かさが必ずしも真の幸福に直結せず、むしろ社会のありかたを歪め、人間精神の荒廃をもたらすという逆説を、われわれは人類史上はじめて痛切に体験した。

それゆえ先人たちが第二次世界大戦後の諸問題といかに取り組み、思考し、解決を模索したかの軌跡を読みとくことは、今日の緊急の課題であるにとどまらず、将来にわたって必須の知的営為となるはずである。幸いわれわれの前には、この時代の様ざまな葛藤から生まれた、人文、社会、自然諸科学をはじめ、文学作品、ヒューマン・ドキュメントにいたる広範な分野のすぐれた成果の蓄積が存在する。

岩波現代文庫は、これらの学問的、文芸的な達成を、日本人の思索に切実な影響を与えた諸外国の著作とともに、厳選して収録し、次代に手渡していこうという目的をもって発刊される。いまや、次々に生起する大小の悲喜劇に対してわれわれは傍観者であることは許されない。一人ひとりが生活と思想を再構築すべき時である。

岩波現代文庫は、戦後日本人の知的自叙伝ともいうべき書物群であり、現状に甘んずることなく困難な事態に正対して、持続的に思考し、未来を拓こうとする同時代人の糧となるであろう。

（二〇〇〇年一月）

岩波現代文庫［文芸］

B255
石井桃子コレクションⅣ
児童文学の旅
石井桃子
欧米のすぐれた編集者や図書館員との出会いと再会、愛する自然や作家を訪ねる旅など、著者が大きな影響をうけた外国旅行の記録。〈解説〉松居　直

B256
石井桃子コレクションⅤ
エッセイ集
石井桃子
生前刊行された唯一のエッセイ集を大幅に増補、未発表の二篇も収める。人柄と思索のにじむ文章で生涯の歩みをたどる充実の一冊。〈解説〉山田　馨

B257
三毛猫ホームズの遠眼鏡
赤川次郎
想像力の欠如という傲慢な現代の病理——。「まともな日本を取り戻す」ためにできることとは？『図書』連載のエッセイを一括収録！

B258
僕は、そして僕たちはどう生きるか
梨木香歩
集団が個を押し流そうとするとき、僕は、自分を保つことができるか——作家梨木香歩が、少年の精神的成長に託して現代に問う。〈解説〉澤地久枝

B259
現代語訳 方丈記
佐藤春夫
世の無常を考察した中世の随筆文学の代表作。日本人の情感を見事に描く。佐藤春夫の訳で味わう。長明に関する小説、評論三篇を併せて収載。〈解説〉久保田淳

2019. 7

B260
ファンタジーと言葉
アーシュラ・K・ル＝グウィン
青木由紀子訳

〈ゲド戦記〉シリーズでファン層を大きく広げたル＝グウィンのエッセイ集。ウィットに富んだ文章でファンタジーを紡ぐ言葉について語る。

B261-262
現代語訳 平家物語(上・下)
尾崎士郎訳

平家一族の全盛から、滅亡に至るまでを描いた軍記物語の代表作。日本人に愛読されてきた国民的叙事詩を、文豪尾崎士郎の名訳で味わう。〈解説〉板坂耀子

B263-264
風にそよぐ葦(上・下)
石川達三

「君のような雑誌社は片っぱしからぶっ潰すぞ」——。新評論社社長・葦沢悠平とその家族の苦難を描き、戦中から戦後の言論の裏面史を暴いた社会小説の大作。〈解説〉井出孫六

B265
坂東三津五郎 歌舞伎の愉しみ
坂東三津五郎
長谷部浩編

世話物・時代物の観かた、踊りの魅力など、俳優の視点から歌舞伎鑑賞の「ツボ」を伝授。知的で洗練された語り口で芸の真髄を解明。

B266
坂東三津五郎 踊りの愉しみ
坂東三津五郎
長谷部浩編

踊りをもっと深く味わっていただきたい——そんな思いを込め、坂東三津五郎が踊りの全てをたっぷり語ります。格好の鑑賞の手引き。

2019.7

B267
世代を超えて語り継ぎたい戦争文学
澤地久枝
佐高信

『人間の条件』や『俘虜記』など、戦争と向き合い、その苦しみの中から生み出された作品たち。今こそ伝えたい「戦争文学案内」。

B268
だれでもない庭
―エンデが遺した物語集―
ミヒャエル・エンデ
ロマン・ホッケ編
田村都志夫訳

『モモ』から『はてしない物語』への橋渡しとなる表題作のほか、短編小説、詩、戯曲、手紙など魅力溢れる多彩な作品群を収録。自筆の挿絵多数。

B269
現代語訳 好色一代男
吉井勇

愛欲の追求に生きた男、世之介の一代を描いた西鶴の代表作。国民に愛読されてきた近世文学の大古典を、文豪の現代語訳で味わう。〈解説〉持田叙子

B270
読む力・聴く力
河合隼雄
立花隆
谷川俊太郎

「読むこと」「聴くこと」は、人間の生き方にどのように関わっているのか。臨床心理・ノンフィクション・詩それぞれの分野の第一人者が問い直す。

B271
時間
堀田善衞

人倫の崩壊した時間のなかで人は何ができるのか。南京事件を中国人知識人の視点から手記のかたちで語る、戦後文学の金字塔。〈解説〉辺見庸

2019.7

B272
芥川龍之介の世界
中村真一郎

芥川文学を論じた数多くの研究書の中で、中村真一郎の評論は、傑出した成果であり、最良の入門書である。〈解説〉石割 透

B273-274
法服の王国
小説裁判官(上・下)
黒木 亮

これまで金融機関や商社での勤務経験を生かしてベストセラー経済小説を発表してきた著者が新たに挑んだ社会派巨編・司法内幕小説。〈解説〉梶村太市

B275
惜櫟荘《せきれきそう》だより
佐伯泰英

近代数寄屋の名建築、熱海・惜櫟荘が、新しい「番人」の手で見事に蘇るまでの解体・修復過程を綴る、著者初の随筆。文庫版新稿「芳名録余滴」を収載。

B276
チェロと宮沢賢治
―ゴーシュ余聞―
横田庄一郎

「セロ弾きのゴーシュ」は、音楽好きであった賢治の代表作。楽器チェロと賢治の関わりを探ることで、賢治文学の新たな魅力に迫る。〈解説〉福島義雄

B277
心に緑の種をまく
―絵本のたのしみ―
渡辺茂男

児童書の翻訳や創作で知られる著者が、自らの子育て体験とともに読者に語りかけるように綴った、子どもと読みたい不朽の名作絵本45冊の魅力。図版多数。〈付記〉渡辺鉄太

2019.7

岩波現代文庫［文芸］

B278
ラニーニャ
伊藤比呂美

あたしは離婚して子連れで日本の家を出た。心は二つ、身は一つ…。活躍し続ける詩人の傑作小説集。単行本未収録の幻の中編も収録。

B279
漱石を読みなおす
小森陽一

戦争の続く時代にあって、人間の「個性」にこだわった漱石。その生涯と諸作品を現代の視点からたどりなおし、新たな読み方を切り開く。

B280
石原吉郎セレクション
柴崎聰編

石原吉郎は、シベリアでの極限下の体験を硬質にして静謐な言葉で語り続けた。テーマ別に随想を精選、詩人の核心に迫る散文集。

B281
われらが背きし者
ジョン・ル・カレ
上岡伸雄
上杉隼人訳

恋人たちの一度きりの豪奢なバカンスがマフィアの取引の場に！ 政治と金、愛と信頼を賭けた壮大なフェア・プレイを、サスペンス小説の巨匠ル・カレが描く。〈解説〉池上冬樹

B282
児童文学論
リリアン・H・スミス
石井桃子
瀬田貞二
渡辺茂男訳

子どものためによい本を選び出す基準とは何か。児童文学研究のバイブルといわれる名著が、いま文庫版で甦る。〈解説〉斎藤惇夫

2019.7

岩波現代文庫［文芸］

B283
漱石全集物語
矢口進也

なぜこのように多種多様な全集が刊行されたのか。漱石独特の言葉遣いの校訂、出版権をめぐる争いなど、一〇〇年の出版史を語る。〈解説〉柴野京子

B284
美は乱調にあり
―伊藤野枝と大杉栄―
瀬戸内寂聴

伊藤野枝を世に知らしめた伝記小説の傑作が、文庫版で蘇る。辻潤、平塚らいてう、そして大杉栄との出会い。恋に燃え、闘った、新しい女の人生。

B285-286
諧調は偽りなり（上・下）
―伊藤野枝と大杉栄―
瀬戸内寂聴

アナーキスト大杉栄と伊藤野枝。二人の生と闘いの軌跡を、彼らをめぐる人々のその後とともに描く、大型評伝小説。下巻に栗原康氏との解説対談を収録。

B287-289
口訳万葉集（上・中・下）
折口信夫

生誕一三〇年を迎える文豪による『万葉集』の口述での現代語訳。全編に若さと才気が溢れている。〈解説〉持田叙子(上)、安藤礼二(中)、夏石番矢(下)

B290
花のようなひと
佐藤正午
牛尾篤画

日々の暮らしの中で揺れ動く一瞬の心象風景を〝恋愛小説の名手〟が鮮やかに描き出す。秀作「幼なじみ」を併録。〈解説〉桂川潤

2019. 7

岩波現代文庫［文芸］

B291
中国文学の愉しき世界
井波律子

烈々たる気概に満ちた奇人・達人の群像、壮大にして華麗な中国的物語幻想の世界！　中国文学の魅力をわかりやすく解き明かす第一人者のエッセイ集。

B292
英語のセンスを磨く
―英文快読への誘い―
行方昭夫

「なんとなく意味はわかる」では読めたことにはなりません。選りすぐりの課題文の楽しく懇切な解読を通じて、本物の英語のセンスを磨く本。

B293
夜長姫と耳男
近藤ようこ漫画
坂口安吾原作

長者の一粒種として慈しまれる夜長姫。美しく、無邪気な夜長姫の笑顔に魅入られた耳男は、次第に残酷な運命に巻き込まれていく。〔カラー6頁〕

B294
桜の森の満開の下
近藤ようこ漫画
坂口安吾原作

鈴鹿の山の山賊が出会った美しい女。山賊は女の望むままに殺戮を繰り返す。虚しさの果てに、満開の桜の下で山賊が見たものとは。〔カラー6頁〕

B295
中国名言集　一日一言
井波律子

悠久の歴史の中に煌めく三六六の名言を精選し、一年各日に配して味わい深い解説を添える。毎日一頁ずつ楽しめる、日々の暮らしを彩る一冊。

2019.7

岩波現代文庫[文芸]

B301-302
またの名をグレイス(上・下)
マーガレット・アトウッド
佐藤アヤ子訳

十九世紀カナダで実際に起きた殺人事件を素材に、巧みな心理描写を織りこみながら人間存在の根源を問いかける。ノーベル文学賞候補とも言われるアトウッドの傑作。

B303
塩を食う女たち
聞書・北米の黒人女性
藤本和子

アフリカから連れてこられた黒人女性たちは、いかにして狂気に満ちたアメリカ社会を生きのびたのか。著者が美しい日本語で紡ぐ女たちの歴史的体験。〈解説〉池澤夏樹

B304
余白の春
—金子文子—
瀬戸内寂聴

無籍者、虐待、貧困——過酷な境遇にあって自らの生を全力で生きた金子文子。獄中で自殺するまでの二十三年の生涯を、実地の取材と資料を織り交ぜ描く、不朽の伝記小説。

B305
この人から受け継ぐもの
井上ひさし

著者が深く関心を寄せた吉野作造、宮沢賢治、丸山眞男、チェーホフをめぐる講演・評論を収録。真摯な胸の内が明らかに。〈解説〉柳広司

B306
自選短編集 パリの君へ
高橋三千綱

売れない作家の子として生を受けた芥川賞作家が、デビューから最近の作品まで単行本未収録の作品も含め、自身でセレクト。岩波現代文庫オリジナル版。〈解説〉唯川恵

2019.7

岩波現代文庫［文芸］

B307-308
赤い月（上・下）　なかにし礼
終戦前後、満洲で繰り広げられた一家離散の悲劇と、国境を越えたロマンス。映画・テレビドラマ・舞台上演などがなされた著者の代表作。〈解説〉保阪正康

B309
アニメーション、折りにふれて　高畑勲
自らの仕事や、影響を受けた人々や作品、苦楽を共にした仲間について縦横に綴った生前最後のエッセイ集、待望の文庫化。〈解説〉片渕須直

2019.7